本教材系暨南大学研究生教材资助项目"跨文化传播教程"（课题编号 2022YJC007）研究成果

新时代高等院校新闻传播学系列教材

跨文化传播教程

Intercultural Communication

林仲轩　编著

暨南大学出版社
JINAN UNIVERSITY PRESS

中国·广州

图书在版编目（CIP）数据

跨文化传播教程/林仲轩编著 . —广州：暨南大学出版社，2022.8（2025.1 重印）
新时代高等院校新闻传播学系列教材
ISBN 978 - 7 - 5668 - 3479 - 9

Ⅰ.①跨… Ⅱ.①林… Ⅲ.①文化传播—高等学校—教材 Ⅳ.①G0

中国版本图书馆 CIP 数据核字（2022）第 151146 号

跨文化传播教程
KUA WENHUA CHUANBO JIAOCHENG

编著者：**林仲轩**

出 版 人：阳　翼
责任编辑：刘　蓓
责任校对：刘舜怡　王燕丽　陈皓琳
责任印制：周一丹　郑玉婷

出版发行：暨南大学出版社（511434）
电　　话：总编室（8620）31105261
　　　　　营销部（8620）37331682　37331689
传　　真：（8620）31105289（办公室）　37331684（营销部）
网　　址：http：//www.jnupress.com
排　　版：广州市新晨文化发展有限公司
印　　刷：广东广州日报传媒股份有限公司印务分公司
开　　本：787mm×1092mm　1/16
印　　张：14
字　　数：258 千
版　　次：2022 年 8 月第 1 版
印　　次：2025 年 1 月第 4 次
定　　价：59.80 元

前　言

　　跨文化传播涉及各种文化要素在全球社会中迁移、扩散、变动的过程，对不同群体、文化、国家乃至世界都有一定的影响。因此，跨文化传播不仅关乎不同文化背景社会成员的日常生活交流，更是基于文化系统差异的文化融合、发展与变迁。而随着全球化与逆全球化的发展，跨文化交流与冲突现象愈发普遍。特别是当前世界政治多极化、经济全球化深入发展，各国相互联系、相互依存，跨文化交流时刻发生在教育、旅游、商业、外交、科研等众多领域。随着我国"构建人类命运共同体"和"一带一路"倡议的提出与实施，中国的人才、文化、企业、产品以及技术也在积极地走向全球，在此背景下，如何获取国际社会的认可与文化认同，需要我们积极探索与实践。特别是在新媒体时代，跨文化传播面临新的理论阈限与实践语境，不同文化的沟通交融面临新的机遇与挑战，这就要求跨文化传播研究和教育不断向前推进，为我们理解和应对不同文化冲突和交融贡献新理论新概念，对接新现象新问题，提供新思路新工具，从而更好地培养学生讲好中国故事的能力，做好中国文化传播使者，把中华优秀传统文化传播到五洲四海。

　　针对以上新机遇、新挑战，本教材聚焦时代热点，探讨理论前沿，强化中国视角，围绕跨文化传播理论与交流实践，深入浅出地为跨文化传播初学者解析跨文化传播前沿知识，培养其跨文化传播意识和能力。基础知识方面，本教材强化文化与传播、文化价值与范式、文化与认同、文化与语言及非语言交流等内容，介绍跨文化传播的主要理论、概念、内涵及其影响因素；现实应用方面，本教材聚焦文化冲突、文化休克与文化适应性等重要跨文化传播问题，并提供相应的优化和解决路径，提升初学者的文化适应性和冲突解决力。本教材还特别设计了全球化时代的中国对外传播模块，希望为中国的对外传播和文化传播，特别是为如何讲好中国故事、传播好中国声音提供必要参考。

　　具体内容安排上，第一章绪论从文化的基本概念和含义入手，辨析了跨文化传播的概念，揭示了跨文化传播的深层内涵，并且重点分析了跨文化传播在中国语境中的意涵以及研究脉络。第二章至第六章从跨文化传播要素入手，展现了跨文化传播的重要影响因素以及潜在问题，特别是跨文化传播中的文化霸权、文化偏见、文化冲突等问题成因及影响，以帮助读者全面领略全球化背景下的不同文化景观，进而树立积极的文化交流观念，从而在繁复的多元文化图景中冷静地分析与应对各类文化现象。第七章至第十章从跨文化传播具体场景入手，重点介绍了旅游、商贸、流行文化和健康传播等情境中的跨文化传播相关知识，并分析了新形势下讲好中国故事的创新路径以及新媒体背景下的跨文化传播典型案例，将现实与学理融为一体。

希望本教材能帮助读者更好地学习跨文化传播知识，研究跨文化传播问题，培养跨文化传播意识，掌握跨文化传播技能，同时也鼓励大家探索文化身份，挣脱文化桎梏，形成更加多元包容的文化观和世界观。在此基础上，希望读者能够进一步深入理解中国的对外传播问题和策略，利用跨文化传播前沿理论，掌握新媒体时代讲好中国故事的新方法，从而能在新形势下服务于国家的国际传播能力建设，向世界展示真实立体全面的中国。

林仲轩

2022 年 6 月

目　录
CONTENTS

第一章

绪 论

　　跨文化传播是伴随人类社会发展的重要文化现象，不同国家和地区的交流交往以及移民的跨区域流动持续推动着跨文化传播实践的发展。在全球化背景下，不同文化群体的交往已经成为普遍现象。但是在日常生活中，文化差异等原因导致的误解和冲突，跨文化传播呈现出复杂的面貌并产生了富有挑战性的问题。尤其在当今的数字时代，跨文化传播已经超越了现实空间，延伸至虚拟空间领域，出现了前所未有的形态和问题。鉴于此，深入研究跨文化传播的现象、问题，提出适合的理论阐释并提供相应的解决方案，就显得十分重要，这也正是"跨文化传播"这一学科的任务和目的所在。本书作为入门教材，首先对"跨文化传播"这一学科的基本内容进行介绍与导读，希望读者能够以此为门径，进一步深入学习和研究跨文化传播的具体议题。

　　本章旨在帮助读者理解和区分跨文化传播的相关概念，阐释"文化"一词的内涵及其与"传播"之间的关系，并概述中国跨文化传播这一学科的研究范式和学术史脉络。

第一节　跨文化传播概念辨析

　　西方学界关于跨文化传播主要有三种彼此相通的表述：Intercultural Communication，Cross-cultural Communication，Trans-cultural Communication。在这三种表述中，第一种 Intercultural Communication 是传播学界传统上较常使用的学术用语。1974 年成立的"跨文化教育、训练与研究学会"（Society for Intercultural Education，Training and Research，SIETAR）用的就是"Intercultural"一词。当今世界三大跨文化培训机构：荷兰的跨文化合作研究所（Institute for Research on Intercultural Cooperation）、加拿大不列颠哥伦比亚大学的跨文化传播中心（Centre of Intercultural Communication，University of British Columbia）以及美国俄勒冈州波特兰跨文化传播研究所（Intercultural Communication Institute in Portland，Oregon）使用的都是"Intercultural Communication"一词。[①]而中文翻译多将其译为"跨文化传播""跨文化交际"

---

① 姜飞，黄廓. 对跨文化传播理论两类、四种理论研究分野的廓清尝试［J］. 新闻与传播研究，2009，16（6）：53-63，107.

和"跨文化交流"，其中"跨文化传播"应用范围较广泛，也更符合国内传播学科的惯例。

　　跨文化传播是本书介绍与论述的核心概念。根据侧重点的不同，学界为"跨文化传播"提供了三种不同的定义：第一种认为跨文化传播是不同群体之间的交往，即不同文化背景的人群之间交流互动，并由此建构共识的过程；第二种认为跨文化传播是信息的编码与解码，即不同文化语境下的主体依据本国或本民族文化对同一象征符号进行编码与解码的过程，在这一过程中，不同的文化产生了交流与碰撞；第三种认为跨文化传播是一种符号交换，即不同的文化建构出了不同的符号系统，而跨文化传播就是交换符号的过程，有效的跨文化传播能够帮助互异的文化群体塑造出基于同一符号的共同意义。综合以上三种定义，本书将跨文化传播定义为——不同文化群体交往时发生的符号系统交换过程，在这一过程中，不同文化之间迥异的符号系统产生了交流与碰撞，其实也是不同编码—解码体系之间的互通与交融。

　　跨文化传播与以下几个类型的传播研究亦有交叉和重叠之处。第一，文化传播（Cultural Communication），是指在同一文化领域内的传播活动。第二，亚文化传播（Subcultural Communication），是指相对于某种主导文化（或称主流文化）而言的小众文化内部的文化交流，例如残障群体、同性恋群体、移民群体等拥有与主流群体不同的生活方式和独特观念，其群体内部产生的文化交流就是亚文化传播。第三，文化内交流（Intracultural Communication），是指发生在一个可定义的母语语言社区成员之间的互动中的文化传播。第四，跨群体交流（Intergroup Communication），即彼此之间差异显著的亚文化群体之间产生的交流行为。当某一群体中的个体或群体整体与另一群体中的个体或群体整体就群体认同进行互动时，就会发生跨群体交流。不过由于人们对自己所属群体的相关规范有积极的依恋和倾向，群体内部成员往往通过拒绝外群体身份，凸显内群体和个人身份的认同，由此也带来了涉及群体外沟通（Outgroup Communication），其研究如探索如何通过增加对外群体的同情心来减少群体间的冲突①等。第五，跨种族传播（Interracial Communication），其侧重点在于不同人种间的文化交流与传播。需要指出的是，美国虽然是多种族文化的大熔炉，但无论是美国白人、美国印第安人、阿拉斯加人、亚裔美国人、非裔美国人还是夏威夷及太平洋岛屿原住民，由于他们长期生活在同一主流文化环境中，美国文化中

_____

① DE VOS B，VAN ZOMEREN M，GORDIJN E H，et al. When does the communication of group-based anger increase outgroup empathy in intergroup conflict? The role of perceived procedural unfairness and outgroup consensus ［J］. Group processes & intergroup relations，2018，21（4）：533－548.

不同族裔之间的文化交流与传播活动不能算是跨种族传播。第六，跨族群传播（Interethnic Communication），特指不同族群（民族）之间的传播实践活动。第七，国际传播（International Communication），主要是指国家之间的政府组织和非政府组织，以及以营利为主要目的的跨国传媒等进行的文化传播行为。这类传播与国家的政治、经济、文化发展密切相关，也具有跨族群、跨种族、跨文化传播的特点。

此外，为了更好地理解跨文化传播，还需要厘清和了解以下与跨文化传播相关的概念，包括"文化认知"（cultural perception）、"文化价值"（cultural values）、"口语与非口语沟通"（verbal and nonverbal communication）、"跨文化适应"（cross-cultural adaptation/adjustment）、"文化认同"（cultural identity）、"跨文化训练"（cross-cultural training）、"跨文化关系"（cross-cultural relationship）、"跨文化冲突"（cross-cultural conflict）、"跨文化谈判"（cross-cultural negotiation）、"跨文化沟通能力"（cross-cultural communication competence）、"全球化"（globalization）等概念，这些我们将在本书其他章节一一展开。

第二节 "文化"的内涵及其与"传播"的关系

跨文化传播是研究全球范围内不同文化之间的人的社会交往和社会关系的学科。伴随社会交往产生的社会关系是人类社会得以产生、存在与发展的基础，而社会交往和社会关系又构成了文化的内在源泉。换言之，跨文化传播也代表了一种文化发展过程：在特定时间，由不同文化群体之间的交往而形塑出新的文化环境。

因此，研究跨文化传播需要包含文化视域下的社会结构与规范、意识形态与价值体系、思维模式与生活方式的转变与发展，并囊括同一文化体系内部各要素的关系、不同文化体系各要素的关联与差异等客观实在。而这种研究模式也要求研究者不能停留于跨文化传播的表面现象，还要分析文化现象背后所展现的社会交往与社会关系，以变化与发展的眼光探究跨文化传播实践的发展规律与基本模式。文化研究学者古迪孔斯特（William Gudykunst）① 认为，跨文化传播涉及与文化和传播相关的一切，②主要受文化与传播、权力与环境的影响。

一、"文化"在西方与中国语境中的意涵

文化是人类社会的产物，往往体现在意识形态与价值体系、思维模式与生活方式、艺术文化与科学技术等各个方面。在当代社会，文化的意涵日趋丰富，跨文化传播的重要性也日益突显。一般来说，文化的内涵可以分为广义与狭义两种：广义的文化是指人类社会所创造的物质存在与精神存在的总和；狭义的文化是指社会意识形态以及与之相匹配的社会制度与组织架构，是社会政治与经济情况的反映，同时又能够影响特定社会的政治和经济发展。

在西方与中国思想史上，有关文化的定义不胜枚举，但它们对文化的理解本质上是相近的，都关注人与社会的关系以及个体的存在方式。

在西方，英语中的"文化"（culture）一词是从拉丁文"cultura"发展而来的，其最原始的含义是人对自然环境进行改造从而满足自身生存需求，主要是对农耕方式的改良与创新。随着社会发展，人们对"文化"一词的阐释从人对土地的改造，转变为哲学对人的道德与内心世界的改造。古罗马政治家、哲学家西塞罗就曾论述"智慧文化即哲学"，认为文化能够不断改造与完善个体的精神世界，最终帮助公民参与社会生活。至 18 世纪末，欧洲社会才开始正式并广泛地论证"文化"这一概念。19 世纪后期，欧洲社会开始将文化视作一种在物质、知识与精神等维度具有共识的社会交往方式。③

1871 年，英国人类学家爱德华·泰勒（Edward Tylor）④ 在其著作《原始文化》（*Primitive Culture*）中写道："文化或文明，包括知识、信仰、艺术、道德、法律、习俗，以及包括社会成员个人所习得的其他一切能力和习惯。"泰勒对"文化"这一概念的解释对许多社会科学家产生了较大的影响，他们在不同的研究领域对"文

---

① 威廉·古迪孔斯特，世界知名的传播学者和文化研究学者。自 20 世纪 70 年代开始活跃在文化间传播研究领域，并成为该学科的领军人物。他亲自领导和参与了包括美日和美韩之间的传播学研究等一系列项目，促进了文化间传播学科的发展。他是《国际传播与文化间传播研究手册》第一版和第二版的主编。古迪孔斯特于 2005 年去世，至今仍是文化间传播和比较文化研究最常被引用的权威学者之一。

② GUDYKUNST W B. Cross-cultural and intercultural communication ［M］. Thousand Oaks, CA：Sage, 2003：1.

③ 韦森. 文化与制序 ［M］. 上海：上海人民出版社, 2003：19.

④ 爱德华·泰勒，英国人类学家，文化史和民族学进化学派的创始人之一，著有《阿纳霍克，或墨西哥与墨西哥人》《原始文化》《论调查制度发展的一个方法》等书。

化"这一概念及其本质进行了多维度的探索，从而出现了不同的文化研究流派。1952 年出版的由美国著名文化人类学家克鲁伯（A. L. Kroeber）与克拉克洪（D. Kluckhohn）合著的《文化：关于概念和定义的评判》（*Culture: A Critical Review of Concept and Definitions*）一书就收录了 166 条有关文化的定义，两位学者还分别从规范性、心理性、结构性等角度对文化进行了新的定义和解释。

在中国文化的脉络中，对"文"与"化"的描述最早出现在《易经·贲卦·象传》中："观乎天文，以察时变。观乎人文，以化成天下。天下成其礼俗，乃圣人用贲之道也。"此时，"文"的本意是纵横交错的纹理，引申至人事方面则为人的各种精神活动；"化"的本意是事物的变化发展，引申有教化、感化之意。而最早将"文"与"化"两字合并为一词使用的则是西汉刘向所著《说苑》："圣人之治天下也，先文德而后武力。凡武之兴，为不服也；文化不改，然后加诛。"此时的"文化"一词意为"用文德感化百姓"，这样的阐释已经体现出文化的"转化"和"改造"意涵了。

进入 20 世纪，学术界对文化的定义不断细化、逐渐清晰，主要分为两种：一种从社会维度解构文化的内涵，认为文化是同一社会情境下约定俗成的行为模式与社会交往准则；另一种从个体维度解构文化的内涵，认为文化是同一文化群体中，个体为了在群体活动中被接受而后天习得的必备的文化要素。2001 年，联合国教科文组织发布了《世界文化多样性宣言》（*Universal Declaration on Cultural Diversity*），其中对文化定义为"某个社会群体特有的精神、物质、智力与情感等方面的一系列特质之总和，除了艺术和文学，还包括生活方式、共同生活规范、价值体系、传统习俗和信仰"。

二、文化的主要特征与构成要素

文化具有民族性，这是文化的主要特征，也是伴随着民族的出现与发展而形成的特性。文化的民族性是指能够反映民族精神和特性的价值观念、思维方式、国民情感、人格追求、伦理道德等思想文化的本质特征。同一民族文化在同一社会情境下发展，同时影响该民族的社会发展，最终形成该民族独特的文化传统，从而区别于其他民族。例如，我们可以用"法国文化"来描述法国人所遵循的特定生活方式，或者用"中华美食文化"来概括中国烹饪食品的特定风格。此外，我们也可以将特定民族文化归并到更广泛的类别中。例如，世界上所有文化大致可分为低语境文化和高语境文化，我们可以说，美国文化属于低语境文化，推崇个人主义文化，美国社会中的个体更可能认同自己，而不是把自己当作群体的组成部分；相反，日本文化属于高语境文化，推崇集体主义文化，相比个人需要，日本人更强调群体的目标。这些生活方式都并非遗传，而是各民族人民在长期日常生活中逐渐习得、共同塑造的。

文化是由各种要素组成的系统，这些要素相互联结、相互依存，并以特定的方式发挥作用。爱德华·霍尔①（Edward Twitchell Hall Jr.）认为，"文化不是一种事物，而是多种事物"②。了解文化的基本要素是理解跨文化传播的重要前提，有助于区分不同文化的基本差异。本节列出并讨论文化的以下六个要素。

1. 文化群体中的成员共有的世界观

世界观是人们解读现实的方式，是个体看待人与世界（包括自然、社会、他人、自我）关系的态度和根本观点。例如，一些文化群体信奉因果轮回，认为善行、善念与善言能够带来有益的回报，反之亦然。人们依靠对环境的认知来获取知识和解决问题的能力，从而形成相应的世界观，并对客观世界做出不同的反应。而不同文化人群的行为由不同的文化认知体系所指导，往往具有显著不同的世界观，因此也就产生了跨文化传播的显著障碍。

2. 宗教

宗教与世界观密切相关，几千年来，宗教几乎一直是所有文化的重要组成部分。与世界观一样，宗教帮助人们理解宇宙、自然现象以及如何管理社会关系。在很多情况下，宗教可能影响整个文化体系，因为它在社会中具有许多基本功能，如通过道德训诫等诸多方式参与社会控制、解决冲突和加强群体团结等。例如，时至今日，基督教教会在婚前性行为和堕胎等社会议题中仍然有着重要的影响。此外，宗教的重要价值还在于它能够提供情感联结和心灵慰藉，给弱势群体提供一定的精神依托和生存信念，给精英群体提供丰富多彩的想象和艺术空间，从而为全社会创造出高级文化。宗教在某种程度上就是狭义的"文化"本身，因为它也为信徒这一群体提供了一套世界观、价值观和特定的行为规范。

3. 历史

文化天然包含历史的向度，历史是人们透过社会现象直击文化本质的重要手段，

---

① 爱德华·霍尔，美国人类学家，被称为"系统研究跨文化传播活动的第一人"。著有《无声的语言》《隐藏的维度》《超越文化》等书。

② 霍尔. 无声的语言［M］. 刘建荣，译. 上海：上海人民出版社，1991.

每一种文化都有自己独特的历史记忆，每一种文化的历史都包含该文化的起源、价值体系与理想内核。作为特定群体的共同文化，历史是群体强烈的团结感和认同感的源泉。例如，1840 年以来中华民族受压迫与屈辱的历史记忆塑造了当代中国的文化认同；18 世纪后期摆脱英帝国压迫和反抗专制、追求自由与独立的历史记忆，为此后 200 年美利坚民族的发展与壮大提供了精神源泉。将所有文化历史的共同线索连接起来便会发现，历史通过传播过去帮助人们理解现在。然而，历史所传递的具体信息在不同文化中各有不同甚至互相矛盾，例如今天的中国与美国以截然不同的理念和方式纪念朝鲜战争。这是因为历史记忆也是构建性和选择性的，而不同社会构建与选择历史记忆的基准就是各自的主流价值观。

4. 价值观

价值观是人们评判对与错、好与坏、善与恶、美与丑的标准，如道德、伦理、美学等，人们基于此在处理事务时做出选择和取舍，并由此评判自身与他人的行为。不同的价值观产生不同的行为模式和生活方式，进而形成不同的社会文化。每个人都有一套独特的个人价值观和一套所在群体共同的文化价值观。后者反映了一种文化所建立的规则，这些规则是为了减少不确定性、不安全感和发生冲突的可能性，帮助人们做出决策，并为社会组织和社会互动提供规范。例如，在高度重视和谐社会关系的文化背景下，日本人很可能会采用间接的沟通方式来解决问题；相比之下，美国人可能会采用更直接的风格，因为对他们来说，坦率、诚实和开放是很重要的。

5. 社会组织

社会组织是拥有共同活动和特定目标、基于一定准则来规范和协调成员行为的社会群体，包括家庭、政府、学校、生产单位、娱乐组织、政治组织等。社会组织是社会运行的基础，各自具有不同的功能。例如，媒体系统也是一种社会组织，它通过传播网络承载文化认同和价值观，并由其所在社会的成员所了解和共享。

6. 语言和非语言符号系统

语言在跨文化传播中的作用不言而喻，人们必须借助语言才能进行交往和沟通，通过语言分享彼此的信仰、价值观、世界观和社会规范，并将这些文化特征传递给后代。非语言符号包括手势、面部表情、眼神接触、姿势、动作、触摸、沉默、空间和时间的使用、物体等。非语言行为与语言行为常常同时发生，传递的意义往往与口头语言一样多甚至更多。语言和非语言行为的使用和意义表达都受到文化环境的影响。

三、文化与传播的关系

英语中"传播"（communication）一词可追溯到拉丁文"communis"，意为一起分享。因此，"传播"一词一开始就有信息共享与传递的意涵。"传播"最简单的定义就是人与人之间的一切互动，即与他人分享自己的一部分。与文化实践一样，传播行为在日常生活中随处可见。美国人类学家爱德华·霍尔认为传播与文化是一对息息相关、密不可分的概念："文化就是传播，传播就是文化。"一般认为，文化与传播具有以下关系：

第一，文化与传播具有协同作用。如果审视传播与文化的关系，很难厘清哪个是声音，哪个是回音。文化学习需要以传播为媒介，同时传播也是文化的映射，即文化的具体特征直接决定了传播方式。就像跳探戈舞的搭档一样，传播和文化具有协同作用。

第二，文化通过传播得以表达，传播是文化交流碰撞的重要渠道。文化交流借助于符号进行，符号作为传播活动的要素之一，有多种表现形式，包括声音、语言、文字、图画、手势、姿态、表情、空间安排、时间控制等。从特定意义来说，传播就是人们借助符号系统传递文化的过程。大众传播媒介将不同的文化观念与实践散播在人类社会的各个角落，从而影响当地社会的发展。

第三，传播是文化的映射，文化的不同特征直接塑造了传播形式。因此，不同的文化有不同的传播系统，这可能导致同一符号在不同文化中的含义大相径庭。例如"OK"这一手势符号，在美国表示某样东西是可以接受的，在日本表达的意思是钱，而阿根廷、比利时、法国和葡萄牙等国家却用这个符号表示"零"或"什么都没有"，东欧国家则认为这个手势代表冒犯性的脏话。

第四，传播促进文化的发展与再生。在传播过程中，人们创造符号并赋予符号以特定的意义、共享价值和信念。由于符号的内涵并非一成不变，不同的文化信息系统在沟通交流的过程中，会对同一文化符号进行不同的编码与解码，使不同的文化体系在碰撞中交流。

虽然文化与传播的关系单独分析起来显得有些复杂和抽象，但是文化传播实践并非抽象地存在，而是具体地发生于特定的文化情境之中。因此，跨文化交流需要考虑所处的具体环境和场景。例如，在中餐环境中，人们更倾向于给长辈夹菜和就餐时交流；而在西餐环境中，人们更倾向于仅和自己临近的人进行小声交谈，并且不提倡给宾客夹菜。

第三节　跨文化传播的研究范式与中国跨文化传播研究脉络

一、传播学视角下的跨文化传播研究范式

学术研究大都有特定的研究"范式"（paradigm）。美国哲学家托马斯·库恩（Thomas Samuel Kuhn）① 在《科学革命的结构》一书中提到，范式是指某一研究领域或学科内的研究者共同恪守的信念，即该学科应该研究什么、应该提出何种问题、如何论证问题的答案以及如何对研究的问题进行验证，等等。

研究范式一定程度上决定了研究领域的世界观与方法论，建构了共同的研究方向，规范了理论模型、基本研究框架和研究方法。具体到传播学领域，学者普遍以社会学研究传统为取向，以社会科学（social science）、诠释研究（interpretive studies）和批判分析（critical analysis）三种范式进行跨文化传播研究。

第一种是社会科学范式。该范式具体指社会科学理论体系和研究活动中关于研究对象和研究方法的一组基本观念，是某一学术共同体围绕某一社会科学学科或专业领域共同持有的信念、价值观、技术手段等的总和。社会科学范式主张采用与自然科学研究相似的研究方法，通常会做如下假设：①人的社会行为是可预测的，因为人是基于内部和外部原因而做出选择并行动的。②研究者应该消除个人偏见，系统地了解支配交往行为的普遍规律。③研究可以采用定量分析，即使用统计数据进行研究；同时，研究人员也可以使用观察或其他方法，描述和解释研究对象（如跨文化传播行为）。④研究通常是为了检验理论中的变量之间的关系，为传播结果提供更好的预测。

第二种是诠释研究范式，通常也称作人本主义或解释性研究范式。作为定性研究的主流学派，诠释主义源于相对主义的本体论，认为现实的真实性具有地方性特点，因历史、文化、地域、个人经验等情境的变化而改变。研究者"把社会看作涌

---

① 托马斯·库恩，美国科学史家、科学哲学家，代表作有《哥白尼革命：西方思想发展中的行星天文学》《科学革命的结构》等。

现的过程，是由个体创造而来"，认为现实始终处于流动之中。这一范式的常见假设有：①人们的行为不是（或不完全是）可预测的。②研究者应提供对群体现实或孤立媒体文本的解释。③研究者应该把行为或文本放在更大的社会背景下进行整体考虑。④研究者应该从文化的角度对文化中的特定现象进行解释，或者通过使用一套术语对演讲或媒体文本进行分析。因此，诠释主义所确立的理论是一种对社会现象的解释，即研究者需要通过亲身体验，对被研究者的生活故事进行主观认识上的意义构建。

　　第三种是批判分析范式。该范式以马克思的批判哲学为纲，以哲学思辨的方式综合利用精神分析、结构主义、现象学等研究方法，以传播实践与社会的关系为研究重点，主要关注信息生产、传播与宏观社会结构之间的关系，并对其中的价值体系进行分析与评判。批判研究普遍认同的观点是，社会的客观实在是权力意志和价值斗争的集中体现，而知识就来自社会的内在价值体系和意识形态的批判。德国法兰克福学派与英国文化研究学派是批判分析范式的代表学派。

二、中国语境下的跨文化传播研究脉络

　　20 世纪 50—80 年代，跨文化传播学在中国港台与内地陆续登场。改革开放以后，跨文化传播由外语教学界引入国内，引入时由于"communication"一词翻译的多样，"跨文化传播"被译为"跨文化交流""跨文化传播""跨文化交际""跨文化沟通"等多个名称，这也导致了我国学界在研究方向、研究内容和研究重点上的差异。

　　20 世纪 80 年代是国内跨文化传播研究的起步阶段，研究重点是各国文化差异尤其是语言与文化的差异。许国璋于 1980 年发表的 *Culturally-loaded Words and English Language Teaching* 一文是我国相关研究起步的标志。1983 年，何道宽撰写的《介绍一门新兴学科——跨文化的交际》一文，向学界系统性地介绍了跨文化传播学的理论体系与最新发展，开拓了相关研究者的视野。

　　进入 20 世纪 90 年代以后，我国的跨文化传播学研究大体分为三个阶段：①

---

　　①　罗以澄，司景新. 1990—2003 年的中国大陆跨文化传播研究［M］//单波，石义彬. 跨文化传播新论. 武汉：武汉大学出版社，2005.

　　第一阶段是 1990—1995 年，此阶段是跨文化传播研究的借鉴期和初创期。其间，学界对于国外相关理论的引入与介绍增多，如 1991 年出版的译著《中国和英语国家非语言交际对比》与《无声的语言》都是美国经典的跨文化传播学著作。与不断廓清理论体系的译著出版相对应，我国讨论跨文化传播议题的学术成果也开始出现，如 1992 年胡正荣发表的《大众传播媒介影响的扩展与控制——电视的跨文化传播初论》，贾玉新发表的《美国跨文化交际研究》等。这些研究成果在一定程度上丰富了我国的相关研究，但此时的学术讨论仅仅停留在应用维度上，缺乏理论纵深，还没有形成关于跨文化传播独立、成熟的研究领域。

　　第二阶段是 1996—1999 年，国内学界与国外学界的交流和联系越来越频繁。在此阶段，中国的国际化程度大大提高，日益频繁的国际传播交流实践为跨文化传播研究提供了丰富的现实土壤。与此同时，中国的跨文化传播研究加速与国外接轨，相关著作的译作增多，其中以 1999 年中国社会科学出版社出版的《跨文化传播学：东方的视角》为代表。研究内容方面，国内学界的相关研究多集中于具体跨文化传播现象中折射出的理论问题，如跨国商贸、跨国教育、跨国旅游、流行文化与大众文化产品等。①

　　第三阶段是 2000 年至今，跨文化传播研究水平有了较大进步，学科建设逐步成熟。2001 年中国加入世界贸易组织，我国的国际传播进入新阶段，这在一定程度上刺激了我国跨文化传播研究的第一次丰产。这一阶段的重要译著包括百花文艺出版社出版的由卫景宜翻译、斯图尔特和贝内特原著的《美国文化模式：跨文化视野中的分析》，中央编译出版社出版的由陈卫星翻译、阿芒·马特拉原著的《世界传播与文化霸权：思想与战略的历史》等。与此同时，国内越来越多的高校开设相关课程，成立跨文化传播研究学会与研究机构。在此阶段，跨文化传播研究所探讨的议题更为丰富与深入，突显了明确的学科建构意识，在研究方法上也从单一的理论演绎与定性研究，发展为定性与定量研究并举的研究方法体系。

---

① 单波．寻找跨文化传播的可能性［J］．跨文化传播研究，2020（1）：1-3.

复习思考题

1. 名词解释：跨文化传播；国际传播；文化；文化的民族性；文化认同；研究范式。

2. "跨文化传播"主要有哪几种定义？

3. 跨文化传播与国际传播的区别是什么？

4. 文化有哪几种定义？文化的六要素是什么？

5. 文化与传播的关系是怎么样的？

6. 跨文化传播研究共有几种范式？该如何理解？

7. 中国跨文化传播研究共经历了哪些阶段？

第二章

跨文化传播中的文化要素

跨文化交流能力是不同文化背景的群体相处的重要因素，然而只有真正理解文化在传播和交流中的重要性，人们才能真正提高跨文化交流能力，在国际合作、文化交流时更加顺畅，达到"事半功倍"的效果。请看这样一个例子：

> 亚洲人和欧洲人都默认，在交谈时有必要与他人保持适当距离，太过亲密会让人觉得很不自在。所以他们往往会与陌生人保持 1.2 米左右的距离，而对亲朋好友则可以接受 0.5 米的范围。然而，墨西哥文化中没有这样的规矩。因此，一位墨西哥人在与一位英国人交谈时，可能并不会注意到距离问题，但是英国人却很有可能会后退 1.2 米，以保持安全的社交距离。如此一来，墨西哥人可能会猜测英国人嫌弃自己身上的气味难闻，打心眼里不愿与自己交谈，从而产生心理距离。

在全球化时代，这种情况经常出现在跨文化传播的各类情景中。本章从跨文化传播与文化的关系入手，主要介绍跨文化传播过程中涉及的关键文化要素与文化模型，进而使读者更深入地理解跨文化传播。

第一节　文化价值体系

文化价值体系是个人认识自己、认识群体、认识世界的重要起点。在跨文化传播中，了解自己和对方所处的文化价值体系是十分重要的。因此，本节主要从四个方面帮助读者理解文化价值体系：第一，文化价值体系中的三个核心要素：世界观、信仰与价值观；第二，霍尔的高语境与低语境文化模型；第三，霍夫斯泰德的文化价值分类的五个维度；第四，中国的文化价值观。

一、世界观、信仰与价值观

文化价值体系通常是跨文化传播过程中的核心要素。因为无论在何种语境或社会背景下，文化都影响着人对特定事件的认知、态度与看法，进而影响人的行为和处理问题的方式。

吃中餐时，一般主人会不断为客人夹菜，并希望客人多多品尝当天的主菜、拿手菜，以此显示其热情；而在吃西餐时，主人通常不会坚持让客人一定要吃哪些菜品，而是更愿意让客人自己动手（help yourself），不要拘谨，想吃什么就吃什么。

多人讨论时，中国人更偏向于含蓄、委婉地说出个人看法，并将自己的发言称为"抛砖引玉"；而西方人则会一针见血地表达自己的观点，多数时候会直接指出对方观点中的问题与错误。

美国通用汽车在墨西哥售卖汽车时，给汽车取的名字叫"NAVO"，销量惨淡，原因在于"NAVO"在西班牙语中的意思是"doesn't go"；中国国产的一款名为"白翎"的钢笔，英文翻译为"white feather"，然而这一产品在说英语的国家销量惨淡，这是因为在英语中，"to snow the white feather"意为"临阵脱逃"。

文化价值体系很难用语言文字解释，因为在日常生活中，我们都处于自己所"习以为常"的文化氛围里，在与人交流时总是能迅速捕捉到对方正确的意思。即使对方所说的话存在歧义，或是以"暗喻"的方式表达出来，我们也能够迅速"会意"其真实意图。只有与来自不同文化背景的人交流沟通并感受到差异后，个人才会认识到自己所处文化背景的特点，并对此产生认同感。在探讨文化价值体系时，我们需要了解"文化"的基本内涵：它是一个群体共有的生活方式，包括共同的习俗传统、世界观、信仰、价值观等。[①] 接下来重点介绍文化价值体系中的三个核心要素：世界观、信仰和价值观。

1. **世界观**（World View）

世界观决定了一个人看世界的特定方式。一个民族的世界观是"一种无法直接观察到的现实"，也就是说，我们可以用肉眼直接看到一个人的行为或者外界发生的事件，但在不了解文化背景的情况下，我们往往很难读懂其中包含的思想与精神。[②] 因为当我们处在一个陌生的文化语境时，很难仅从对方所说的话、所做的动作中就掌握其中包含的所有意义。不过即使如此，多数时候我们还是可以从表面情

① TING – TOOMEY S & CHUNG L C. Understand intercultural communication ［M］. 2nd ed. New York：Oxford University Press，2012：19.

② MAQUET J . An African world view ［M］//BOCK P K. Culture shock：a reader in modern cultural anthropology. New York：Alfred A. Knopf，1970.

况推断出行为背后的一些内在含义。

美国人类学家克利福德·格尔茨（Clifford Geertz）① 将一个民族的世界观称为"他们对现实事物的理解，对自然、自我和社会的认识。世界观将种种秩序与观念囊括其中，是全面而又综合的"。他举了一个很有趣的例子——巴厘岛的"斗鸡文化"。他注意到世界观在巴厘岛地区尤其体现在一些重要仪式中，如"斗鸡"。斗鸡行为表面上看是公鸡之间的搏斗，实则隐喻着男人之间的较量，因为巴厘岛的男性将公鸡视为"英勇"和"战斗"的象征，这就是世界观对人的思想观念的影响。② 这一案例也说明，世界观虽然是一个宏大的概念，但它具体体现在日常生活的方方面面，与每个人如何认识自我、认同自身身份密切相关。

再举一个简单的例子。在儒家传统思想的影响下，中国人在消费观念上较为节俭，每花一笔钱之前都会深思熟虑，反复问自己"我真的需要它吗""还有没有性价比更高的同类商品"等问题，因此中国人也普遍有存钱的习惯。此外，传统儒家文化重身份地位而轻钱物，到了现代，这一价值观念则演变成人们表面上看起来追求财富，但其真正目的并不在于物质消费，更多是为了通过财富来突显自己的社会身份和地位，③ 因此，个人储蓄就变得尤为重要。相比之下，西方人更注重眼下消费带来的快感，认为能够用钱换来当下的愉悦是非常值得的。因此，西方人普遍有超前消费的习惯。正因存在这些世界观的差异，目前对世界文化较为普遍认可的划分方法是分为"东方文化"和"西方文化"。

不过，由于不同文化之间存在多重维度的差异，任何分类方式都不是十全十美的，没有任何分类法能够完整概括文化的所有特征。因此，我们往往只能根据日常生活的实际情况和具体需要进行划分。尤其要注意的是，长期以来媒体报道、学术研究等都在有意或无意地强化和突出"东方文化"与"西方文化"之间的差异，甚至制造对立，这种强化的背后往往是出于无知、偏见、敌对情绪或为意识形态和当局权力服务等目的。所以在探讨东西方世界观的差异时，我们需要时刻警惕这种脱离实际的强化与夸张，思考各种观点是否与事实相符。正如萨义德所言："东方实

---

① 克利福德·格尔茨，美国人类学家，解释人类学的提出者，主要成就是对摩洛哥、印度尼西亚、爪哇岛、巴厘岛等地的社会文化做了深入的田野调查研究，并以此为基础，对文化、知识的性质提出新的看法。其代表著作包括《文化的诠释》《地方性知识》等。

② BALDWIN J R，COLEMAN R R M，GONZAL A，et al. Intercultural communication for everyday life [M]. New Jersey：John Wiley & Sons, 2014.

③ 黄少安，孙涛. 非正规制度、消费模式和代际交叠模型：东方文化信念中居民消费特征的理论分析 [J]. 经济研究，2005（4）：57-65.

际上是被西方（的东方学家）建构起来的地理空间和认知对象，它从地理空间最终变为殖民空间。东方学知识不但为权力服务，而且本来就是权力的一部分。"① 东西方文化之间的不同之处当然不容忽视，但过分强调甚至夸大其矛盾与冲突，显然不利于我们真正理解跨文化传播的实际情况与意义。

2. 信仰（Belief）

信仰是个人或群体所坚信的概念、观点和信念，是判断是非对错的准则。起初，西方学术研究中的"信仰"往往与"宗教"相关联，但随着时间的推移，"信仰"一词的内涵越来越丰富。一般来说，个人信仰不需要得到事实验证，因为信仰在很大程度上是主观的。信仰往往通过个人行为和交际活动表现出来，又因文化、世界观和价值观的不同而各异。个人信仰可以非常微观地体现在我们的生活习惯与行为中，但它同时也可以宏观地彰显个人的价值取向。无论是具体的日常行为习惯还是抽象的价值取向，都是文化的表现形式，因此信仰是文化的重要组成部分，具有承载文化记忆和传递民族精神的重要作用，并且时时交融在现实的文化环境和语境之中。

信仰不仅是个人对事件与现象的信念，更是长久以来受生活经验、社会环境、传统文化等多方面要素综合影响、很难轻易改变的集体信念。这方面最具代表性的就是贯穿中国文化的两大核心信仰："道"和"德"。这两大核心信仰分别源自中国的两大传统思想系统，即道家思想和儒家思想。

道家思想提倡"道法自然""无为而治"，主张人与自然、社会和谐相处。这里的"和谐"指的就是人与周围环境的关系达到最融洽的状态。道家思想将和谐的社会关系作为处世的核心，并极力倡导避免冲突与矛盾。

儒家思想则更强调"人"的作用，把"仁"当作道德准则的最高要求，这种观念对中华传统文化的形成与发展具有重要意义。我们可以把"仁"理解为"仁爱"，"仁以处人，有序和谐"是孔子思想的源头，也是理解儒家思想的出发点。除了"仁"，儒家还十分看重"义、礼、信、忠、孝、悌"等个人特质，这些特质共同构成了中国人的信仰基础，并且都与"仁"有着密不可分的联系。

时至今日，"道"与"德"的信仰仍然可以在中国社会文化的各个方面找到一些踪影。比如，在家庭关系中提倡"父慈子孝、夫妻和睦、兄友弟恭"；当与亲朋好友产生分歧时，调解者习惯"大事化小、小事化了"；《论语》里的"和为贵"

---

① 萨义德. 东方学［M］. 王宇根，译. 北京：生活·读书·新知三联书店，2013：2 - 3.

原则至今仍被视为处理人际关系的首要原则。此外，儒家思想的信仰观念还包含了对"天人关系"的探索，"天人合一"的精神境界是儒家思想的最高追求，即将"天道"与"人道"这两个看似独立的系统融合起来。这一思想内核延续至今，体现在中国人对待和保护生态环境的态度中，认为自然界的生态平衡和人类社会的生存发展是可以和谐一致的。习近平总书记提出的"绿水青山就是金山银山"，就体现了中国人将自然环境与经济效益相统一的思维，体现了我国对可持续发展理念的重视。

上述中国传统信仰与当代西方思想有着较大的差异，文化背景不同，也往往意味着信仰不尽相同。在跨文化交际过程中，我们可以通过了解和学习对方的文化传统，理解对方的信仰如何塑造其世界观、价值观和沟通方式，从而更加顺畅地进行跨文化交流。

3. 价值观（Value）

价值观是人们判断好与坏、善与恶、美与丑的依据和标准，进而影响个人的行为与选择。价值观作为文化价值体系的重要组成部分，彰显着个人的文化背景，又投射于每个人的日常生活与行为中。价值观的影响可以小到决定今天的午餐吃什么——是一碗米饭还是一个汉堡，也可以大到探讨如何保护女性的合法权益等复杂社会议题。

国际知名社会心理学家沙洛姆·施瓦茨（Shalom H. Schwartz）总结了11种人类主要的价值观，包括：以自我为导向（独立的思想和行为）、追求刺激生活（崇尚活跃和多样的生活）、享乐主义（追求个人在物质和精神上的快乐）、成就导向（积极争取成功与威望）、权力导向（重视社会地位）、平稳导向（向往稳定的生活状态）、规则导向（极力约束个人行为并与集体准则保持一致）、遵从导向（重视传承传统）、精神导向（努力寻找生活中的个人意义）、仁爱导向（与他人保持积极互动和良性社会关系）、普世主义（认为所有人都值得理解并且每个人最终都会得到救赎）。施瓦茨认为，这些价值观存在于各类文化中，但每种文化都会有一种偏向的主要价值观。[①]

价值观与文化息息相关，是文化的基本特征。价值观提供了一套准则，帮助群体的成员明确好坏、做出选择。价值观对人的行为的影响体现在人类生活的方方面

---

① SCHWARTZ S. Universals in the content and structure of values: theory and empirical tests in 20 countries [M] //ZANNA M. Advances in experimental social psychology. New York: Academic Press, 1992.

面，例如，当我们要参加一个重要的面试，我们基本会选择穿衬衫、西装等较为正式的衣服，这是因为我们知道，面试是一个正式而严肃的场合，个人形象给人留下的第一印象对面试成功是很重要的。

不同的文化价值体系有不同的价值观，然而在跨文化交流中，人们总是倾向于将自身文化的标准套用于其他文化背景的对象身上，由此常常导致误解、混乱甚至冲突。

> 日本是一个食用鲸肉的大国，像日本这样普遍而大量地食用鲸肉的情况在其他国家比较少见。除了因为鲸的资源价值和商业价值，日本人的这一习惯还与他们在"二战"后的处境有关。"二战"后，由于战败投降，日本不仅没能从别国掠到财富改善自身生存条件，甚至原有的资源也受到减损。不过，由于日本得天独厚的地理位置，捕鲸成为当时解决食物紧缺问题的一个办法。此后几十年，这一原本是特殊时期解决资源短缺问题的做法，逐渐固定成为关乎日本国民和国家安全的重要饮食习惯。并且，由于自古以来日本国土资源匮乏，日本人对海洋十分依赖，再加上长期以来资源匮乏形成的危机意识和集体精神，日本人在今天仍然认为食鲸习惯关乎国家安全。

这个例子说明，有时候价值观的差异可能仅仅体现在饮食行为这样的小事上，但其背后往往还有我们不甚了解的历史文化因素。如果我们不能正确理解并尊重这些价值观的差异，就会造成矛盾与冲突。所以，在跨文化传播过程中，我们应尽量避免"以己度人"的狭隘思维，而是要以积极正面的态度了解对方的文化传统和价值观。

吉尔特·霍夫斯泰德（Geert Hofstede）的文化洋葱图（图 2-1）能够帮助我们理解世界观、信仰及价值观之间的关系。霍夫斯泰德将文化看作一颗有着不同层次的"洋葱"，每一层洋葱皮之间不是独立的，而是相互影响的。

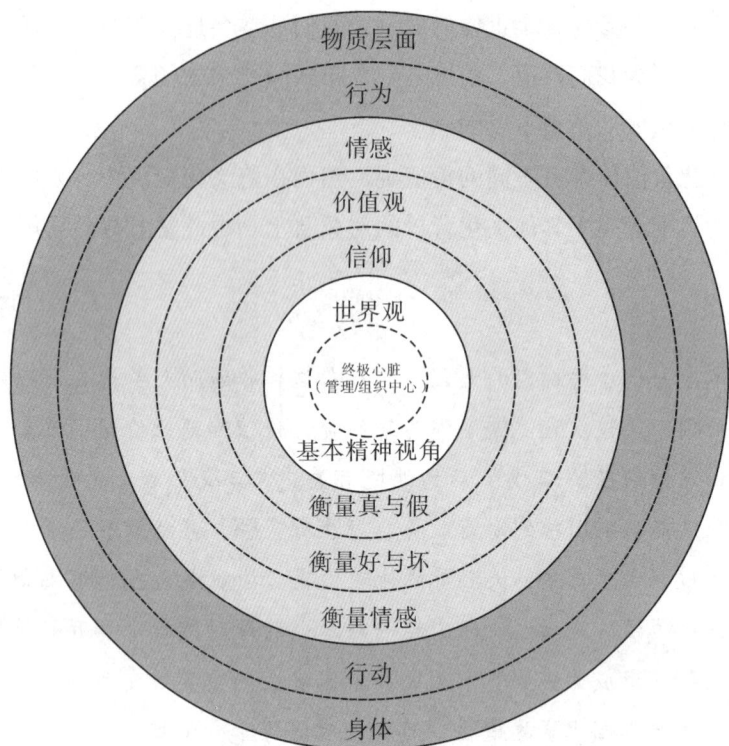

图 2-1　霍夫斯泰德的文化洋葱图

在文化洋葱图模型中，个人身上所带有的文化要素都可以划分成七个层次，构成个人身体与精神生活的现实。这些层次相互作用、相互影响，共同为个人的文化生活发挥功能，以下是文化洋葱图模型中的七个层次：

（1）物质层面（表层文化特征）：一个人的物理特征，是与一个人直接相关的特点，也是受到外界影响后最容易发生改变的特征。

（2）行为：一个人的所作所为，能通过观察感知到。

（3）情感：每个人对日常生活经历的情感给出评价和结论，如平静、愤怒、快乐、悲伤、爱、恨等。

（4）价值观：对日常生活中经历的事情给出或好或坏的判断和结论。

（5）信仰：对日常生活中的种种经历的心理评估和结论，往往会给出"对"或"错"的评判。

（6）世界观：是一种对所处世界的综合理解和有组织的安排，也是处于人类和社会现实中心的"内部陀螺"。

（7）终极心脏（核心文化特征）：可以比喻为"鲜活的、不断跳动的心"，是一切事物的发端，它给一个人的世界观的潜在叙事提供了基本的方向、凝聚力和结构。

文化洋葱图描绘了个人或社会的文化内部层次。文化洋葱图模型的基础层面是心理地图、元叙事和组成社会现实视角的思维基础；核心文化特征是每种文化基础层面的核心、起点和诱因，它是世界观的精神动态，反过来又作为内部力量驱动人的思考与行为；信仰、价值观和情感的评估层面提供了一个完整的系统，用来评判生活中所遇到的种种事件，包括对与错、真与假、好与坏和其他情感类型；最外层从内部文化价值中感知现实做出评价，进而做出适当的选择，最终体现在具体的行为中。

二、霍尔的高语境与低语境文化模型

要将"文化"这个概念模式化并对现实世界的各种文化进行分类并非易事，因为世界观、信仰和价值观都是抽象概念，我们很难以一堆抽象概念为标准对另一个抽象概念所代表的事物进行分类。但是为了简化复杂的文化模式并使其易于理解，部分学者通过一些与实际文化现象更贴近的概念，发明了较为实用的分类方法，将许多较小的文化类型划分到较大的类型中。美国人类学家爱德华·霍尔的高语境与低语境文化模型就是一种经典的文化分类方式。

霍尔认为，文化可以划分为高语境（high-context）文化和低语境（low-context）文化。"语境"的概念能让个体对语言和环境之间的关系更加明晰，它本身就是围绕具体事件延伸出来的信息，对理解事件的具体意义发挥着关键作用。在此基础上，高、低语境分别指向两种不同性质的文化环境。

高语境文化是指多数信息由传播者本人直接传达出来，极少信息需要经由编码才能得到有效传递；低语境的文化环境则正好相反，真正的含义能够通过语言表达直接传递出来，编码的过程简单且易于他人理解。因此，高语境文化往往是意义隐含的文化，也就是说在沟通者内部，他们知道根据环境、角色和地位关系来理解文化的具体内容。而低语境文化中的意义往往就存在于"明确表达"中，也就是所说的话本身的字面意思。①

---

① BALDWIN J R，COLEMAN R R M，GONZAL A，et al. Intercultural communication for everyday life［M］. New Jersey：John Wiley & Sons，2014.

东亚国家的社会文化通常被视为高语境文化；在一定程度上，阿拉伯和南欧国家也是高语境社会。北欧、西欧和北美等国家的文化通常属于低语境文化。

总体来看，高语境文化和低语境文化之间主要有以下四点差别：

第一，低语境文化中的人们通常具有多元文化背景。相比之下，高语境文化下的群体同质性较强。高语境文化下人们的沟通因为熟悉的语境而存在较小的障碍，更注重具体的场景和地位关系；而低语境文化中的人们通常具有高度的文化多样性，直接务实、简明平等的风格更易于避免沟通障碍等问题。例如，美国文化属于低语境文化，由不同种族、具有不同习俗和传统的群体组成；大都市文化下人与人之间的接触往往也属于低语境交流，因为人们出于各种不同目的来到大都市，有着不同的文化背景，其语言交流也倾向于直接、明确和务实。日本文化则属于高语境文化，日本人有着相同的历史和传统，并且基本属于同一种族，所以他们在沟通交流时不会出现太多冲突与问题，而是更关注彼此之间的角色和地位关系，因此日本社会非常注重不同场合的礼节与礼貌。但是，美国人和日本人因为分别属于不同语境文化，他们在交流时就可能产生种种困惑。

第二，低语境文化强调口头和书面交流，而高语境文化并不十分强调语言表达的作用，而是对非语言类表达更为敏感。在低语境社会，语言是信息的主要来源，因此，低语境文化中的人常对沉默感到不适，在这种时候，他们会有意找话打破沉默。高语境文化中的人在交流时更注重非语言表达，如中国人常说的"只可意会，不可言传"。沉默在高语境社会中是一种有趣的非语言表达，具有许多不同的含义，如沉思、拒绝、尊重、抗议或同意，沉默到底意味着什么往往需要根据具体情境或上下文来判断。这时，高语境文化中人们共同的文化背景知识就起作用了，共同的文化背景可帮助他们正确"解读"沉默的真正含义。

第三，在低语境文化中，人们更喜欢简单明了、易于理解的观点表达，因此，一个人所说的话可能已经直接反映出他的真实看法。相比之下，高语境文化中的人表达观点时会更加含蓄、委婉和间接，这是因为他们在沟通中更加强调"和谐"的讨论氛围。举个例子，当一个人说他现在很饿，但是此刻没法放下手头的工作去买东西吃时，对于低语境文化中的听众来说，这意味着他在工作结束之前都会挨饿；但高语境文化下的听众可能会得到一个信号，即认为朋友希望自己为他拿一些食物来。在高语境文化下，这个人不仅在谈论这件事本身，也可能是在向他人表达自己的诉求。

第四，低语境文化推崇直截了当的沟通行为，这表明在低语境的沟通中，利益和思想的冲突更为常见。相比之下，高语境文化推崇人际关系的平衡，更倾向于避免说会让人生气的话、做可能惹恼他人和损害人际关系的事。低语境的沟通者往往会直接说出他们的真实想法，这的确有助于防止误解发生，但是如果没有把握好说话的分寸，也很容易引起冲突。

此外，高语境文化的渊源也与中国传统思想文化息息相关，尤其是儒、释、道三教文化。中国传统思想文化提倡仁爱和平，强调集体主义，注重人际关系的和谐状态，极力避免与他人发生直接冲突或言辞上的矛盾，遵循"以和为贵"的基本原则。[1] 这些思想都有含蓄、委婉、低调的交流特点，共同构成了高语境文化人群的基本特征。

关于高低语境文化，英国广播公司（BBC）拍摄的纪录片《中国老师来了》（*Are Our Kids Tough Enough? Chinese School*）就是一个呈现东西方不同文化语境的典型案例。该纪录片主要讲述 5 名中国老师在英国南部汉普郡的一所中学进行 4 周中国式教学试验的故事。纪录片中，中英两国教师的教学模式和学生的学习模式都表现出较大差异。比如，纪录片中的一位中国老师说："在中国，只要你是老师，基本都会受学生的尊重，他们会很听老师的话。"由此可以看出，在传统的中国学校课堂中，教师是中心，所有的知识、能力等内容都由教师传达给学生，学生应该以谦虚的姿态听从老师的指令。因此，中式课堂上学生的学习并不以自主探索为主。然而在英国课堂中，学生习惯了自主探寻问题的答案，并不以一种所谓的"标准答案"为圭臬。对于老师传授的内容，学生往往会直接在课堂上提出质疑。由此，英国学生会认为中式教育课堂缺乏互动性与交流感，甚至完全不顾学生的感受。导致这种行为和思维差异的原因是，英国学生和中国老师来自完全不同的文化语境，在彼此交流与碰撞的过程中，暴露了文化差异并产生了一定冲突。

不过，在纪录片的后半段，中英师生双方在经历了课上与课后的教学文化冲突后，开始认识到彼此的交流需要一段时间磨合，所以采取了一系列措施进行互动和沟通。也正是彼此的包容与交流，有效促成了教学工作任务的顺利完成。由此可见，关注到高低语境文化的差异，将心比心地理解不同文化语境下信息的具体含义，真正实现"传者"所发出信息与"受者"所接收信息之间的等值共享、实时交流，必然会有效提升跨文化传播各个方面的效率。

---

① 张瑞. 高低语境文化交际模式对比研究［J］. 山西农业大学学报（社会科学版），2011，10（12）：1284－1287.

三、霍夫斯泰德分析文化价值的五个维度

荷兰社会心理学家吉尔特·霍夫斯泰德①是最早使用大量统计数据研究文化价值观念的学者之一。1980 年，霍夫斯泰德发表的研究报告提出了四个能够帮助深入理解文化价值基本含义的维度：个人主义与集体主义、不确定性规避、权力距离、男性气质与女性气质。该研究报告分析了来自 40 个国家的 116 000 份关于 32 种价值观念的调查。1991 年，霍夫斯泰德增加了第五个维度——长期与短期导向。这些维度可以用来系统地理解文化价值的含义。

1. **个人主义与集体主义**（Individualism Versus Collectivism）

个人主义与集体主义是分析文化价值的首要维度。这两种价值取向塑造了显著不同的家庭结构、课堂活动、企业组织、公共表演和社会关系等文化形式。

个人主义更强调个体自身的权利、责任和隐私，认为人与人的交往需要讲究"边界感"，个人权益不仅应该受到个人重视，更应该受到来自外界社会的尊重与保护。同时，个人主义也鼓励个体积极发表自己的观点，将自我表达看得非常重要。

我们可以从四个层面展开分析个人主义：第一，无论在哪种社会，个人都是其中最关键的单位，个人的重要性通常反映在社会对个人权利的强调。个人主义认为个人权利不仅应该得到保护，而且不应为了群体利益而牺牲个人利益。第二，个人主义强调独立而不是相互依存。例如，美国这一典型个人主义国家的孩子往往更早离家独立生活。高中毕业后，很多孩子搬出去上大学或开始工作，如果他们继续住在家里，父母可能会要求他们支付租金或做家务。第三，社会与政府注重奖励个人成就。如美国人更倾向于将个人成就视作自己辛勤劳动的成果，而集体主义文化往往将个人成就视为整个家庭或社区的荣耀。第四，个人主义将个人视作独特的个体，这意味着独立、竞争、追求个人目标和自我实现是不言而喻的价值规范。

相比之下，集体主义文化强调社区协作，注重传统、公共利益和个人在集体中的"面子"。在集体文化中，人际关系分为两种类型：一种是群内关系，另一种是群外关系。群内关系是家庭、部落、氏族和社会组织等群体的内部关系，人们依靠

---

① 吉尔特·霍夫斯泰德，荷兰心理学家、管理学家。霍夫斯泰德曾两次在 IBM 调查了 11.6 万名员工，从大量的调查数据着手进行研究，试图找出能够解释导致大范围内文化行为差异的因素。基于"价值观是文化的基石"这一观点，他从五个方面衡量各个国家的文化差异和特征：权力距离、不确定性规避、个人主义与集体主义、男性气质与女性气质、长期与短期导向。

群体内部的联系获取生活和生存方面的支持，而作为交换，个体需要对集体保持忠诚。群外关系则是特定群体与该群体以外的其他群体之间的关系。一般来说，在集体主义文化情境下，群体关系被视为比个人成就更重要的价值。

一般情况下，在注重个人主义的社会中，人与人之间的关系不太紧密，而是更重视维护个人空间，个体也更倾向于关注自己及家人等亲密社交圈的生活状态；而注重集体主义的社会，则更加重视维持集体关系的稳定与和谐，同时个人也必须对集体绝对忠诚。这里的集体概念是相对的，可以是某些微观的群体、组织，也可以是宏观的地区、民族和国家。

2. **不确定性规避**（Uncertainty Avoidance）

霍夫斯泰德为文化价值分类的第二个维度是不确定性规避，其核心是人们对未来的不确定性有不同的容忍度，由此可分为两类群体：高不确定性规避文化群体和低不确定性规避文化群体。

高不确定性规避文化群体试图减轻对未来的不可预测性。为了避免不确定性，他们往往不能容忍一些"反常"的想法和行为。一般来说，在这类文化环境中，人们强调"共识"（common sense）和传统社会规则而不欢迎变革，也不轻易作出改变。他们认为，不确定性会给生活带来很多未知的风险，为避免这种风险，他们自愿按照规则、仪式和惯例行事。但正因如此，高不确定性规避文化下的人们反而更容易焦虑、更有压力。

低不确定性规避文化情境中，人们更容易接受不确定性和新事物、新规则。一般认为，新加坡、瑞典、美国等国家属于低不确定性规避文化的国家，这些国家的人不喜欢与等级制度相关的结构，因为等级制度本质上是以规避不确定性和风险为目的，而不是顺应人性自然和自由发展。因此，低不确定性规避文化下的人们更灵活、更愿意冒险，他们受到社会规则的限制要小得多，个人自由度更大。

以课堂学习活动（如前面提到的中英教学模式的对比）为例。在低不确定性规避文化（如英国）中的学生能够适应非结构化的自由学习模式，学习过程在没有严格时间表的情况下进行。并且如果他们能以创造性思维解决问题，就会得到奖励。相比之下，中国课堂活动的组织方式则很不一样，中国学生已经适应了结构化的学习模式，他们遵循明确的课堂学习时间表，每个班级都有非常明确的目标，可能是成为年级第一，也可能是相比上次班级排名进步一些，总之基本都与成绩挂钩。

3. **权力距离**（Power Distance）

权力距离是霍夫斯泰德为文化价值分类的第三个维度。所谓权力距离，就是在特定文化范围内，群体成员与权力中心之间的距离。权力距离涉及社会如何管理人与人之间的不平等关系。换句话说，它衡量了不同文化背景中人们期望和接受权力不平等的程度。

有些文化语境中的权力距离较大，这种文化环境下的人们更能接受等级秩序，认为权力和权威不容置疑，每个人在社会中都应拥有属于自己的、合适的位置，因此也就会出现比自己的社会级别更高或更低的人。例如，在柬埔寨和泰国等国家，僧侣的地位十分高贵，得到所有人的尊重。当其他人遇到僧侣时，会在僧侣面前摘掉帽子、穿着得体，会主动以正式的问候语打招呼，让僧侣坐在主位或贵宾席。

与高权力距离（high power distance）文化相对应的是低权力距离（low power distance）文化，崇尚低权力距离文化的国家认为应尽量减少社会不平等。在这些文化中，人与人之间的权力差异较小：下属和上级平等对待对方；正式头衔较少被使用；当权者（如主管、经理或政府官员）经常与下属互动，以显示自己平易近人。澳大利亚、芬兰、爱尔兰等国推崇的文化类型就更贴近低权力距离文化。

同样，课堂活动也可以作为权力距离文化差异的案例。一般来说，高权力距离文化社会的教育模式以教师为中心，由教师主导课堂活动，与学生之间保持一种"制定规则"与"遵守规则"的关系，注重教师以知识储备和教学能力等专业素养引导学生，而学生如果公开批评或质疑老师，就会被视为一种"不尊敬"老师的行为。相比之下，低权力距离文化的社会则更加信赖不因人格权威而变化的"真理"，任何有足够能力的人都可以获知真理，学生在课堂上公开质疑老师更是"家常便饭"。

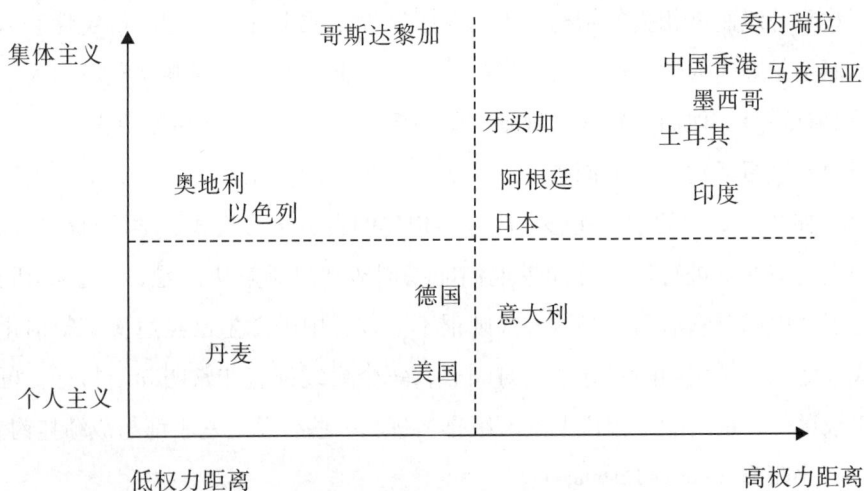

图 2-2　霍夫斯泰德提出文化价值权力距离的国家（地区）分布

4. 男性气质与女性气质（Masculinity Versus Femininity）

霍夫斯泰德为文化价值分类的第四个维度是男性气质与女性气质。这两个概念描述了不同文化所偏好的性别特征，男性气质与女性气质通常反映在文化规范与传统中。男性气质文化社会的主导价值观是男性导向的，典型的男性气质文化社会包括日本、中国、意大利和爱尔兰等国家。在男性气质文化中，男性应该自信而坚强，应当取得实质性的成功；与此相应，女性应该谦虚、温柔，更关心家庭与生活。

男性气质文化社会中的性别角色界定十分明确，符合传统观念对男性和女性的认知。例如，日本是霍夫斯泰德的男性气质量表中得分最高的国家，日本文化被认为是世界上最男性化的文化。在日本，男性必须努力工作，在竞争激烈的就业市场取得成功，他们应当在物质生产、服务社会以及自我实现等各方面出类拔萃。相比之下，日本女性在这样的文化中工作机会较少，很难在职业道路上晋升。

与男性气质文化不同，重视女性气质的文化强调培养行为、情感与性别角色重叠的社会被称为女性气质文化社会。在女性气质文化社会，男性和女性都应该谦虚、温柔并关心生活质量。瑞典、挪威、荷兰、越南等国家被认为是女性气质文化社会，其中，挪威和瑞典在霍夫斯泰德的女性气质量表中排名最高。这两个国家的女性公职人员比例较高，妇女占据议会近一半的席位，这也反映出两国在政治参与方面实现了较高的性别角色重叠。

男性气质和女性气质这一维度主要用来判断在某一社会中，是竞争性、独断性等典型的男性特质更多，还是谦虚、温和、关心他人等代表女性的品质更多。我们一般用"男性度指数"（masculinity dimension index）来概括这一指标，数值越大，说明该社会中男性气质更突出，反之则说明女性气质更突出。

5. 长期与短期导向（Long-Term and Short-Term Orientation）

霍夫斯泰德文化价值分类的最后一个维度是长期与短期导向。长期导向是指人们更专注于未来，更愿意推迟短期的物质和社会成功甚至情感满足，从而为未来更大的成功或满足做更充分的准备。因此，长期导向文化下的人们更加重视坚持、储蓄等品质，并具有较强的适应能力。短期导向是指人们更专注于现在或过去，并认为它们比未来更重要，因此更关心眼前的满足而不是长远的满足和成功。短期导向文化下的人们更关注短期的目标与方向，十分重视传统习俗与当下的社会等级，并积极履行社会义务。从世界范围内的文化来看，中国和其他东亚国家往往具有长期导向文化的特点，英美、非洲和南亚国家具有短期导向文化的特征，欧洲大陆国家则介于两种文化之间。

　　长期与短期导向塑造了不同文化下人们不同的交流交往方式。例如，不同的导向很大程度上影响了商业管理和传播方式：倾向于长期导向的中国企业更加注重获得市场份额，因此倾向于奖励忠诚的员工，重视安全、牢固的人际关系。从长远目标来看，中国企业善于思考长远规划，愿意花更多时间建立从业道德和规范。相比之下，墨西哥、美国和埃及等短期导向国家的企业则更侧重于短期利润，他们经常用绩效奖励员工，其员工结构也更加流动多变。这类企业一般并不希望员工长期固定在公司中，而是更希望时常有新鲜血液补充进来。此外，个人自由和闲暇时间在短期导向的企业文化中具有重要价值。

　　霍夫斯泰德对文化价值类型的划分方法对理解跨文化传播具有重要作用，但是这一划分方式也存在一定局限性。首先，这些文化价值维度本质上仍然是西方视角，虽然后来的研究加入了基于东方文化的"长期与短期导向"，但归根结底还是从西方文化视角来看问题；其次，这一研究依据的数据距今已较久远，当今世界各国文化都发生了巨大改变，这些结论在很大程度上只能作为一种参考，部分细节还需要仔细推敲；最后，霍夫斯泰德的研究对象基本集中在飞行员、公务员等精英群体，他们能否代表所有阶层群体的文化价值，这一点也值得怀疑。

四、中国的文化价值观

　　中国文化价值观依托于中华民族传统文化而形成，是几千年来中华民族的智慧结晶，也是中华民族重要的历史遗产。然而，中国的传统文化不是虚浮难懂的，也不是封闭的体系，而是以开放的态度实现了文化的兼容并蓄。所以，时至今日，我们仍有必要了解中国文化价值观中的儒家思想、集体主义、和谐观念等中国特色的文化价值观，以此把握中国传统文化的核心价值。

1. 儒家思想

　　儒家文化作为中国人两千年来的文化底色，一直培养和规范着中国人重视自我修养与为人处世之道，而这种文化底蕴持续规范着中国的高语境文化社会。

　　先秦儒家提出了以"仁义"为核心的价值体系。孔子以"仁、义、礼"构建礼治秩序，孟子将其延伸为"仁、义、礼、智"。西汉中期以后，儒家思想杂糅了法家、道家、墨家、阴阳家、兵家等各个学派，建构了中国古代社会的价值学说体系。董仲舒将孔孟的基本价值规范扩充为"仁、义、礼、智、信"，后称为"五常"。仁义作为中国传统伦理的核心要义，对忠孝、智勇、诚信、廉耻、勤俭等其他伦理价值规范具有统领作用。①

儒学提倡以"德"治理社会、以"德"教化人生,这也是自古以来历代中国人在生活和成长过程中遵循的伦理法则,即无论身处何种境地,都强调集体和谐,提倡把自我、他人和社会群体等融合起来。因此,儒家思想尤其体现在处理人际关系方面,如"中庸之道""和而不同"等理念均有尽力避免矛盾和冲突的意图。儒家对"君子"的描述和理解,代表了中国传统文化中的人格理想和道德典范。《论语·季氏篇》述有"君子有九思:视思明,听思聪,色思温,貌思恭,言思忠,事思敬,疑思问,忿思难,见得思义"。由此可见儒家对"君子"的要求非常高,后世逐渐演变成凡是有良好修养的人都应尽力达到的标准品质。

儒家学说及其所代表的中华传统思想文化得到知识精英的高度推崇,并且随着时代的发展,其内容也在不断迭代以适应社会发展。如 20 世纪 70 年代以后,部分学者主张融合中西文化并为此提出新的理念和方法,希望通过集成和发扬东方传统儒学的现代价值,让东方文化在新时代焕发新的生机。② 发展至今,儒家思想也经历了某种现代化过程,并具体体现在"时代化、科学化与生活化"三个方面。③ "时代化"是指儒家思想应与时代发展同步,取其精华、去其糟粕,既要接续和传承传统儒家思想的"道统"精神,同时不断赋予其新的时代内涵,又要以儒家文化精神不卑不亢的姿态积极展开与世界文明的对话和交流;"科学化"即要求将传统儒家思想与现代科学理念相衔接,祛除自身理论体系中的封建糟粕,注入现代科学民主的新思维,使其适应现代社会的发展逻辑;"生活化"意在强调儒家思想必须与社会生活相契合,也就是说儒家思想不应被束之高阁,而要切实地运用在社会生活实践中,在全面理解现代人日常生活的基础上,把握现代人的生活方式和意义。

2. 和谐观念与集体主义

在中国传统文化中,和谐是一个重要观念和行为原则。在当下社会,和谐是凝聚社会向心力的重要指引,是社会主义核心价值观的关键要素之一。集体主义则反映了个人对群体的承诺以及与群体其他成员之间的融合,并涉及服从和服务于群体的义务。和谐观念与集体主义密不可分:"和谐"往往被看作集体主义的一个方面,是维系任何群体所必备的理念,任何集体也都将和谐与良性社会交往作为集体发展

---

① 张生. 中国传统文化核心价值观念论略 [N]. 光明日报,2017 – 12 – 27 (13).

② 王向远. 从东方学史看百年来我国东西方文化问题的四次论争 [J]. 山东社会科学,2020 (4):44 – 58.

③ 陈宗章. 论传统儒家思想的当代转化进路:"时代化,科学化与生活化"命题探析 [J]. 河海大学学报(哲学社会科学版),2015,17 (1):32 – 35.

的目标。要想构建和谐社会，就需要把集体主义原则放在突出位置。

强调个人、社会与自然三者之间的和谐一致和共生共存，是集体主义价值原则的核心观点。从根本上说，为了实现个人与集体和谐共生，集体主义原则将协调个人利益与集体利益冲突作为目的，努力达到二者的平衡状态。从更微观的个体角度来看，集体主义原则可以帮助个人达到与所属集体以及其他成员之间的和谐统一。

由于中国文化一向强调社会和交往关系中的和谐，中国人普遍认为冲突与争论是应该被避免的。正如柯克布莱德、唐和韦斯特伍德所说："一致性、集体主义、和谐和羞耻观念结合创造了一种社会压力和期望，使中国人一旦被置于冲突之中就会非常不自然。"因此，在中国的文化环境中，尤其是当某个问题涉及某种分歧时，为了达到并保持和谐状态，所有人都应该极力避免冲突和矛盾的发生与扩大。

但在一定程度上，对和谐观念的描述更像是一种理想，理想和实践之间的差距在跨文化情境中时常出现，这表明虽然像"和谐"之类的文化价值会对跨文化交流产生影响，但具体情境可能会更加重要。

3. 中国特色社会主义核心价值观

社会主义核心价值观是中华文明复兴的精神支柱，而培育和践行社会主义核心价值观，需要继承和弘扬中华传统文化精华。中华传统文化是新时代中国特色社会主义文化的根基和重要组成部分，其包含的传统价值体系，能够为培育和践行社会主义核心价值观提供历史文化参考和丰厚滋养。[①]

2006年10月，党的十六届六中全会第一次明确提出了"建设社会主义核心价值体系"的重大使命和战略任务，明确提出了社会主义核心价值体系的内容，并指出社会主义核心价值观是社会主义核心价值体系的内核。由此，学界开始深入探讨和研究社会主义核心价值观。

2012年11月，党的十八大报告明确提出"三个倡导"，即"倡导富强、民主、文明、和谐，倡导自由、平等、公正、法治，倡导爱国、敬业、诚信、友善，积极培育社会主义核心价值观"，这是对社会主义核心价值观的最全面概括。富强、民主、文明、和谐是国家层面的价值目标，自由、平等、公正、法治是社会层面的价值取向，爱国、敬业、诚信、友善是公民个人层面的价值准则，这24个字是社会主义核心价值观的基本内容。

2017年10月18日，习近平总书记在党的十九大报告中指出，要培育和践行社

---

① 张生. 中国传统文化核心价值观念论略［N］. 光明日报，2017－12－27（13）.

会主义核心价值观，以培养担当民族复兴大任的时代新人为着眼点，强化教育引导、实践养成、制度保障，发挥社会主义核心价值观对国民教育、精神文明创造，以及精神文化产品的创作、生产、传播的引领作用，把社会主义核心价值观融入社会发展的各方面，从而转化为人们的情感认同和行为习惯。具体来说，需要坚持全民行动、干部带头，从家庭做起、从娃娃抓起。同时，社会主义核心价值观与民族传统文化也是密不可分的，因此我们要深入挖掘中华优秀传统文化蕴含的思想观念、人文精神、道德规范，结合时代要求继承和创新，从而让中华文化展现出永久魅力和时代风采。

面对世界范围内思想文化交流、交融、交锋形势下不同价值观较量的新态势，面对改革开放和发展社会主义市场经济环境下思想意识多元、多样、多变的新特点，积极培育和践行社会主义核心价值观，对于巩固马克思主义在意识形态领域的指导地位、巩固全党和全国人民团结奋斗的共同思想基础，对于促进人的全面发展、引领社会全面进步，对于集聚全面建成小康社会、实现中华民族伟大复兴中国梦的强大正能量，具有重要的现实意义和深远的历史意义。

第二节　文化霸权与后殖民主义

跨文化传播的过程并非总是和谐、顺利的，除了明显可见的冲突与矛盾外，往往还有一些难以察觉的问题隐藏于跨文化传播过程中，以"潜移默化"的方式影响和改变其他民族的传统文化、思维习惯和价值观，形成跨文化传播交流中的不对等关系和"文化侵略"。学习跨文化传播，首先需要意识到这种情况的存在，学会辨别外来文化蕴含的真正意图，做到辩证看待、批判吸收。本节通过介绍"东方主义""文化帝国主义与文化霸权""后殖民主义"，详细解读跨文化传播与交流过程中产生的问题与挑战。

一、东方主义

东方主义（Orientalism，又称"东方学"）是以西方中心主义为立场而形成的一种认知东方的话语方式，是西方和东方的社会政治、文化权力关系的集中体现。爱德华·沃第尔·萨义德（Edward Wadie Said）[①] 指出，东方主义是用西方视角来审视东方的一种思维方式，同时是一种基于西方社会发展逻辑而创造出来的认知东方的实践系统。[②] 换言之，东方主义是一种从西方视角来看待和理解东方社会与民族文化的过程。根据萨义德对东方主义的解释可知，这里的"东方"（the Orient）与"西方"（the Occident）相对，西方人长期以来存在一种欧洲民族文化与价值观念优于世界其他民族文化的看法。由此，"东方主义"是"属于欧洲人的东方学"，是对东方世界的一种"建构"，虽然不能直接控制现实政治话语，却是在西方霸权主义话语形态下通过不同形式权力关系的互动所创造出来的话语体系。即使东方主义的核心理念未透露出西方文化霸权主义的意图，但通过对具体文本的分析与解读，我们可以发现其背后隐藏的西方话语对东方文化的操纵与控制欲望。[③]

东方主义有两层主要的含义：一方面指东方与西方的对立与差异，它们在地理位置上"天各一方"，在社会发展的各方面也长期处于对立状态，在政治体制、经济机制、文化系统以及语言表达等诸多领域都存在着难以逾越的巨大鸿沟；另一方面则指近代工业革命以来，处于强势地位的西方对相对弱势的东方的多方面主宰，包括对话语权力的争夺与控制。在这种形势下，东西方之间的关系逐渐演变为制约与被制约、给予与接受的状态。[④]

不过纵观历史，西方对中国形象的认知其实经历了一个从积极到消极的过程。1250—1750 年间（即中国的成吉思汗西征到元朝、明朝和清朝前期），欧洲关于中国形象的论述大多是正面的、积极的赞扬与肯定。在这段时期，中国成为欧洲知识界对理想社会的现实参照。欧洲知识精英认为神秘的东方国度在政治、文化、经济等各领域都有显著的优越性，如以"道法自然"为基础的精神世界就超越了欧洲人崇尚宗教、受基督教与教皇束缚的境况。此外，当时中国开化的政治文明、文官制度、科举考试制度与重视农业发展的经济思想等都成为欧洲人褒扬的对象。当然，这些对中国形象的描绘也并不完全是当时中国社会的真实图景，夸大和想象的成分较多，但彼时欧洲精英对中国社会基本持正面的向往态度。

然而，从 18 世纪下半叶工业革命开始，西方对中国形象的认识逐渐演变为消极

---

① 爱德华·沃第尔·萨义德，文学理论家与批评家，其提出的"东方主义"成为后殖民论述的经典和主要依据，代表作包括《东方主义》《文化与帝国主义》《知识分子论》等。

② SAID E W. Orientalism［M］. New York：Vintage books，1979：3 - 6.

③ 孙晶. 文化帝国主义与文化霸权思想考察［J］. 北京理工大学学报（社会科学版），2004（1）：43 - 47.

④ 王宁. 东方主义、后殖民主义和文化霸权主义批判：爱德华·赛义德的后殖民主义理论剖析［J］. 北京大学学报（哲学社会科学版），1995，32（2）：54 - 62.

的"贬华"态度，视中国为资本主义扩张过程中的阻碍，并企图通过文化传播和传教等各种手段改造中国文化。在近代早期，欧洲自身经历了宗教改革、启蒙运动和工业革命等变革，逐渐实现工业化和现代化。18世纪的欧洲社会和北美殖民地相较于封建专制下的中国，已经体现出了个人自由和开明社会的特征，当时的西方人认为中国的政治体制无比僵化，君主专制的统治模式是一大弊病。此外，西方的资本主义经济制度也逐渐发展完善，其经济发展的速度与程度都远比中国领先。

因此，两三百年以来，西方对中国的认识都停留在腐朽贫穷、落后野蛮、封闭神秘的消极印象，并且由于中国近代以来多次发生的暴力"排外""仇外"事件，以及日本在近代的崛起，西方对东亚民族产生了恐惧、焦虑和排斥，由此形成了经久未散的"黄祸"歧视。时至今日，国际社会关于中国的刻板印象仍然普遍存在，在一些西方国家和媒体眼中，中国仍然是"落后、贫穷、专制"的代名词，然而这并不符合今天中国的真实面貌。显然，近代以来东方主义所描绘的中国形象是带有偏见的，更多是欧洲在现代化过程中的想象产物。①

为什么西方人要创造出一个"想象中的东方"呢？对此，萨义德也给出了明确的解释——西方人需要一个"他者"的形象，将其作为"对立面"，以便西方人更好地完成对自己的界定。在实际运作中，东方主义通过三大群体得以构建：

首先是学者，从事东方学研究的学者和19世纪末20世纪初的欧洲殖民者一样，都习惯以一种居高临下的傲慢态度看待其他社会群体，由此延续了对东方社会的想象传统。

其次是作家，即从东方主义立场出发的文学、诗歌等作品都带有强烈的偏见与歧视色彩。美籍华裔作家伍绮诗代表作《无声告白》中的很多细节就暗含了对东方人的刻板偏见，比如詹姆斯的父母是第一代来美华人，他们"不遵守法律，还用了别人的名字"；在詹姆斯的课堂上，学生肆意打闹、不把他放在眼里，就是因为他只是个来自东方的历史教授，说他"打扮得像个送葬的""身高至多不过1.75米"等。从文学作品叙事的演变来看，东方主义思想也在不断发展和流变。

最后则是那些直接与东方社会打交道的机构和人员，如西方各国派往东方的文化机构、常驻记者、传教士等。他们获取来自东方世界的第一手信息，在以西方视角观察和理解这些信息的过程中，其实就已经完成对东方世界的想象。这些表现在

① 郭忠华. 从褒扬到贬损：东方主义对于中国形象的论述［J］. 中山大学学报（社会科学版），2018（5）：158－167.

各种领域的东方主义，共同传达着一个重要信号，即西方以一种高高在上的姿态、带着"西方优于东方"的优越感，认为西方具备管理和干涉东方世界的权力与能力。

在萨义德看来，东方作为西方社会视角下的"他者"，长期以来都是欧洲文化的一个内在组成部分。在西方人的固有印象中，"理性、民主、平等"是西方社会的代名词，而"落后、愚昧、封建"则成为东方社会的标签，这种表达其实体现了东西方之间不对等的权力关系。需要指出的是，萨义德并非强调东西方社会之间的差异，而是反对仅从西方立场出发、将东方的发展过程视作静态与一成不变的观点，他认为这种观点只会进一步加大东西方社会之间的距离和隔阂。无论是东方还是西方，在现实发展过程中都是动态的、复杂的，都不应以静止的、一元的眼光看待。

二、文化帝国主义与文化霸权

以"梦工厂"为代表的好莱坞电影产业，在美国全球化战略中担负着向世界传递美国意识形态、价值观念和生活方式的重任。根据《全球电影产业发展报告2019》，好莱坞每年生产的影片只占据全世界的 10% 左右，但放映时长却占全球的 50% 以上，票房收入占全球票房总收入的 75% 以上。[①] 好莱坞电影在全球范围内拥有大量观众，为美国带来巨额利润，成为美国经济增长的一大推手。更重要的是，好莱坞电影产业已经成为美国政府在全世界推行文化霸权主义的手段，一部部影片充当着文化渗透的工具，向世界各国灌输美国的英雄主义、个人主义与资本至上的价值观念，让"美国梦"的虚幻景象呈现在世界人民面前。

文化帝国主义（Cultural Imperialism）是在帝国主义概念基础上的进一步延伸，指在原有帝国主义的政治、经济、军事、殖民统治外，将文化侵略与霸权行为也纳入帝国主义范畴。文化帝国主义就是物质经济水平较为发达的国家综合运用多种手段，向世界其他国家（尤其发展中国家）长期灌输其价值观，使这些国家和地区被迫服从其统治的过程。约翰·汤林森在解读文化帝国主义的过程中，以看似否定其中一些表现形式（如媒介行为、消费主义等）的方式来维护文化帝国主义，这样的逻辑与文化帝国主义本身的话语表达路径也是一致的。

厘清了文化帝国主义的概念之后，还有必要理解文化霸权（Cultural Hegemony）

---

① 卢斌，牛兴侦，刘正山. 全球电影产业发展报告 2019 ［M］. 北京：社会科学文献出版社，2019.

的内涵。"文化霸权"是指一个阶级通过控制其他阶级的文化内容、建立习俗等方式来达到不同阶级间的统一，最终实现支配和主宰其他阶级意识形态的一种行为。在安东尼奥·葛兰西（Antonio Gramsci）[①] 看来，文化霸权是意识形态发生作用的过程，它是当代西方哲学社会科学的关键词之一，也是意识形态理论的核心要素。

文化霸权理论主要围绕三个核心概念展开：文化、市民社会与领导权。[②] "文化"是知识与美德的双重体现，而统治阶级一旦掌控了知识与美德，也就掌控了意识形态的属性。[③] 市民社会有两层含义，一是具有基础建设作用，二是能够积极表达个人意愿。领导权的内涵则是，统治阶级拥有市民社会的文化领导权是统治整个国家的必要条件。从这三个核心概念可以看出，文化霸权主张从文化入手，强调潜移默化地将统治阶级的思想观念和意识形态赋予人民，从而让人民服从统治。

文化霸权主要有两种表现形式：一种是大力宣扬"西方中心论"，并以此形成核心价值观和社会理论；另一种是西方国家充分利用不断发展的先进信息技术与互联网新媒介技术，潜移默化地向发展中国家实现文化霸权的过程。后一种形式如今已成为西方国家传输文化价值和意识形态的重要手段。随着互联网技术与数字技术的发展，文化霸权的概念进一步丰富为"数字文化霸权"，即"把西方意识形态包装成影视、动漫、体育、音乐等流行文化的数字化形式向他国倾销"，其本质是将文化霸权的内核包裹在数字技术的外衣之下，通过数字媒体为青年人构建弱化智性参与而突出感官享受的"泛娱乐化"的数字景观。[④]

因此，我们有必要警惕西方话语表达中的文化霸权倾向和隐喻，这一过程往往对东方尤其是中国形象造成污名化。以新冠肺炎疫情期间美国媒体的报道为例，意识形态在现实中充分表现，美国媒体的阶级性、文化帝国主义和党派政治性不再遮掩，美国国内主流媒体根本上仍以统治阶级而非人民大众作为主要服务对象。这就导致在新冠肺炎疫情这样的重大全球性事件中，美国媒体的报道带有强烈的指向性和攻击性，包括转移本国责任和随意指摘他国。2020 年 3 月，《纽约时报》推特账号发布了题为"病毒是如何传播出去的"（How the virus got out）的新闻报道，其主

---

① 安东尼奥·葛兰西，意大利共产党创始人之一，20 世纪著名马克思主义理论家，主要著作有《狱中札记》等。

② MERLI P. Creating the cultures of the future：cultural strategy，policy and institution in Gramsci [J]. International journal of cultural policy，2013，19（4）：439 – 461.

③ 葛兰西. 葛兰西文选：1916—1935 [M]. 中共中央马克思、恩格斯、列宁、斯大林编译局、国际共运史研究所，编译. 北京：人民出版社，1992.

④ 温旭，倪黎. 西方数字文化霸权对大学生价值观影响研究 [J]. 当代青年研究，2021（2）：101 – 107.

要内容就是"论证"所谓的"武汉病毒"是如何发端于中国武汉，进而蔓延至全世界的。这则报道未经证实就默认"中国武汉是新冠病毒的发源地"，预设了一种立场和报道框架，看似是中立的科普类报道，实际上存在较多错误和攻击性诱导。

除上文提到的影视产业和媒体报道外，其他如广告业也是文化霸权和文化渗透的重要领域。跨国公司的广告为消费者提供的不仅是商品信息和视觉审美，也暗含该国的价值观念和意识形态，对输出国所在社会民众的精神结构产生深刻影响。如可口可乐、宝洁、麦当劳等诸多品牌在全球范围内的广泛传播，在宣扬品牌内涵的同时也在无形中输出了美国精神与美国文化。①

不仅文化霸权具有多样的表现形式，文化帝国主义在当代也呈现出不同的表现方式。

首先，西方国家建立起属于自己的输出型文化产业体系，体现了西方国家对文化软实力的重视。文化产业已经成为西方国家的重要经济来源和意识形态支柱，目前已经不再仅仅停留在单个文化商品的销售与输出上，而是形成一条日益成熟的产业链，以系统化的操作方式通过文化产品传输文化价值观。

其次，西方国家的文化帝国主义正在变得越来越隐蔽。无论是传统媒体，还是在年轻人中日益流行起来的 YouTube、Instagram 等社交媒体，都在悄无声息地渗透人们的日常生活，潜移默化地传播着西方的社交逻辑与思维方式。

最后，网络文化帝国主义扮演着越来越重要的角色。网络文化帝国主义的形成主要得益于互联网媒介的自由与开放，通过互联网，西方发达国家垄断全球范围内的信息资源，以 Facebook 为代表的西方媒体平台屡次大规模泄露用户隐私，这正是美国等西方大国"信息战"所产生的恶劣影响。此外，西方大国的互联网扩张也让英语在全世界的传播越来越广泛，而语言对文化、思维方式和情感态度的影响又十分重大，并且一定程度上挤压其他语言发展的空间。②

无论是哪种表现形式，文化帝国主义与文化霸权行为从未停止，我们需要做的是牢牢坚守阵地，把握自身的价值信仰与话语权，在辩证看待外来文化的过程中，抵御文化帝国主义与文化霸权的侵袭。

---

① 米珏. 跨国公司跨文化广告传播中的文化霸权 [J]. 现代经济（现代物业下半月刊），2009（8）：125 – 128.

② 张小平. 当代文化帝国主义的新特征及批判 [J]. 马克思主义研究，2019（9）：123 – 132，160.

三、后殖民主义

"二战"结束后，许多曾在 19 世纪和 20 世纪上半期遭受殖民的国家或地区纷纷独立，"后殖民主义"（Post-Colonialism）及其相关理论应运而生。历史学家通常用这个概念来描述"后殖民国家"（The Post-Colonial State）或"独立后的殖民地国家"等。从时间维度来看，这个词指的正是殖民地国家独立后的一段时间。后殖民主义理论基于欧洲殖民的历史事实，着眼于福柯关于"话语"和"权力"之间关系的探讨，重点关注宗主国和前殖民地之间关系的话语研究。

后殖民时期，宗主国结束了对殖民地的实际控制（包括直接安排代理人统治殖民地），转而开始通过意识形态和思想文化对前殖民地进行间接管控。也就是说，宗主国视自身的社会经济与文化发展为最高等级，认为自己的历史和价值观是普世的，应该受到世界上不发达国家的推崇，成为前殖民地及第三世界追求的目标。因而归根结底，后殖民主义和殖民主义的根本目标一致，都是意在通过某种手段实现对其他国家与民族的控制。二者的不同之处在于，随着时代演进与世界文明的发展，后殖民主义的控制手段从暴力变成非暴力，更注重对其他国家的思想与意识形态的渗透。

在后殖民主义学者看来，西方的思想文化与价值观念始终带有强烈的民族优越感，西方文化似乎总是被认为处于世界文化的"第一梯队"。这种文化优越感本身就是一种主观感受，不利于世界多种文化之间的交融与共生。与之相对应的是，第三世界尤其是东方国家被排挤到尴尬的边缘地带，常常扮演着相对于西方而言的"他者"角色。即使在一些聚焦东方文化研究的西方学者著作中，其论述看似中立，但话语表达的背后仍然透露出隐含的西方优越感。

后殖民主义的特点需要从历史、文化属性和议题范围三个方面来分析。

第一，从历史来看，后殖民主义与殖民主义紧密相连，既指向过去，又注重前殖民地独立后发生的变化。因此，后殖民主义的中心议题就是包括殖民主义在内的行为思想及其影响。

第二，从文化属性来看，对大多数前殖民地国家而言，虽然其政治体制和经济制度已经独立、不受外部力量的直接干预，但思想和文化价值体系等还存有浓重的殖民痕迹，与被统治时期的状态相差无几。不过美国是个例外，美国在独立之前是英国的殖民地，独立后（甚至在殖民地时期）拥有自己独特的思想价值体系。因而从文化属性来看，仅以是否被殖民统治过为标准来判断是否为殖民国家，是存在一定问题的。

第三，从议题范围来看，后殖民主义涵盖了各种现实经验的讨论：迁移、奴隶、压迫、抵抗、表现、差异、种族、性别和位置等，[①] 几乎囊括了文化的所有表征类型。后殖民研究的根本动力，就是放下偏见、以新眼光认识后殖民历史，思考如何通过形象、文本、政策等途径，在全球化新环境下实现可持续发展。

第三节　跨文化传播与认同研究

"认同"是一个习得的过程，也就是说，个人在与他人交往时会根据自己的判断从他人身上选择性地内化一些特征，将这些特征变成自我的一部分。因而"认同"并非具体、显性的行为，而是心理和情感发生变化的、不易察觉的过程。本节将从相关概念与分析维度出发，阐释认同在跨文化传播中的基本内涵与作用。

一、认同的定义与维度

认同是指个体对身份的自我认知与判断，以及对某个群体的内心趋同感与归属感。认同是个体心理与情感发生作用和变化的过程，往往是潜移默化的、不易察觉的。美国修辞学家肯尼斯·伯克（Kenneth Burke）提出的新修辞学理论将"认同"视为最核心的要素，在他看来，心理和态度上的认同与具体行为之间联系的中介是共同的意义体系；要产生和形成认同，就必须以共同的意义空间为前提，这样才能保证顺畅的传播与交流，才能为认同的产生创造前提。

认同是一个较为抽象的社会心理学概念，需要通过具体维度的分析才能了解其真正内涵。不过在对"认同"进行多种维度的分析之前，我们需要理解"身份认同"的概念，而要理解身份认同，就要首先明确"身份"的含义。一个人可能同时具备多种"身份"，这是每个人通过与外界的长期互动并发展自我意识而建立起来

---

① ASHCROFT B，GRIFFITHS G，TIFFIN H. The post-colonial studies reader ［M］. London and New York：Routledge，1995：2.

的。身份的建立是一个复杂的过程，这与个人的文化背景、接受教育程度等多种因素紧密相关。

第一，身份是通过传播建立起来的。在与他人交流沟通的过程中，我们会逐渐认识到自己的身份属性，会对自己的社会、文化背景有较为清晰的认知，这是因为个体需要在能够对比观察的参照系中才能发现自我与他人的相似之处与不同之处。在不同的交流语境中对话，个体会表现出不同的身份属性，也会采用不同的表达策略。我们在和父母交谈时的身份是子女，在与师长对话时的身份是学生，在与丈夫/妻子对话时的身份是伴侣。以留学生为例，当他们脱离本国社会的文化氛围，相对隔离的状态会在一定程度上削弱他们对祖国社会身份的认知，但是他们又会通过不断与他人谈论自己的身份属性，来增强国家认同感。

第二，身份会在短期内发生变化。个人的多重身份属性中，有些是长期的、稳定的，但也存在遇到新环境而发生改变的情况。比如，一名研究生将以研究生的身份学习 2~3 年，此前其身份可能是本科生，也可能是某一具体岗位的工作者，但在研究生阶段，其身份自然以研究生为主，毕业后又会自动转化为其他身份。所以，在某一时段确立的身份类型可能是短暂的，会随着时间推移改变。

第三，身份是由多重属性交织在一起的。要全面认识一个人，就需要了解其多重身份属性。在生活中，我们会参与不同环境而结识各种人与群体，在不同环境中，身份所起的作用也不尽相同，不同角色在具体环境中突出的身份属性也会不同。例如，一位大学老师参加讲座沙龙，此时他虽然还具备"教师"这一身份属性，但是在讲座过程中，他还需要做到聆听和思考，而不仅是单方面的知识传授。实际上，结合个体在不同场合表现出来的不同身份属性，我们能够更全面地认识他。

第四，身份属性受社会情境的影响。前面提到，每个人的身份属性是在交流沟通中逐渐形成和确立起来的，而交流沟通过程本身就是在具体的社会情境中进行的。我们的身份在人际交往中形成，并在很大程度上受历史、经济、政治等方面的社会因素影响。所以，身份属性不是诞生在真空里，而是与社会现实情境相结合，社会中的多种因素都会影响个人的身份属性。

第五，身份在不同历史阶段是不断变化的。身份属性的变化与社会发展的进程密切相关。以女性身份为例，不管是在西方还是在中国，女性地位都经历了从边缘向中心靠拢的历史过程，女性的主体意识也在逐渐觉醒。尤其是在古代东方，女性主要的任务是相夫教子，社会普遍将女性的地位定位于家庭；随着社会的进步，如今女性虽然还未完全获得与男性对等的权利，但不可否认的是，今天的女性角色已经不再是单一的"家庭主妇"形象，她们既可以选择成为妻子、母亲，也可以成为职场中的重要角色，或是为女性主义运动做出重要贡献，并且这些角色之间并不冲突。

第六，不同文化中的身份以不同方式发展。具有同样身份特征的人在不同文化中呈现出不同的发展方式。以美国和中国对孩子的抚养与管教为例，美国家庭一般认为，孩子成长到 18 岁就应该离家开始独立生活，因为 18 岁意味着孩子已经具备独立生活的能力与条件，不应再受父母的限制和管束。在中国，普遍将进入职场作为划分子女是否实现独立的首要标准。

以上是对"身份"及其特征的分析。在此基础上，"身份认同"则是一个宏大且包罗万象的概念，其基本含义是指个人与特定社会文化的认同。① 从这个定义可以看出，身份认同的指向非常广泛，后文提到的认同的其他维度如文化认同、性别认同、国家认同等，广义上来说都是身份认同的过程，也就是从文化、性别、国家等多个视角来认识自己的过程。因此，即使是介绍其他维度的认同，也无法脱离身份认同的范围。总结来看，认同的概念回答了两个问题："我是谁"以及"我归属于哪类群体"，这也表征了身份认同的三个方面：认知与态度、与之而来的情感倾向以及投射在行为上的外部表现。

结合前文对"身份"的定义，"身份认同"也具有相似的含义。比如，身份认同由主观认同和客观认同组成，即除了自己对自己的心理认知以外，还体现在客观标识、符号以及社会上其他人的评价等要素中，身份认同仍需要通过特定社会情境中的传播和交流来实现，这一点也表明身份认同具有社会属性。此外，个体可以同时表现出不同的身份认同，这说明身份认同也具有多样性和交融性。需要强调的是，身份认同是一个复杂的心理过程，在微观层面是每个人显性的行为表现和对自我身份的观察，在中观层面是个体对同类群体的共同认知，在宏观层面上是自己对身份的认知所带来深层次的情感体验与个人评判。

除了身份认同，一些常见的认同维度还包括文化认同、性别认同和民族/国家认同等。文化认同与个体文化身份的建构具有密切联系，是个体进行自我识别与区分的重要标准与来源，引导着价值观与世界观的形塑，更影响个体的日常行为。中国人的文化认同呈现出较为复杂的局面，这主要因为中国社会的代际差异、阶层分化、

---

① 陶家俊. 身份认同导论［J］. 外国文学，2004（2）：37－44.

职业差异以及地区差异等多方面因素在共同发挥作用。① 由此，在理解个体行为及人格特质时，往往离不开对其文化认同属性的分析。

性别认同是个体对自身性别状态的理解和认知。每个人都会在日常生活中通过不同渠道表达自己的性别身份，并在相互观察时理解"男性"与"女性"的真正含义与差异。比如，传统的社会分工普遍认为男性应负责与体力劳动相关的任务，并习惯性地认为男性的逻辑思辨能力更强；女性则更能够思虑周全、观照被忽视的人和事，充当在框架中填补细节的角色。这种传统观念虽然存在一定道理，却是刻板印象。随着人类思维意识的进步，社会对性别的认知与态度也正在发生改观，比如前文提到的女性社会角色的改变。此外，值得注意的还有男性气质和女性气质边界的模糊，"温柔、持家、体贴、善解人意"等表达不再只是女性的代名词，提到"刚强、毅力、理性"等说法我们也不会仅仅想到男性形象。所以，关于性别认同这一话题，我们需要以更前沿的视角进行判断和研究。

当今世界各国大多属于多民族国家，因此大多数国家都面临如何协调内部成员的民族认同与国家认同的关系问题。民族身份是一个人的基本身份属性，民族是在漫长的历史发展中形成的稳定的共同体，而民族成员则在民族历史文化背景、思维与生活方式、语言文字、风俗习惯等方面产生共同认知，这一点正是民族认同的内核。而今天我们所说的"民族认同"，或是其他类似说法如"政治认同""地域认同"等，从本质上来看都是"国家认同"，② 因为现代国家的建构和权力往往最强大。结合全球化进程与当代中国的发展状况，我们必须重视各民族认同和中华民族认同之间的联结，在尊重民族认同的基础上不断增进国家认同，唯此才能形成民族认同和国家认同之间的良性关系。

二、认同的形成和发展

从本质来看，认同是人对个体身份同一性的不懈追求，也是人作为社会性存在的永恒追求。③ 福纳斯从时间和空间两个维度解读"认同"：从时间的维度来看，认同代表着一种连续性，特指个人或群体在较长一段时间中能被辨认出来的、稳定的

---

① 佐斌，温芳芳. 当代中国人的文化认同 [J]. 中国科学院院刊，2017，32（2）：175–187.

② STETS J E, BURKE P J. Identity theory and social identity theory [J]. Social psychology quarterly, 2000: 224–237.

③ 袁祖社. "人是谁？"抑或"我们是谁？"全球化与主体自我认同的逻辑 [J]. 马克思主义与现实，2010（2）：81–93.

情感倾向；从空间的维度来看，个人认同将个体的各个方面融合为流畅、稳定的结构模式，而集体认同则更抽象，是散落在广袤空间中的不同个体所共有的相似性，这些个体在运动和发展过程中虽然会呈现出多样性，但都普遍存在某些共性。

认同对每个人来说都是一种重要的心理过程，其形成和发展离不开多重因素的共同作用。从个人层面上来说，身份是与他人接触的产物，所以个体身份来自更宏观的群体身份，认同就是认识到自己群体身份的隐性行为，可以看作与家庭、校园、职场或是其他社会群体进行互动和个人思考的动态过程。

家庭对个人身份与认同的影响非常大。每个个体最早对自己的身份产生认知就发生在家庭中，从孩童时代起开始学习家中长辈传输给自己的价值观念、社会行为以及基本道德伦理与规范。在这一过程中，我们会对自己形成初步的认知和心理认同。开始接受学校教育后，老师则会帮我们进一步巩固已经获得但还未形成系统的对自我和世界的认知。此时个人以学生身份出现，被要求学习和遵守学生的文化行为规范，同时学习正面的、以核心价值观为重要内容的价值体系，从而循序渐进地认识自己所属群体和传统文化价值的基本特征，强化自己的认同感。此后，个体会遇到更多文化群体，在与他人交流、沟通的过程中逐步发现自己的不同身份属性，增强对各类身份属性的认知和认同感。

除了个体因素，更宏大的社会历史因素对认同的形成与发展也产生很大的影响。历史本身就是一个宽泛的概念，我们可以通过不同维度来理解历史如何影响个人行为。比如，当历史集中于政治事件时，我们称其为政治史；当历史聚焦于过去不同群体的日常生活时，这部分内容就是社会史；有关国家层面的重大事件及相关领导人物的历史称作国家史；若聚焦于某一特定群体范围内的行为及文化表征，则称为文化群体历史。其内容往往能够帮助个体理解自己的身份，有利于加深认同感。

当历史与身份联系起来，就会产生一套影响个人认同的历史逻辑。为更好地从历史维度理解认同形成和发展的过程，我们可以结合具体实例分析。以中华人民共和国成立以来民众认同感的形成与发展为例，在不同的历史时期，中国人的身份认同及其对国家和民族的认识都经历了不断变化的过程。计划经济时期（1949—1978），所有社会成员都被纳入农村的人民公社和城市中的各类单位之中，不同的人都拥有自己的所属群体和个体的社会身份。在这一时期，个人的集体身份尤为重要，是社会地位的象征。改革开放后，我国的计划经济体制开始向社会主义市场经济过渡和转型，此前集体身份的重要性逐渐被削弱，个体对自己和社会的认同开始转向以经济为导向，个体、利益与市场成为社会主义市场经济时期社会认同的重要社会基础。互联网技术发展以来，社会认同的发展逻辑又发生了变化。与此前的集体主义和以经济效益为中心的认同不同，在网络空间中，民众建构起自己的虚拟网络身份并与他人交往，在此基础上确定自己归属的群体，从而形成网络空间里的"认同感"。

通过以上例子可以看出，无论是个人认同还是社会认同，其形成和发展的过程都依赖于特定的社会语境与历史进程。同时，认同在维持社会稳定方面也具有重要作用，即在面对突出的社会矛盾与问题时，需要以共同的价值规范引导个人与群体，有效整合多元、异化、分散的个体与群体认同，从而进一步完善社会包容机制。

三、文化认知体系与文化身份的建构

个体文化身份的建构是一个既简单又复杂的过程。一方面，个体在成长过程中的经历和体验都在无形中搭建起自己的文化认知体系，其中的价值规范等时刻影响着个人行为，而行为又在无意识中彰显着个体文化身份的特性，向外界传达具备个人特色的身份信息；另一方面，个体也不断通过融入群体、参与社会活动发现自己所具备的文化身份特质，并且在人际交往中也会有意识地强化或削弱自己某部分文化身份属性。在日常生活中，每个人都会参与到各类不同的场景中，随着场景和语境的转换，个体实际上就在不断建立、打破、重构和维持着不同的文化身份。

因此，文化认知体系与文化身份的建构既是稳定的，也是流动的。与认同一样，文化身份并不是与生俱来的，而是由个体赖以生存的社会所建构的，是动态发展的。这一点，我们可以通过对比以美国为代表的西方国家和以中国为代表的东方国家在教育方面的差异来进一步体会。美国文化背景更强调个人主义，从小学阶段起学校和家庭就会鼓励孩子说出自己的想法，在面对他人的观点时也应该勇于质疑、提出不同的看法，并且非常注重孩子的实践能力，这样做都是为了建立起孩子的个人价值体系与文化认知体系，进而增强其以个人主义为核心的文化身份认同。然而在中国，校园教育一直将学生个人与集体紧密联系在一起，相比鼓励以个人力量解决问题，更注重教育学生如何通过凝聚集体的智慧来克服困难。

文化仪式也是文化身份建立的重要途径和标志，这一点在世界各国的不同文化语境中均有所体现。如在墨西哥，女孩们会非常期待 15 岁成人礼，社会大众一般认为这一仪式表明女孩们进入了一个相对成熟的"成年人"阶段，从此就应该肩负起她们的家庭和社会责任。在古代中国，女孩到了 15 岁也有类似的仪式，叫作"及笄之礼"，按照古代的传统风俗，此时已经到了女孩"出嫁"的时间。在当代中国，

18 岁被视为一个人迈入成年阶段的标志，除了成人礼这样较为正式的仪式外，个人也会因为自己成长到 18 岁而产生成人的责任感，这就是对自身"成人"身份的一种文化认同。

此外，我们还要关注特殊群体的文化身份建构问题。以残障人士为例，面临社会生活压力、机会缺失以及资源匮乏，不论何种类型、何种程度的残障人士，都会比常人更加敏锐地感受到来自外界的排斥。这种"被排斥"的边缘感，会影响残障人士对社会的文化认知，从而影响其文化身份的建构。多名重度听力障碍人士都曾表示，他们在社会中很难找到属于自己的位置。没有"归属感"，因此羞于承认自己的听障问题。这种情况下，残障人士的认知会与健全人有所不同，被"边缘化"的感觉也会更加突出。

在跨文化传播中，文化身份起着重要作用。当个体与来自不同文化语境的人进行交流时，为了让交流和沟通更有成效并达到预期结果，当事人不仅需要意识到双方不同的文化身份，还要基于此找到一个能够顺利进行对话的"中间地带"。这是因为在跨文化语境下，一种文化群体认为得体合宜的交际方式，在另一文化群体中则有可能是不恰当的，甚至是禁忌的。为了避免因为文化习俗不同所导致的矛盾与冲突，我们提倡对不同的文化身份持有包容心态，这也是跨文化传播与交际中的重要原则。

四、文化认同、民族认同与国家认同

前文提到文化认同、民族认同和国家认同的基本概念，虽然它们是认同的不同维度，但不能将它们割裂开来，而是要重视三者之间的关系与相互影响、相互作用的过程。

要理解文化认同的内涵，需要先对"文化"在认同中的作用有一个基本认知。"文化"的作用是在复杂多变的传播与沟通环境里帮助个体或群体辨别"我们"和"他们"，以完成有效的自我确认和群体互动。如前文提及，文化是人们在社会实践中形成或生产出来的知识、价值、审美等意识形态体系，在长期发展过程中由某一特定群体共同认可和自觉遵守。[1] 我们可以把文化认同看作一种"共识"，群体在社会互动的过程中持有共同的历史经验和文化符号，并以此维持群体共同承认的生活方式与行为习惯。

---

① 佐斌，温芳芳. 当代中国人的文化认同 [J]. 中国科学院院刊，2017，32（2）：175 – 187.

文化认同既具有稳定性，又会随着历史语境的变化而变化。一般情况下，人们会自然地接受所属社会的文化规范，并自然地生活在这种文化氛围中，人们的社会生活与文化认同息息相关并保持稳定，因此文化认同是对人类社会发生持续作用的、将人与历史联系起来的纽带，但文化认同也会随着社会发展而逐渐演变。文化认同发生改变的情况在当代世界尤为常见，不同国家、民族之间的文化与意识形态在交流中不断碰撞，认同哪一种文化和意识形态，就成为人们交流和传播的首要问题。在这种局面下，个体原有的文化认同与价值体系受到多元文化价值的挑战，导致其文化认同出现危机。比如，部分美国学者指出，华人是美国社会中长期坚守中国传统文化并较难被同化的特殊群体，不过，长期生活在美国文化语境中以及中美关系的变化，也一直影响着美国华人的文化认同，一定程度上决定着华人在何时、何种程度上更加"中国化"（Chineseness）或者更加"美国化"（Americanness）。①

从这个层面来看，文化认同在无形中成为民族认同和国家认同的底层逻辑。每个人生来就从属于某一特定民族，民族身份是个体的基本身份。来自特定民族的成员自然而然地对所属民族的文化保持高度认可，并在个人成长的过程中产生和巩固自己的民族归属感和忠诚感，由此逐渐形成最终的民族认同感。民族认同植根于民族发展进程中，也与外部因素密切相关，如社会意见领袖的观点、政治引导等对强化民族情感纽带、增进民族认同发挥着重要作用。当然，民族认同的文化根源也不容忽视，就像本尼迪克特·安德森在其著作《想象的共同体》中谈及：信息传播技术奠定了民族认同的基础，而伴随信息传播技术而来的，就是个体因为接受共同的信息与文化符号，从而进一步分享共同的文化记忆与文化认同。②

国家认同是一个更具集体色彩的概念，它强调个体在社会中的公民身份，包括每个人对本国的历史文化、核心价值观、理想信念、政治体制等各方面的认同，也是国家发展和公民个体成长之间相互作用的结果。通过国家认同，公民能够自发地认可自己的政治身份与个人价值。国家认同体现在"国内"和"国际"两个维度。国内维度上，国家认同主要包括民众对国家、社会集体的归属感和向心力，尤其是在崇尚集体主义的社会中，民众在多大程度上具有为国奉献的意愿成为衡量其国家认同的重要标准。国际维度上，国家认同是公民对本国在国际社会中的地位与作用的认知，也包括在面对与本国相关的国际议题时的参与意愿。公民的国家认同对国

① LOUIE A. Chineseness across borders［M］. Durham，NC：Duke University Press，2004.

② ANDERSON B. Imagined communities：reflections on the origin and spread of nationalism［M］. New York：Verso books，2006.

家发展以及政府的社会治理来说都至关重要。

民族认同是国家认同的前提和基础。早在 20 世纪初期，我国学者就阐述了民族认同和国家认同之间的关系。梁启超提出"国性"的概念，指出"国性"是一国立国之根本，是一种异于他国的特性，也是一种"以界他国而自立于大地"的民族认同和国家认同。梁启超认为，国性一旦衰落，"其国人对于本国之典章文物纪纲法度，乃至历史上传来之成绩，无一不怀疑，无一不轻侮，甚则无一不厌弃"①。可见，无论是在认知观念还是在具体实践中，民族认同都与国家认同紧密相关。

文化认同、民族认同和国家认同三者之间关联紧密，任何一种认同发生变化，都会对其他认同产生影响。民族认同与国家认同是两个密不可分的概念，文化认同是民族认同和国家认同的基础。我们要以文化认同为基础，通过筑牢民族认同来进一步巩固国家认同。具体而言，首先，要不断强调中华民族的共同体意识，进一步强化民众对中华民族文化传统与意识形态的了解，增进民众对民族国家的归属感；其次，要警惕外来势力对我国文化、思想的渗透，将跨文化传播交流和国家信息、文化安全联系起来，防范民族认同与国家认同危机；最后，要以文化认同筑牢民族认同和国家认同的根基，因为任何国家，只有全体公民心中持有共同认可的价值观与意识形态，形成共有的民族凝聚力，才能在历史进程中不断书写属于本民族的历史记忆和集体文化，才能使民众对国家形成稳定的认同感。

复习思考题

1. 名词解释：价值观；高语境文化；东方主义；文化帝国主义；身份认同。

2. 高语境文化和低语境文化之间有何区别？请举例加以佐证。

3. 结合实际情况，谈谈你对个人主义和集体主义的理解。

4. 文化霸权的实质是什么？又通过何种形式表现出来？

5. 个体身份是如何建立起来的？它又具有什么样的特征？

6. 哪些因素会对认同的形成与发展产生影响？

7. 文化认同、民族认同与国家认同三者之间存在着什么样的关系？

---

① 梁启超. 国性与民德［M］. 上海：上海远东出版社，1995：153.

第三章

民族中心主义与跨文化偏见

本尼迪克特·安德森（Benedict Richard O'Gorman Anderson）[1] 在《想象的共同体：民族主义的起源与散布》一书中指出，民族是"想象的共同体"，在构建这样一个"想象的共同体"的过程中，一种个人无法选择的"自然关系"起着关键作用。这种个人无法选择的"自然关系"有两个来源：一种是血亲（kinship），例如"祖国"（motherland/fatherland）的本意就隐喻血脉的延续，它将国家的概念与对父母和祖先的血缘关系联系起来；另一种就是大自然（nature），例如土地与河流，这种特定的地理环境孕育了民族群体中的每一个人。民族就是基于血亲和自然的、对个人具有强大约束力和感召力的有机共同体，它对个人身份和认同的定性是无法改变的，个人出生于特定的土地、来自特定的民族，无条件地对这个民族和这块土地负有牺牲个人利益甚至舍弃生命的义务。个人的其他身份（例如党派身份、宗教身份）可以由自己选择或放弃，唯有"民族"（以及民族国家）这个"自然"的身份无法选择、也无法放弃。因此，个体对本民族的偏爱往往是潜意识的、结构化的，这种偏爱有时造成民族之间的对立和仇恨，并很容易被政治利用。请看下面这个案例：

> 卢旺达全称卢旺达共和国，是位于非洲中东部的一个内陆国家。卢旺达主要有三个民族，分别是胡图族、图西族和特瓦族。1994 年 4 月 6 日，卢旺达总统、胡图族的朱韦纳尔·哈比亚利马纳（Juvenal Habyarimana，1937—1994）乘坐飞机时遇袭身亡。事件发生后，胡图族人开始报复图西族人，制造了长达 100 天的种族大屠杀，100 万平民在大屠杀中遇害。
>
> 电影《卢旺达大饭店》便讲述了在胡图族大肆屠杀图西族人的背景下，卢旺达饭店经理保罗四处奔走、最终成功挽救了饭店里 1 000 多名图西族和胡图族难民的故事。
>
> 胡图族和图西族的种族矛盾源自殖民统治时期德国和比利时对卢旺达内部民族的分裂政策。西方殖民者利用"颅相学"（Phrenology）理论，将图西族描述为先进、智慧的民族，并贬低胡图族，将其污名化。同时西方殖民者充分利用族群认同心理，将两个民族的差异刻意放大。但在撤离卢旺达时，西方殖民者却并未将统治权交给图西族人，而是故意移交给备受

---

① 本尼迪克特·安德森，1936 年生于中国昆明，美国康奈尔大学荣誉退休教授，研究方向为民族主义和国际关系。著有《想象的共同体：民族主义的起源与散布》（*Imagined communities：reflections on the origin and spread of nationalism*），提出了著名的"民族是想象的共同体"概念。

贬低的胡图族人，这不仅影响了卢旺达未来的政治结构，也加剧了族群之间的对立，导致了惨烈的大屠杀。

不同的民族在发展过程中形成了自身独特的经济、政治和文化特点，特定民族身份的人们也形成了对本民族政治、经济、文化和身份的认同。这种认同既包括追求本民族的生存、发展和兴盛的目标，也包括民族自豪感。在跨文化传播过程中，民族中心主义会影响交际双方获取信任和平等交流。极端的民族中心主义会导致民族冲突与矛盾，甚至造成屠杀和政变等恶果。

第一节 民族中心主义

在研究种族、民族以及族群间关系时，"民族中心主义"（Ethnocentrism）是一个常用的概念。"民族"指的是一种身份文化遗产，而"中心主义"指的是以自我为中心的出发点。威廉·格雷厄姆·萨姆纳（William Graham Sumner）[1] 指出，民族/群族中心主义是指某个民族把自身民族当作世界的中心，把本民族的文化视为理解其他民族文化的标准，以本民族的文化规范和准则来衡量其他民族的行为姿态、语言表达、社会习俗以及思想观念等。民族中心主义者通常认为"自己群体的生活方式优于其他群体"或"其他群体比自己所处的群体差"。

一、民族中心主义

从社会学理论来看，民族中心主义是一个包含政治、经济、文化等多个维度的系统概念，主要指某个民族从自身文化观点出发判断其他群体的整体情况。1950 年

---

[1] 威廉·格雷厄姆·萨姆纳，美国社会学家、经济学家，社会达尔文主义的主要代表人物之一。曾在牛津大学、日内瓦大学和哥廷根大学攻读神学、社会科学和语言学。1863 年毕业于耶鲁大学。1866 年在耶鲁大学执教数学和希腊语。1869 年任基督教圣公会主事。1872 年回到耶鲁大学，任政治学和社会学教授，是美国的大学中最早教授社会学的学者之一。1909 年，萨姆纳继莱斯特·沃德之后担任美国社会学会会长。主要著作有《民俗论》、《社会的科学》（由 A. G. 凯勒编辑）。

德国社会心理学家西奥多·阿多诺（Theodor Wiesengrund Adorno）[1] 等人出版的《威权人格》一书，标志着学术界对民族中心主义的第一次系统的社会科学研究。"二战"后，阿多诺专注于研究法西斯主义、反犹太主义心理学以及反民主人格。其研究团队从数千份问卷和临床访谈中收集数据并进行分析，得出结论认为民族主义是一种民族中心主义，而民族中心主义又是威权主义的表现。他认为，威权人格本质是一种人格缺陷。此外，《威权人格》一书中还提出，对外部群体产生偏见是一种常见的人格特征，只要个人对某一外部群体存在偏见，就意味着其对所有外部群体的总体认知倾向是消极的，阿多诺将这种笼统的态度描述为民族中心主义。

经过人类学和社会学的长期研究，学界认为民族中心主义的出现有三个原因：第一，人们倾向于将自身所处文化环境下发生的事情视为自然的、正确的，而将其他文化中发生的事情定义为不自然和不正确的；第二，人们倾向于认为群体价值、习俗、社会规范和社会角色是普遍适用的；第三，人们倾向于保持与外部群体的距离，尤其是当自身的群体身份受到威胁或攻击时。当人们与外部群体成员互动时，民族中心主义就表现为对自身民族的优越感。自我优越感是一种"无形的天然资产"，常常通过人们的言谈举止表现出来。一般而言，这种优越感的产生主要来自肤色、种族、性别、社会地位、所属国家等自然因素和社会因素。这种自我优越感甚至会让人在潜意识中预设自己比他人更应该享有某些权利，这也是民族中心主义者的主要思维方式。

不过，以上从社会学理论出发为"民族中心主义"所下的定义，并不能解释"民族中心主义为何产生"这一根本问题。为了能同时回答这一根本问题，我们需要一个更明确的定义：某一民族根据自身有限的经验对其他民族做出错误的假设。"假设"一词是指无意识中对他人做出的假定性的判断，但这种假设的依据是自身有限的经验，因而很可能与他人的实际情况不符，从而变成错误的假设，由此形成民族中心主义。这种定义从心理层面解释了民族中心主义产生的原因。

民族中心主义因其负面影响长期受到学者的批判。对其他群体做出经验性的假设很可能造成错误的，尤其是负面的判断，这是民族中心主义的一个重要特点。负面判断会导致该民族对其他国家、区域或种族群体的污名化和刻板印象，这种负面

---

① 西奥多·阿多诺，德国哲学家、社会学家、音乐理论家，法兰克福学派第一代的主要代表人物，社会批判理论的理论奠基者。在普林斯顿·拉杜克社会研究所期间，他与 E. 布伦斯维克、D. 勒温森和 R.K. 桑福德等人协同进行了七项有关威权人格和法西斯研究。1950 年，他们合作出版了《威权人格》。在这部著作里，阿多诺认为权力是某些人人格成分中的核心，具有这种人格的人更多地关心权力，包括本身行使的权力和服从上司的权力。

的想象往往持续发酵并传承，不断强化民族中心主义倾向。例如，1492 年哥伦布航海发现美洲大陆后，一些欧洲学者从未去过美洲却对其做出负面的想象和判断，民族中心主义深刻地影响了欧洲学者对美洲的认知。法国学者纪尧姆－托马·雷纳尔（Guillaume-Thomas Raynal）就是典型例子，他认为美洲的土壤、气候和湿度等环境都不适宜生物生存，甚至会导致物种退化，因而美洲原住民是"没有任何文明""偷懒成性""不思进取"的野蛮人，该理论成为当时欧洲学术界盛行的"美洲退化论"的分支之一。雷纳尔认为，在自然环境影响下，印第安人体内器官会异于其他民族，因而有完全不同的民族性格。他称美洲空气中常年弥漫湿气，地面也极端潮湿，这会导致印第安人体内血液温度降低，变得更加黏稠，由此导致印第安人性情冷漠、身体反应迟钝，所以雷纳尔认为印第安男性"缺乏力量、没有勇气"，他们都性情懦弱、胆小如鼠，甚至"失去种群繁殖的激情"。

欧洲学者对美洲原住民的根本否定在很大程度上导致欧洲殖民者鄙夷和蔑视美洲原住民，助长了长达数百年的掠夺和虐杀原住民等非人道行径。自 15 世纪大航海时代开启，欧洲殖民者对美洲大陆的原住民进行了残酷的殖民和同化统治。2021 年5 月，加拿大原住民组织在原住民寄宿学校（殖民者实行同化教育的集中场所）遗址发现了 215 具原住民儿童遗骸和 751 个无名坟墓，坟墓埋葬的都是原住民儿童，表明大量原住民儿童在就学期间死亡。这是殖民者对原住民的种族歧视甚至种族灭绝的又一例证。

除了污名化和刻板印象，过度防御也会导致病态的民族中心主义，即民族偏见、歧视甚至种族迫害等。例如：

> 1915—1917 年间发生的亚美尼亚大屠杀是土耳其奥斯曼政府对其辖境内亚美尼亚人采取的种族屠杀，150 万亚美尼亚人被押往叙利亚的代尔祖尔及周围的荒漠并最终被杀害，导致亚美尼亚人人口锐减，大屠杀很大程度上是因为土耳其人狂热的民族中心主义和对亚美尼亚人的敌视。

但是，民族中心主义的影响也不总是负面的，运用得当也可以发挥正面作用。民族中心主义能够激发民族自豪感与个体的奉献精神，从而产生积极影响。这是因为民族中心主义是受本族文化影响下的自然产物，当个体所属的文化群体受到攻击或威胁时，内部群体很容易形成共同体意识，从而愿意牺牲自我、共同抵御外部群体的攻击；而当民族集体获得荣誉和成功时，强大的民族凝聚力也能够促使族群内部产生强烈的归属感和民族自豪感。

民族中心主义在经济领域衍生出了所谓的"消费民族中心主义"。消费民族中心主义①是指消费者面对本国产品与外国产品时，会偏爱本国产品而倾向于不信任外国产品，因而最终会选择购买本国产品。这种情况的发生通常是因为消费者担心购买外国产品会损害同胞的经济利益，对国家和民族的经济产业造成威胁，从而倾向于排斥购买外国产品，极端者甚至视购买外国产品为不道德行为。以美国为例，20 世纪 80 年代美国政府推动开展了名为"Buy American"（买美国货）的宣传运动，以应对当时质量兼优的日本产品对美国市场的席卷。

个体的生活经验总是有限的，因此从根本来说，每个人都无法摆脱对本民族的归属感和偏爱，也就容易陷入民族中心主义观念。不过，我们可以通过理解民族中心主义的本质，意识到并消除对其他民族群体或个人的"偏见"，而这是一个终身学习和体验的过程。关于如何判断是否陷入民族中心主义的负面效应，以及如何准确理解、平衡和控制民族偏见，我们可以采取以下几点措施：

第一，观察跨文化交流过程中自身的反应和他人的反馈。从交流双方的反应可以判断各自对对方的假设是否正确：一方面，要随时观察自己的反应，当我们在交流中对他人产生负面反应时，例如认为对方的行为"毫无意义""错误"，或感到被冒犯、困惑等，说明以自我经验为基础的假设在发挥作用；另一方面，要观察他人的反馈，交流是双方合作的结果，因而也可以通过观察对方的反应促进交流的效果。交流过程中如果对方的反应比较消极，那么有可能是我们对对方的假设在发挥作用，导致对方陷入困惑或者不适的境地。

第二，主动学习他族文化。现实生活中，文化、习惯的差异和多样性确实存在，同时民族中心主义偏见也客观存在，既然如此，面对有着不同生活经验的交谈对象，我们可以通过主动询问和要求对方解释自己的行为或表达，以理解对方的民族文化，达成更顺畅的交流。例如，我们可以询问对方对自身生活经验的看法，小到对某种颜色的认知观念，大到对社会关系、文化生活的看法等，以此把握其他民族的认知结构和生活习惯。

第三，坚持相对主义的方法论。"相对主义"通常指事物没有绝对的对与错、好与坏之分，往往只是因为立场不同、条件差异而导致相互对立。在跨文化交流过

---

① 由谢普和夏尔马（Shimp & Sharma）在 1987 年提出，他们还开发了 CETSCALE 族群中心主义量表，用于预测消费者会购买本国产品还是对本国和外国进口产品一视同仁。

程中，虽然民族中心主义难以避免，但是如果坚持相对主义，则可以在一定程度上减弱民族中心主义的负面影响，从而形成相对积极的态度和交往方式，具体体现为不评判其他民族的生活方式，认可他们与我们自身平等。相对主义并不意味着一定要同意他人的生活方式，而是尊重每个人的生活方式，尊重差异性和多样性。一个群体拥有的差异性资源越多，其适应生活挑战的潜力就越大。例如，中国有 56 个民族，各个民族之间和平共处、相互尊重，形成了多元一体的中华民族文化。

二、爱国主义

爱国主义与民族中心主义有着紧密的联系但又有明显不同。联系主要体现在三个方面：其一，民族中心主义和爱国主义往往都与国家相关联；其二，民族中心主义和爱国主义都是对国家认同和忠诚的表现；其三，民族中心主义和爱国主义都表明人民对自己的同胞有特殊的关切。爱国主义对个体的影响是积极的，爱国主义体现人的社会属性，并且作为道德规范约束个人履行道德义务。

2020 年 9 月 3 日，习近平总书记在纪念中国人民抗日战争暨世界反法西斯战争胜利 75 周年座谈会讲话上强调，爱国主义是我们民族精神的核心，是中国人民和中华民族同心同德、自强不息的精神纽带。青年是推动国家发展和民族复兴的中坚力量，在信息通信技术不断迭代的时代背景中，网络信息化，思潮多元化，青年的自主性也得到前所未有的提升。在此情境之下，教育引导青年正确理解爱国主义内涵，认同爱国主义精神，并合理、自觉表达爱国主义情感就显得至关重要。

在海外留学的中国学生面临不同国家的文化碰撞和价值观冲突，在寻找身份认同的过程中往往会产生更深的爱国情感，继而引发相应的行动。2019 年 7 月，面对澳大利亚昆士兰大学数十位中国香港留学生手持"港独"和涉疆反华标语的游行，中国内地留学生自发集结，以高举扩音器播放国歌、手持"China's Hong Kong（中国的香港）"标语、国歌大合唱等形式反击闹事者。2019 年 8 月 23 日晚，300 多名中国留学生和当地华侨华人聚集在日本大阪难波高岛屋门口广场，高唱《歌唱祖国》等爱国歌曲，与同时举行的"港独"集会对峙，并通过展示香港暴乱的一手照片、暴乱视频等资料，澄清真相，维护国家的统一和尊严。

但是，在新媒体环境下，青年爱国主义教育既不断发展，又面临诸多挑战。[①]

---

① 李浩. 新媒体赋权下青年爱国主义情感的表达与传播 [J]. 青年探索，2022，237（1）：102 – 112.

如果爱国过于盲目和狂热，就会影响理性爱国、导致偏激行动。2012 年 9 月 10 日，日本罔顾中方交涉、宣告购买钓鱼岛计划后，中国武汉、成都等城市发生了大规模反日示威游行，众多市民响应"保钓"口号参与游行活动。但是伴随着"抵制日货"的行动，有极端市民当众焚烧或破坏他人的日产汽车。这种"泄愤式爱国"不仅损害了中国的国际形象，也不利于理性爱国。

三、文化相对主义

与民族中心主义相比，文化相对主义是较为积极和平等的态度或观念。文化相对主义（Cultural Relativism）起源于文化人类学，18 世纪初期，法国学者从民族学角度研究北美印第安人，认为不应该用欧洲的道德和文化标准看待印第安人的文化。20 世纪 20 年代，美国文化人类学之父弗朗兹·博厄斯（Franz Boas）正式提出文化相对主义理论，并指出"文化相对主义"是研究文化的指导方法和理论出发点。博厄斯重点研究了印第安人和因纽特人，提出所有民族在智力和体力上没有高下之分，各民族都具有相对的独特性和内在结构。因此，各种文化、民族之间并没有好坏高低、进步落后的差别，野蛮与文明的划分只是种族主义者自身的偏见，任何民族都有其存在的合理性，因此评价文化并不存在普世的、唯一的标准。

其后，梅尔维尔·赫斯科维茨（Melville J. Herskovits）在《人类及其创造》（1948）中详细介绍了文化相对主义的含义。根据赫斯科维茨的界定，文化相对主义的重点是尊重差异，强调各种生活方式都有其价值，各方应以理解与和谐共处为原则，尊重和保护与自身文化不同的要素。文化相对主义的核心观点是，社会的稳定与和谐得益于成员对不同文化的尊重，也就是强调多样化生活方式的价值与合理性，对每种文化存在的价值予以肯定。

根据以上学者对文化相对主义的解释，我们归纳出文化相对主义的三个特点：

第一，不同的文化有不同的价值标准，在多数情况下是不可比较的、没有先进和落后之分的，每种文化在起源时皆有与其所处自然地理和人口环境相适应的价值。例如，居住在亚马逊热带雨林深处的亚诺玛米人穿着十分原始，女性以草为裙，男性以丁字芭蕉遮盖隐私部位。这是因为热带雨林十分潮湿，衣服对于亚诺玛米人来说多余无用，为便于狩猎，亚诺玛米人一般裸体出行或者以草裙围体。这对于现代社会的人们来说或许难以理解，但对于亚诺玛米人来说，这就是适应生存环境的合理生活方式。

第二，要阐释和评价一个民族的文化，必须将其置于原本存在的环境中进行。每个民族都有其独特的生存形式，在各民族演进发展过程中，不同民族间的差异会越来越大。因此，要真正理解不同的民族文化，就需要从该民族的特定环境分析其适应生存环境的文化要素。仍以亚诺玛米人为例，亚诺玛米人生活在亚马逊热带雨林深处，其生产力极度低下，科技水平几乎为零，没有生产服装的能力，也没有加工棉线的机器，该族妇女所用的棉线都是手工制造而成。棉线在原始部落十分稀少，能穿着棉线缠身的服饰就是身份的象征。

第三，评价文化价值的标准是多元的、流动的，超越所有文化形态的标准是不存在的，因此，不能用自身文化遵循的准则去衡量其他文化。民族是文化的实体，不同的民族便是各不相同的文化实体。由于不同的文化价值标准不可相互比较，所以各民族文化中的最高道德标准也会因社会发展状况和社会背景不同而存在差异。例如，大多数现代国家已经摒弃一夫多妻的婚姻制度，但印度尼西亚的达尼族、南非的祖鲁族和马里亚纳群岛的查莫罗人等原始部落仍然保持着一夫多妻的婚姻制度，这是由这些民族的生产方式和生活环境决定的。在这些原始社会部落中，没有明确的亲族关系，基本的家庭关系主要是指夫妻关系，即一夫多妻制或一妻多夫制。原始社会的男性通过婚姻强化父权地位，多一个妻子就意味着多一个"联盟代表"，多一分劳动力，多妻是生产力强大的象征，有助于生存于原始社会的族群不断延续。

第二节　跨文化偏见

在日常生活中，我们很容易遇到不同的偏见，可能有关品味、发型、职业、年龄，甚至可能有关阶层、种族、国籍、宗教信仰等。偏见受国家、体制、文化等因素的影响，其形成是潜移默化的，却深深影响着人们的信念、决策和行动，甚至导致矛盾和冲突。

一、刻板印象

在社会心理学中，"刻板印象"（stereotype）是指社会对某一群体的典型特征进行的归纳、概括和总结。它往往以间接经验为依据，忽略个体差异和事实材料，是头脑中先入为主的观念。之所以会形成刻板印象，是因为人们无法穷尽对特定群体中所有个体的了解，于是会将群体整体的典型特征套用在这个群体中的每个成员身上，而忽视他们之间的差异。刻板印象几乎存在于所有领域和各个方面，小至偏好、性别、学历、年龄，大至种族、国籍、宗教信仰等，比如认为男生都爱玩游戏，只有女生才化妆、打太阳伞；北方人豪迈直爽，南方人温和细腻；法国人浪漫，犹太人聪明，德国人严谨等。

当然，刻板印象有其存在的积极意义，因为它是一种认知世界的捷径。通过简化认识世界的方式，帮助大脑像贴标签一样对事物进行归类和整理，这样能够节省大量时间和精力。例如，川渝地区地处盆地，空气潮湿，人体内容易产生湿气，而吃辣椒能促进血液流动，增加排汗，因此川渝人普遍爱吃辣椒。当邀请川渝人来家中做客吃饭时，多准备几道有辣椒的菜式会符合川渝人的口味。相反，广东夏天气候炎热，冬天气温适中，不需要靠辣椒御寒。并且广东属于温湿气候，吃辣椒容易上火，所以一般而言广东人不怎么吃辣椒。因此，招待广东来的客人，清淡、少辣椒的菜式是更好的选择。

但是，如果用刻板印象替代现实、忽略群体内部的差异，或无视某个群体的变化和发展，就会陷入对某一群体的"过度概括"（overgeneralization），产生严重的认知偏差，甚至会伤害他人的合法权益、日常生活和心理情感。例如，性别上的刻板印象会导致女性在就业市场和社会生活中的弱势地位。"女司机"就是典型的女性刻板印象，这一刻板印象将"频繁胡乱变道""不会倒车入库""穿高跟鞋开车"等危险驾驶行为与女性形象联系在一起，甚至将女性司机形容为"马路杀手"。这种以性别判断开车技巧的固化思维不仅对女性司机不公，而且加剧了社会对女性的偏见和歧视。再如，种族刻板印象会导致更深层次的偏见和歧视，甚至引发矛盾和冲突。美国社会长期以来都存在对非裔群体"犯罪率高"的刻板印象，从而导致部分社会成员对非裔美国人的排斥和差别对待。2020 年 5 月 25 日，在美国中部城市明尼阿波利斯，警方接到报案称有人涉嫌使用假钞。警方在赶到现场后，误以为坐在路边一辆汽车中的非裔男子乔治·弗洛伊德为案件嫌疑人，便对其进行暴力执法。网上流传的现场视频显示，一名白人警员用膝盖抵住弗洛伊德的脖子，强制将其按倒在地 9 分钟，最终导致弗洛伊德死亡。事件中白人警员的执法措施不仅违背法律，更是将非裔群体"犯罪率高"的刻板印象体现得淋漓尽致，说明了非裔美国人群体在美国的生存困境。

二、偏见

偏见（prejudice）来源于单词"prejudgement"（预判断），是指在尚未实际接触或客观了解对象的前提下，就先对事实进行预判，且这种判断是负面和消极的。相比刻板印象倾向于认知层面，偏见倾向于态度与实践层面，包括负面情绪、刻板信念和歧视性行为倾向的结合。本质上而言，只要存在不平等关系，就会存在偏见。偏见存在的领域也是多样的，包括种族、国籍、宗教、阶级、性别、年龄、性取向等。

产生偏见的原因有很多，有可能是因为个体偏向于威权人格，也有可能是社会地位的不平等，甚至可能与社会制度的不合理有关。主要原因可以归结为三点：第一，社会不平等客观存在，社会阶层高的群体享有更多的社会资源和特权，这让他们滋生了对社会中下阶层的偏见，将底层人民视为"懒惰的""能力低下的""缺乏抱负的"，加剧了不同阶层之间的不信任和不平等。第二，民族中心主义者更容易产生偏见。阿多诺在反犹主义研究中得出，敌视犹太人的人，往往也同时敌视其他少数民族。这是因为威权人格的人的思维方式倾向于"非对即错"，难以忍受模糊的态度，且倾向于服从比自身权力大的群体。第三，社会制度（政府、学校、媒体等）是助长偏见的一种重要形式，通过设立相关规则、制度或文化习惯，潜移默化地形塑人们对某一特定群体的成见。如在校园中，学生常常被灌输"女孩子学不好数理化""理科是男生的天下"的观念，就是对女性学习能力的质疑与偏见；在就业市场中，也因为女性"存在结婚生育的情况""体力不如男生，不能吃苦"等偏见而导致女性的竞争力不如男性。

偏见不仅会影响受偏见者在社会上获得公平对待的机会，还可能会演变成群体间的歧视和排斥行为。一般而言，受偏见者是弱势群体，难以完全依赖自身力量改变他人的负面态度，往往只能任凭强势群体对自身进行污名化。而在这种对立关系中，双方很有可能发生暴力冲突，这在种族和宗教问题上尤为常见。例如，美国社会对非裔群体无处不在的种族偏见导致更高的监禁率、更少的工作机会和更低的薪酬，使得非裔群体难以实现阶层跨越，甚至无法争取自身的合法权益。另一显著的例子是西方的反穆斯林情绪引发的"伊斯兰恐惧症"，指的就是对伊斯兰教或穆斯林的恐惧、偏见与仇恨，尤其当穆斯林被视为地缘政治力量或恐怖主义根源时。这种偏见在整个西方社会弥漫，有人认为所有的穆斯林都是暴力、对西方社会充满仇恨和信奉恐怖主义的。当偏见进一步演化为歧视甚至引发战争时，就导致伊斯兰国家失去和平发展的机会。

三、歧视

刻板印象是一种认知标签，偏见多指观念和态度层面，而歧视一般指向行为层面。歧视行为与刻板印象和偏见密不可分。歧视（discrimination）指的是基于种族、性别、年龄或性取向等特征对个人或群体产生的不公平待遇。一方面，歧视源于片面的信息，对事物的理解受非理性因素的影响从而产生偏颇的认知；另一方面，社会形塑了人们对于事物和某一群体的认知，人们在无形中接受了社会传递的价值观。因此，歧视是偏见与刻板印象共同影响下的结果，是刻板印象与偏见在行为层面的体现，并且通常伴随着对被歧视群体的污名化、排斥和霸凌等行为。此外，歧视发生的范围也是十分广泛的，甚至每一种歧视形式都可以上升为"主义"（isms），形成特定的思想体系和学说，如"性别主义"（sexism）、"种族主义"（racism）、"年龄歧视"（ageism）等。

歧视的表现形式是微妙的，对于同一对象，歧视的行为可以分为外显偏见和内隐偏见两种。外显偏见指的是有意识地对某些群体及其特质产生偏见；内隐偏见指的是无意识地贬低某些群体及其特质，通常主体自身可能都没有意识到自己持有偏见。例如，夜晚走在街道上，迎面走来三位非裔人士，人们可能会不自觉地加快脚步前进。再如：

> 假设你是老板，有个令人垂涎的职位需要招募新人。理想情况是你根据应聘人的资格决定最终雇佣谁。为了公平地筛选应聘者，你有意识地给自己设定一个目标，即只关注简历等相关内容，把其他干扰因素放在一边。这样你就可以在面试时全神贯注，抽出足够的时间做出合理的决定。
>
> 然而研究表明，你的决定可能仍然会受到申请人的种族和性别等因素的影响，这就是内隐偏见在起作用。即便你并不想受到这些因素的干扰，并且有意识地控制自己，但你的思维系统仍然会不自主地受到环境因素（如申请人的种族、性别、年龄）的影响。

霸凌（bullying）是最严重的歧视行为。霸凌最常见的形式就是"多数人对少数人施加暴力"，施加暴力的方式包括言语、行为、精神等。霸凌行为中，占据优势的施暴者往往会给被霸凌者贴标签，嘲笑他们的体型、肤色、智商或使用贬低对方的词汇、打压对方，从而表达不满与歧视的态度。通过造谣和侮辱受害者，施暴者为自身的行为赋予正当性，以便赢得更多认同和支持。例如，在海外或一些国际学校中，亚裔学生常常遭到校园霸凌，霸凌者常常通过肢体欺凌、心理欺凌、关系欺凌和性欺凌的方式对待受害人。其中肢体欺凌包括踢、打和破坏受害人的财物；心理欺凌包括以肤色、种族差异为由戏弄、侮辱和威胁受害人；关系欺凌包括散布谣言、拉帮结派和抱团孤立；性欺凌包括使用与性相关的笑话、评论或以手势取笑受害人等。

歧视不仅对受害人的身心造成伤害，同时会激发更深层的种族矛盾，强化民族中心主义，从而不利于社会和谐稳定和全球化发展。美国根深蒂固的歧视传统让亚裔一直被美国社会边缘化、他者化，致使其承受着语言伤害和人身攻击。尤其是新冠肺炎疫情以来，美国将病毒污名化为"功夫流感"（Kung Flu）、"武汉病毒"（Wuhan Virus），针对亚裔的仇恨犯罪（Hate Crime）也甚嚣尘上。例如，在纽约布鲁克林，一名 89 岁的华人女性被两个人掌掴，然后被点火烧身；在加州旧金山，一名 84 岁的泰国移民在晨间散步时被人暴力推倒在地，不幸身亡。

四、优越感

歧视外部群体的态度和行为背后的一个重要心理机制就是对自身的优越感。奥地利心理学家阿尔弗雷德·阿德勒（Alfred Adler）[①] 认为，人的根本目标是追求"优越性"，因此要摆脱自卑感而得到优越感（superiority complex）。优越感是一种防御机制，会随着时间的推移而发展，帮助一个人应对痛苦的自卑感。具有优越感的人具有高傲、固执、自我欣赏等心理状态，可能会以粗鲁、专横甚至攻击性的方式对待他人。优越感不仅指个体的心理状态，更可以深刻反映在群体、国家、民族的精神状态和理想信念上，如文化优越感（cultural superiority complex）、种族优越感（racial pride/ethnocentric）等。

本质上来说，无论将优越感视为化解自卑感的一种方式，还是一种没有根据的

---

① 阿尔弗雷德·阿德勒，奥地利精神病学家，人本主义心理学先驱，个体心理学的创始人。曾追随弗洛伊德探讨神经症问题，但也是精神分析学派内部第一个反对弗洛伊德的心理学体系的心理学家。著有《自卑与超越》《人性的研究》《个体心理学的理论与实践》《自卑与生活》等，他在进一步接受了叔本华的生活意志论和尼采的权力意志论之后，对弗洛伊德学说进行了改造，将精神分析由生物学定向的本我转向社会文化定向的自我心理学，对后来西方心理学的发展具有重要意义。

信念，优越感对心理健康都是不利的，其原因有二。

第一，如果是由低自尊感造成的优越感，只能通过夸大自身的成就来掩盖自卑，而这种与实际不符的夸大只会加深自卑感，增加他人对自己的负面评价。例如，古代印度作为四大文明古国之一，经历了漫长的历史发展和文明传承过程，但后来先后被雅利安人、阿拉伯人、希腊人、突厥人、蒙古人和欧洲人侵略，巨大的心理落差导致了印度的"文化自卑"，反而体现为极度自信和排外的民族优越感。这种优越感有两种表现方式，一是具有极端的民族自负心理。2019 年 2 月，印度和巴基斯坦爆发空战，印度战败且一名飞行员被捕。在巴基斯坦放回该飞行员后，印度媒体"丧事喜办"，反而将被俘的飞行员塑造为英雄。二是通过将他者形象刻板化，制造更强的民族认同。在印度电影中，白人女孩被塑造为轻浮的代表，而白人男孩则对性或赌博感兴趣，非洲人的形象则常常是毒贩等负面形象。

第二，如果是由高自尊感导致的优越感，会导致对自身的评价超过实际情况，并且在自我欣赏的同时贬低他人，陷入自我与他人二元对立的困境，形成"加强自信—贬低他人"的消极循环。西方国家长期信奉"白人至上"，认为白人是最优越的人种，白人国家是高级文明的代表，宣扬非洲人的文明匮乏贫瘠，且无力担负起文明人的生活；美洲原住民更是未开化的"蛮夷"；亚洲人也需要文明再造和政治改造。在好莱坞电影中，美国的文化优越感体现得淋漓尽致：电影《绿皮书》以一个白人"救世主"形象讲述黑人主角的故事，即一个白人司机托尼担任黑人钢琴家唐的巡回音乐会的司机，帮助唐解决途中面临的种族歧视和危难，最终成功完成巡演的故事。虽然片中的黑人钢琴家唐一改传统的好莱坞电影中的黑人形象，他优雅、富有、高傲，但是故事的母题仍然是以唐在白人司机的帮助下获得救赎、放下束缚和获得成长为核心，并没有从根本上放弃美国白人深层次的种族优越感，仍然体现了对黑人的歧视和不平等对待。

复习思考题

1. 名词解释：民族中心主义；爱国主义；文化相对主义；跨文化偏见；刻板印象；偏见；歧视；优越感。

2. 民族中心主义指的是什么？出现的原因是什么？

3. 民族中心主义会产生哪些负面影响？如何理解、平衡和控制民族中心主义偏见？

4. 文化相对主义有哪些特点?

5. 如何理解刻板印象、偏见和歧视?

6. 优越感出现的原因是什么？会导致什么负面影响?

第四章

跨文化适应与跨文化传播能力

当我们离开自己熟悉的社会环境和关系网络来到全新、陌生的文化环境，会明显感受到新的文化环境与自己文化背景之间的差异，从而产生心理和生理上的不适应，这是一种正常情况。请看下面两个例子：

> 一名中国学生到俄罗斯留学，初到莫斯科时，她时常因为饮食习惯的差异而感到不适。比如，莫斯科的饮食中没有米饭，主食是黑面包，但很多中国人一日三餐都离不开米饭；此外，莫斯科人喜欢吃酸味的食物，面包、牛奶都是酸味的，菜和汤也是一样。该学生初来乍到时很难适应这样的饮食，总会向中国朋友抱怨"这里没有可吃的东西"。
>
> 一名在牛津大学留学的中国学生称，虽然她在国内接受过系统、良好的英语教育和培训，但刚到英国时，想要融入当地生活并非易事，而语言就是其中一个较大的障碍。她虽然能用已有的英文储备和他人正常交流，但对一些俚语或具有地域文化特色的话题往往不明白；同时，她在与英国同学谈论涉及中国文化的话题时，往往需要附带介绍很多背景知识，有时让她很难用英语表述出来，所以为了避免麻烦，她经常绕开这些话题。这样的交流状况让她在很长一段时间都无法真正融入当地的文化氛围，总是独来独往。

人们通过学习、实践的多种方式调整自己的心理状态和社会行为，尽快融入新环境，并对新环境逐渐产生认同，这就是"跨文化适应"，即为适应异族文化生活而做出努力的过程。为了更好地实现跨文化适应，就需要增强个人跨文化交流与传播的能力。本章将介绍研究跨文化适应的常用理论模型，以及跨文化适应过程中的常见现象——文化休克，最后介绍提升跨文化传播能力的重要性和有效途径。

第一节　跨文化适应的理论模型

跨文化适应的过程是动态的而非静止的，主要通过增进不同群体之间的相互理解和对彼此文化的认识与尊重，最后逐渐接受彼此的文化背景，适应共同的文化空间。所以从理解到尊重，再到接受和适应，是跨文化适应过程发展的基本逻辑。

为了帮助读者深入理解跨文化适应的具体过程和本质，本节将介绍有关学者研究跨文化适应的基本理论模型。不同学者提出跨文化适应理论模型的路径既有不同之处，也有相似之处。

一、约翰·贝利的文化适应理论

约翰·贝利（John W. Berry）[①] 在研究移民同化问题时提出了文化适应理论。在他看来，"文化适应是两个或多个文化群体及其个体成员之间接触而发生的文化和心理共同变化的过程"。在他的理论中，个人、群体和社会都是重要因素，文化适应的起点是文化群体之间的接触，这导致群体特征发生改变，而这些变化又可能反过来影响跨文化相处中的个体，最终促成个体的跨文化适应。

贝利的文化适应理论主要有五个组成部分：两种不同类型的初始文化背景，两个不断变化的民族文化群体，以及彼此之间发生联系和互动的过程。[②] 将这五个部分串联起来，就构成了文化适应的基本过程：两个来自不同文化背景的个体或群体之间开始交流，其间他们了解彼此的文化习惯，虽然难免产生不解、疑惑、冲突等问题，但这些都是双方积极互动的结果，"适应"正是在这样的情况下逐渐形成的。尽管如此，我们也需要正视适应过程中可能产生的心理压力，这表现为短时间内对新文化无所适从而出现的焦虑和沮丧情绪，这种心理状态就是"文化休克"。不过，在经历较长时间后，个人会在心理上慢慢接受新的文化环境带来的冲击，并越来越熟悉起初较为陌生的理念、原则和行为。这种心理适应出现后，个体的社会行为也会随之发生改变，至此，个体或群体就基本完成了文化适应的主要过程。

贝利在论述文化适应理论时，强调文化背景在文化适应过程中的重要作用。他认为，要全面理解文化适应过程，需要从交流双方各自的社会文化背景出发，综合考察政治、经济、人口、文化等多个层面对个人的影响；此外，还要关注不同社会对多元文化存在的包容程度。基于此，贝利提出不同族群之间跨文化适应的四种结果，以及这四种适应结果导致的四种多族群社会状态（图4-1）。

---

① 约翰·贝利，加拿大跨文化心理学家、前国际跨文化心理学会主席，主要研究跨文化接触与心理适应、移民与原住民青少年心理认同、种族关系调适等问题，主要著作有《跨文化心理学——理论研究与应用》。

② BERRY J W. Acculturation：living successfully in two cultures［J］. International journal of intercultural relations，2005，29（6）：697-712.

维度1：维持原生文化和身份认同的程度

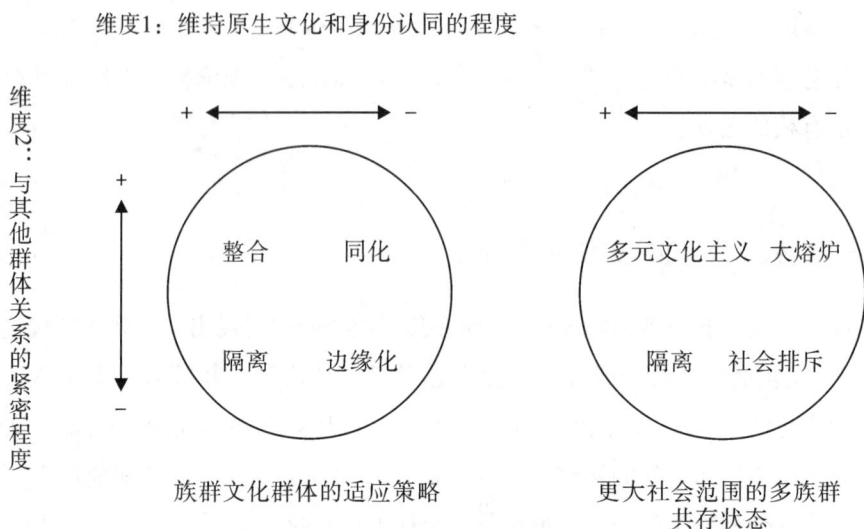

图 4-1 文化适应二象限图

在文化适应二象限图中，贝利提出了两个所有经历跨文化适应的个体和群体都会面临的问题，即"个体维持本群体文化认同和社会身份的程度"和"个体参与到更广泛社会中的其他文化群体并与之互动的程度，包括接受他们的文化价值观的倾向"。① 将这两个问题的不同情况排列组合，就产生了跨文化适应的四种结果，分别代表个体在跨文化适应过程中的不同态度。

关于文化背景对个体跨文化适应的影响，我们可以通过亚洲文化和世界其他文化的差异来理解。与本章开头提到的案例相反，中国学生到亚洲国家学习、生活时，相对较少体验到不适应感。一在位韩国留学的中国学生解释道，韩国和中国同属亚洲文化，两国人民在生活习俗、文化交流等多方面都存在相似之处，最明显的就是社交礼仪，韩国人同样受儒家文化的影响，尊老习惯、使用敬语、礼尚往来的社交规则以及初次见面的礼节等都与中国非常相似。此外，在饮食起居等生活习惯方面，她也能很快适应并融入当地生活。相比之下，当中国人前往东亚以外的国家生活，由于文化背景存在较大差异，往往需要较长时间学习当地人的文化礼仪与行为习惯，并通过不断练习才能适应新环境。

贝利概括了跨文化适应过程中的两个维度，一是个体维持自身文化的社会身份的情况，二是与其他文化群体保持某种关系的情况。这两个维度可能发生的情况交

---

① BERRY J W, PORTINGA Y P, SEGALL M H, et al. Cross-cultural psychology: research and applications [M]. 2nd ed. Cambridge (UK): Cambridge University Press, 2002: 345-383.

又起来，就会产生四种跨文化适应的方式：整合（integration）、同化（assimilation）、隔离（separation）和边缘化（marginalization）。① 整合是指个体在保留原文化身份的同时，也一定程度上融入异文化群体，两者之间保持一种微妙的平衡状态。同化是指来自特定族群文化的个体更深入地融入新群体，放弃了大部分原来的生活方式、价值观念等，几乎成为新群体的成员。隔离是指个体出于对自己的保护，选择待在原文化群体的舒适圈里，尽量避免与其他群体发生密切交流与互动。边缘化是指一种较为极端的状态，既不愿继续保留自己的原文化身份，又不愿主动融入其他文化群体。

从更大的整个社会范围的视角来看，以上族群之间的四种适应方式形成了四种不同的多族群社会状态：多元文化主义（在多种文化之间寻求平衡与和谐共处，每种文化基本上保留了自身的特质）、"大熔炉"（主流文化同化了其他文化，由此形成了新的"大熔炉"文化）、隔离（多族群文化虽然共处于同一社会环境，但每一族群更多地生活在自己的文化价值圈，互相之间较为隔离）、社会排斥（特定族群完全不与社会其他群体交流、拒绝主动接收外界的文化信息）。

贝利提出的跨文化适应的几种不同方式，基本概括了个体在面对新的文化群体与文化环境时可能采取的反应和策略。他尤其强调了文化背景在这一过程中的作用，因此将那些在跨文化传播过程中持续发挥作用的隐性因素变得可见和可分析，成为跨文化适应研究的理论基础之一。不过，贝利提出的几种文化适应方式仍然较笼统，且这一模型是他在研究移民问题时提出的，并不适用于所有的文化适应情境。况且，不同策略都各有利弊，但在现实中，我们提倡个体积极应对新的文化环境，主动拥抱那些有着不同文化背景的人，并在这一过程中实现自我成长。

二、金荣渊的"压力—适应—成长"动态模型

金荣渊（Young Yun Kim）② 在研究跨文化适应时，建构了一个简洁的研究模型。她认为，跨文化适应就是个体来到一个全新、陌生的环境后，主动或被动建立起与这些环境之间的相对稳定和互惠的关系，这是一个不断变化的动态过程，个体经历这一过程的主要目的就是尽快适应新的文化环境。

---

① BERRY J W. A psychology of immigration [J]. Journal of social issues，2001，57（3）：615–631.
② 金荣渊，俄克拉荷马大学传播学教授、国际传播协会会员、国际跨文化研究学院的创始会员，跨文化传播终身成就奖、最佳学者奖获得者，主要著作有《跨文化能力：交际与跨文化适应的综合理论》。

在跨文化适应过程中，有几个关键要素。首先是压力因素，刚进入一种新的文化环境时，人总会感受到压力（既来自个人又来自外界），为了应对这种压力，个体就会采取措施让自己尽快适应新的社会环境和生活。逐渐地，个体就会在日常生活中发现自己与新文化群体之间的相似之处，并从新文化群体成员那里学到新的知识，这就是金荣渊所说的"成长"。她认为，压力是适应的必要和前提条件，是内在的产生适应性改变的动力来源，将有效促进个体在进入异文化后改变行为，从而获得成长。

上述过程就构成了金荣渊提出的"压力—适应—成长"动态模型。需要指出的是，这一过程不是线性的，而是一个有规律的、不断波动的过程。在金荣渊看来，压力、适应和成长是个体跨文化适应过程的本质，这三个要素可以用一个持续向斜上方移动的动态曲线表示（图4-2）。① 个体在适应的初期会遇到较多问题，因此产生的压力情绪最多，进两步退一步，此时的成长速度最慢，在压力的作用下艰难前行。随着时间推移，个体受其他文化群体的冲击会越来越小，体验到的压力也会不断减小，越来越熟悉新的文化环境。也就是说，适应程度会越来越高。不过，这不是一个静止的过程，也并没有到达"终点"的说法，因为来自其他文化群体的外部刺激是持续的，这种适应和成长过程也是持续的。

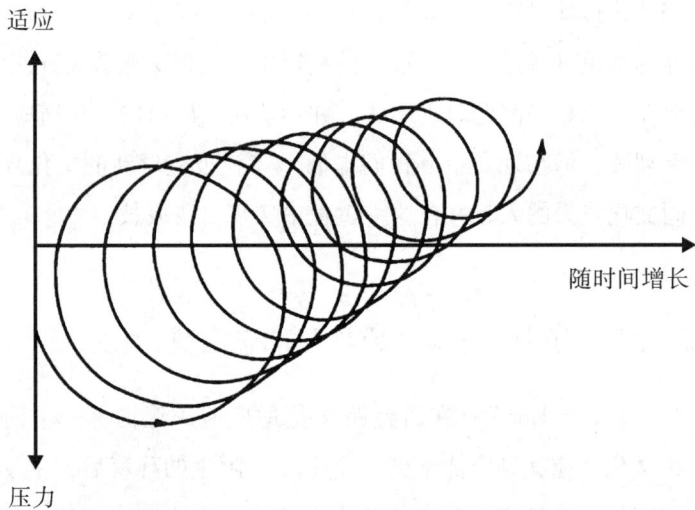

图4-2　金荣渊的跨文化适应动态曲线图

① KIM Y Y. Becoming intercultural：an integrative theory of communication and cross-cultural adaptation［M］. Thousand Oaks, CA：Sage Publications, Inc., 2001.

通过现实中的情景也很容易理解这一过程。以本章开头案例中提到的莫斯科留学生为例，饮食差异使她的留学生活在一开始就不顺利，这也让她的社交生活充满阻碍。不过，为了尽快融入新的学习环境，她开始积极地适应这一新的饮食文化，比如尽量找到两种饮食文化之间的相同点、与同在莫斯科留学的中国同伴一起思考应对饮食差异的方法等。经过一段时间尝试，尽管还是会怀念中餐，但她开始发现莫斯科饮食文化的独特之处，也能在接受的过程中进一步感受和领略俄罗斯文化。这其实就是一个从感到压力到学会适应再到成长的过程。

此外，金荣渊还提出了跨文化适应的基本结构，她认为以下五种要素影响着个体跨文化适应的程度：人际传播（personal communication）、自己所在文化环境中的社会互动与传播（host social communication）、与本文化群体之间的社会传播（ethnic social communication）、本文化群体的整体社会环境（host environment）、个人素养及倾向（personal predisposition）。① 这是一个复杂的适应过程，外部环境以及个人倾向和偏好等多种因素作用于人际传播和更大范围内的群体、社会传播（个人根据自己的文化背景进行编码、解码的能力在这一过程中是核心要素），最后达到跨文化适应的转变，其中包括对社会运转机制的熟悉、心理层面的适应和对自己跨文化身份更清晰的认知。

从金荣渊的动态模型可以看出，跨文化适应是一个螺旋式前进的过程，来自外界的文化冲击和个体因此感到的压力情绪是适应阶段中的重要部分。金荣渊的动态模型主要突出了"压力"这一要素，在现实生活中，除了压力情绪外，还包括其他多种体验，这些情感要素共同作用于跨文化适应的过程。

三、科琳·沃德的"双维度"模型

新西兰跨文化研究学者科琳·沃德（Colleen Ward）② 在跨文化适应理论框架的基础上，通过对旅居者跨文化适应问题进行针对性研究，提出了跨文化适应的两个新概念，即情感层面的心理适应和行为层面的社会适应，这两个层面是跨文化适应

---

① KIM Y Y. Beyond cultural categories：communication，adaptation and transformation［M］//JACKSON J. The Routledge handbook of language and intercultural communication. London：Routledge，2012：241－255.
② 科琳·沃德，世界知名跨文化传播学者，研究领域为跨文化适应和跨文化关系，包括跨文化心理学研究以及跨文化过渡期社会文化适应研究。

研究的"双重维度"。[①] 情感层面的心理适应是指个体身处新的文化环境时,其心理健康程度和接纳程度如何;行为层面的社会适应则是指个体对新文化社会的文化习俗、思想体系与社会交往方式的了解、掌握和应用的情况,以及个体能否实现与新文化群体成员的有效交流。

在沃德看来,跨文化适应的心理和行为两个层面是相互作用的。她认为,如果旅居者能够成功处理他们在新环境中遇到的社会及文化问题,其心理满足感和幸福感就会得到极大的提升。同样,如果旅居者心理感觉良好,他们的社会文化适应就可能会顺利进行。不过,这两个方面虽然有着密不可分的联系,但它们分别由不同的因素决定:心理适应的标准包括个体的情绪状态和幸福感,这两种感受会随着个人性格特质、社会支持、生活变化、对生活的满意度等因素的变化而发生改变;而社会适应则需要借助个人掌握的语言表达能力、居住时间长短、与新社会环境的文化距离以及拥有的文化知识等因素来衡量,这些因素更多地与个体能够在何种程度上习得社会文化习俗与沟通技能相关。

虽然沃德的主要研究对象是旅居者,但"双维度"模型在一定程度上具有普遍适用性:具有"外来者"身份的个体来到新的社会文化环境中,一般都会面临心理和行为实践两个方面的不适应感,并且需要通过沟通和交流适应新环境。

与前两种研究模型相比,沃德的"双维度"模型是应用最广泛的一种模型,其原因在于从心理和社会文化两个维度分析文化适应过程会更加宏观,覆盖的范围更加广泛,囊括的问题也会更加全面。后来,沃德将这两重维度与流行病学领域的心理研究结合起来,进一步归纳出"ABC"模型,[②] 分别对应跨文化适应的情感、行为和认知三个视角。

从情感视角(affective perspective)看,沃德强调在跨文化适应过程中产生的压力可能影响个体,同时个体处理压力的方式也会影响到他的现实生活状态。所以,在跨文化适应过程中正确处理和解决压力至关重要。从行为视角(behavior perspective)看,沃德主要关注个体作为一个初来者学习新文化与新技能的行为,概括起来就是聚焦于个体的"文化习得"能力。认知视角(cognitive perspective)则是个体经历前两种层面的适应后所产生的"认同"问题,在这一视角下,就不再只是要

---

① WARD C, KENNEDY A. Acculturation strategies, psychological adjustment and sociocultural competence during cross-cultural transitions [J]. International journal of intercultural relations, 1994, 18 (3): 329 – 343.

② WARD C. Psychological theories of culture contact and their implications for intercultural training and interventions [M] //LANDIS D, BENNETT J, BENNETT M. Handbook of intercultural training. Thousand Oaks, CA: Sage, 2004: 185 – 216.

求个体做到熟悉新文化和掌握沟通技能，而是更要考察个体在何种程度上缩小与新文化之间的距离，这也是检验其是否真正融入新文化社会的最高标准。

这三个视角也能在跨文化适应的现实情境中得到印证。一位前往新加坡参与课程研修的研究生称，语言不适应曾成为她融入新生活的阻碍。虽然新加坡华人居多，但是交流语言仍以英语为主，加上她对自己的英语口语不自信，这让她连正常的社交都很难进行。"尤其是有一门课程的老师，每节课都让每个人参与到发言和互动环节，常常会设置一些课前小游戏、课堂活动等。刚去新加坡的前半个月，在课堂上我的神经紧绷，因为要聚精会神地去听其他人说了什么，再去想如何表达。即使如此，还是会漏掉很多重要信息，没有太多参与感。"这不仅影响了她的课业进度，还让她无法打破社交壁垒、真正和当地人交朋友。由此，初到新加坡的一个月里，压抑、沮丧的心情围绕着她。不过，面对这种情况，她并没有自暴自弃，而是开始勇敢尝试各种可能性，如采取开放的态度，选择多说、多尝试，还会主动向新加坡人了解语言背后的文化、习俗等，这就是前文提到的行为方面的习得过程。"其实经过这样的过程，我感觉到自己的听说能力都有所提高，尤其是表达能力。所以这种语言的不适应随着时间慢慢消逝，我也开始发现新加坡文化的独特之处。"经历过前两个阶段，就会慢慢适应新的文化环境，并在逐渐融入的过程中产生对新文化的肯定与认同。

无论是"双维度"模型还是"ABC"模型，它们都强调了心理和行为这两重因素在跨文化适应过程中的重要性。同时，这两方面因素并非独立发挥作用，而是相伴相生的。比如，由于陌生环境和文化差异带来的心理压力可能会让个体下意识地产生逃避心理，从而阻碍正常的社会交往活动，这一点无疑会加剧个体在他乡的孤独感和沮丧感。所以，在跨文化适应过程中，心理和行为上出现的各种非常规迹象都应得到重视，并及时寻找解决的途径。

通过对常见跨文化适应的研究模型的学习，我们对其基本概念、过程和重点阶段都有了大致了解。不过，现实中的跨文化适应并没有这么简单，个体经历的困难和挑战会来自诸多方面。所以，我们在学习了跨文化适应模型之后，还需要重点了解和把握另外两个重要概念——"文化冲击"（也称"文化休克"）和"跨文化冲突"，它们是探讨跨文化适应时无法避免的问题，深刻理解它们将有助于我们为跨文化适应和交流做好准备。

第二节　文化冲击与跨文化冲突

跨文化传播是来自不同文化的人们之间进行的交际行为。随着不同地域、国家文明的发展，形成了不同的历史渊源、政治制度和地域特点，也导致了文化差异（cultural differences）。文化差异的影响是一体两面的：一方面，文化差异为世界文化带来了丰富与多元的面貌；另一方面，文化差异也导致不同文化间的人群产生交流隔阂，甚至造成跨文化冲突（cross-cultural conflict），成为跨文化交流中的绊脚石。

中国文化植根于儒家文化，将"中庸之道"视为道德目标，提倡对他人表现出爱和仁慈。因此，中国文化发展出特有的群体性，这种群体性重视将群体利益置于个人价值之上。而美国乃至美洲文化少有根深蒂固的思想传承，主要为多元文化的综合体，提倡个人主义，讲求自由、张扬个性。因此，美国人的思想、价值观更加独立，且自我意识强大。在新冠肺炎疫情暴发期间，西方泛滥的个人主义导致政府"全民戴口罩"的呼吁遭到了巨大的文化阻力，因为人民认为戴口罩是"对个人自由的限制"。不仅如此，西方的普通民众还污名化、排斥和隔离积极佩戴口罩的亚洲人，甚至造成暴力冲突。因此，理解跨文化冲突背后的文化差异，才能更好地应对文化冲击和文化冲突。本节将围绕文化差异与文化冲击、跨文化冲突以及避免跨文化冲突的方式三个方面展开。

一、文化差异与文化冲击

1954 年，人类学家卡莱沃尔·奥伯格（Kalervo Oberg）[①] 提出了"cultural shock"（文化冲击、文化休克）的概念，描述在外旅居者适应他国文化的过程中感受到的迷失、焦虑和失落。奥伯格认为，文化冲击背后的含义是双重的：既有个体接触异文化后产生的焦虑，也有个体从原文化脱离出来而产生的失落和不适。奥伯

[①] 卡莱沃尔·奥伯格，加拿大人类学家。1954 年 8 月 3 日，奥伯格在里约热内卢妇女俱乐部发表演讲，解释了那些面临第一次跨文化体验的人的共同感受。通过这种做法，他确定了继续普遍使用的文化冲击的四个阶段，例如在温克尔曼的文化适应阶段。

格把文化冲击的过程分为四个阶段，分别是蜜月期（honeymoon）、沮丧期（anxie-ty）、调整期（adjustment）和接受期（acceptance）。四个阶段的变化呈"U"形曲线，既相互联系，又各有不同特征。当个体身处异文化，将经历"产生新鲜感—碰到问题—调整自我—适应环境"的过程，且这个过程是不断重复、交替进行的。四个阶段的特征如图4-3所示：

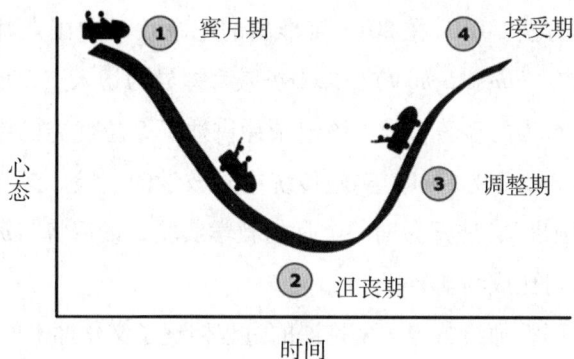

图4-3　文化冲击的四个阶段

第一个阶段是"蜜月期"。这一阶段一切异文化都是新鲜有趣的，这种情况会持续数周甚至数月。面对异文化，人们可能会感到兴奋和刺激，对所看到的和体验到的所有文化差异感到敬畏。在本阶段，人们既能关注祖国和异国之间的相似之处，也会欣赏它们的不同之处。这是因为在这一阶段，度蜜月者、短期旅行者或留学生接触异文化的场合通常是酒店、机构和车站等地，他们对异文化并没有长期的、客观的接触和体验。

第二个阶段是"沮丧期"。一般为来到异国3个月后，个体开始对异国感到失望、恼火、急躁和紧张，特别是在习俗和价值观方面。在这一阶段，个体感到无法适应异国生活，甚至对异文化产生厌恶、抵触的情绪，对异文化持批评态度，极端者甚至产生抑郁、愤怒和敌对的情绪。通过自我保护和修正行为，旅居者试图从心理层面恢复自我熟悉的、适应的文化行为模式，抗拒异文化的新模式。

第三个阶段是"调整期"。这是开始接受异文化的第一个阶段，通常出现在来到异国的第6至12个月。在这一阶段，个体逐渐适应了异国的生活环境，发展出了适应新环境的生存技能，并能够将心态调整到积极的状态以面对异文化。在这一阶段，个体意识到在异国遇到的矛盾和不适主要是因为对异文化不了解，因此能够积极地处理消极情绪。

第四个阶段是"接受期"。此时个体对异文化的适应基本趋于稳定，在情绪上已经基本克服焦虑和不适，在实践层面基本能够灵活地处理生活中遇到的问题。在这一阶段，个体承认和接受了异文化对自身的改变，同时生成了二元的文化身份，完成了在原文化和异文化中的灵活转换。

留学生是公认的面对文化冲击的群体，他们不仅要在异国独立生活数年，逐渐适应当地的生活习惯和风俗；而且还要接受与母国截然不同的教育模式，面对不同的学业制度和教学方法。BBC 在 2015 年推出的纪录片《中国老师来了》（*Are Our Kids Tough Enough? Chinese School*），以中英教育差异为切入点，展现了截然不同的意识形态下的教育行为的显著差异。该纪录片讲述了 5 位优秀的中国老师在英国顶尖的博航特中学（Bohunt School）实施传统中式教学的实验。参与实验的英国学生组成 50 人的"中国班"，展开为期一个月的教学实验，最后将与英式教学下的同年级学生一起考试来对比成绩。

纪录片中，中国教师给英国学生授课的过程体现了文化冲击的四个阶段：首先，在短暂的"蜜月期"，英国学生第一次体验到了中式教育：按照中式教育的原则，上课时间提前到了早上 7 点，课前举行升国旗仪式，课间进行广播体操锻炼，放学后留校进行晚自习至晚上 7 点。尤其是穿着整齐划一的中式校服，在操场上展开晨练，这给英国学生带来了很大的新鲜感。

接着，在"沮丧期"，中英两国的教学模式差异逐渐显露。英国学生在课堂上频频破坏纪律，他们的随意提问、讲话和走动引起了中国老师的愤怒，当老师要求学生在班级门口罚站反思自己的行为时，该学生表示："老师都没有给我警告，就直接让我罚站了。我觉得她就是想让我们难堪，但是实际上我们觉得很好玩，丝毫没有觉得丢人。"同时，早上 7 点到晚上 7 点的马拉松式学习，让英国学生感到极度疲惫和困乏，甚至在镜头前抱怨："我觉得老师认为我们是机器人，但我不能光凭抄板书就学到知识吧！"不仅英国学生难以接受中式教学模式，而且中国老师面对"棘手"的英国学生也焦头烂额，课间瘫倒在办公室，思考如何与英国学生更好地沟通，以及如何提高他们的学习效率。

然后，在"调整期"阶段，经过中国老师的不懈努力，学生们慢慢适应了中式课堂的节奏。当考试即将来临，英国学生也面临复习压力，这时候连调皮捣蛋的学生也在课堂上集中注意力。同时，英国学生也接受了中式教育的高强度复习方法，不断地重复练习题目，背诵课堂笔记，接受老师课后的"额外辅导"，甚至在考试前复习到深夜。

最后，在"接受期"中，优异的成绩证明了英国学生已经能够理解并接受中国老师的教学方法和课堂节奏，融入中式教育模式中。考试成绩显示，"中国班"的学生各科目的平均得分超过了英式课堂的15%以上，中国老师赢得了这次比赛。在师生分别之际，英国学生与中国老师含泪拥抱告别，并对老师表示感谢："我曾经表现很差，但你们选择相信我，认为我有潜力，我真的非常感谢你们！我永远都不会忘记这一切。"

二、跨文化冲突

每个人在进入新的文化环境时都会面临文化差异和文化适应的问题，而当文化适应过程遇到障碍时，可能进一步引发冲突和矛盾。文化冲突（cultural conflicts）是指来自不同文化背景的人，因各自不同的目标、观念和价值取向等因素相互接触，进而产生的对抗或竞争。随着世界的发展，全球化趋势导致不同民族、国家、宗教和地区的人们联系不断增多，当人们带着自身原有的认知、习惯和信仰与来自其他文化背景的人交往时，必然产生冲突和摩擦。因此可以说，跨文化冲突是由文化的本质决定的，是文化接触过程中的必然现象。

霍夫斯泰德在《文化的效应》中提出了文化的五种维度，分别是权力距离、集体主义与个人主义、男性气质与女性气质、不确定性规避、长期与短期导向。在这些维度上彼此相反的文化，就可能在交际过程中发生矛盾与冲突。在跨文化商务贸易中，来自不同文化背景的跨国公司成员对权力距离的不同观念，可能影响该跨国企业的员工关系甚至经营状况。权力距离是指在家庭、公司、社群等组织中各成员对权力分配不平等的接受程度。成长于较高权力距离文化的人，信奉严格的社会等级制度，更能够接受社会不平等；而在权力距离较低的文化中，人们更关注自身权利，并积极反抗权力分配不平等现象。在跨文化商务管理时，尤其要注意对方国家属于何种权力距离，否则可能引起管理冲突甚至导致经营失败。请看以下这个案例：

> 一位来自美国的生产经理被调往秘鲁的子公司任职，他秉持美国主流的管理理念，认为民主自由的方式能够调动起工人的生产积极性。因此，他专门从公司总部聘请专家培训工厂管理员，指导管理员如何保障工人的表达权利。但是，这种民主的方法在秘鲁推行的效果不佳，反而导致工人纷纷辞职。

秘鲁工人纷纷辞职，是因为秘鲁是一个高权力距离文化的国家，其特点就是人们尊重并相信权威，在工作环境中则表现为下级服从上级，上级全权安排工作和派遣人事，下级只需要服从上级的指令即可。案例中工人纷纷辞职，正是因为在高权力距离文化下，上级征求下属的意见在工人们看来是没有主见、没有能力的表现，因此工人决定辞职寻找新工作。而在美国的低权力距离文化背景下，尊重下属的意见和想法是民主的表现。因此，不了解两种文化的巨大差异导致该公司经营策略出现重大失误。

此外，由于不同文化背景的人对群体利益的重视程度不同，产生了集体主义与个人主义两种截然不同的价值观。集体主义主张个人是整个社会的一部分，群体、阶层、民族和国家的利益应当优先于个人利益，个人的一切言论和行动必须以不损害集体利益为前提。个人主义则更加重视个人自由和个人利益，强调自我支配，是一种以个人为中心看待人际关系、社会和世界的价值观，认为个人之间都是平等的。当分别来自集体主义文化和个人主义文化的双方交往时，常常会因为思维和做法的差异导致冲突。比如，西方民众信奉个人主义，坚持自身合法权利受到保护而不容侵犯，这使得西方抗击新冠肺炎疫情防控不当、效率低下。在部分西方民众眼中，政府倡导的主动居家隔离、佩戴口罩、少去人群聚集的地方、保持社交距离等防疫措施限制了人身权利，侵犯了他们的合法权益。因此，即使在疫情最严重的时期，西方民众仍然在不戴口罩的情况下举行抗议、聚会、游行，甚至举办音乐节和演唱会等。

三、避免跨文化冲突的方式

文化差异客观存在，因此在跨文化交流中冲突不可避免。那么，掌握避免冲突的方式将促进交流顺利进行，减少因文化差异带来的冲击甚至对抗。肯尼斯·托马斯（Kenneth Thomas）与拉尔夫·基尔曼（Ralph Kilmann）根据布莱克和莫顿（Blake & Mouton）开发的管理网格，以自信导向和合作导向两种个人特征为象限，提出了5种人际间的冲突管理模式：协作型（collaborating）、竞争型（competing）、回避型（avoiding）、适应型（accommodating）、妥协型（compromising）。

协作型风格的人是自信和合作导向的结合体，协作者充分关注每个人的观点，试图找出能充分满足每个人需求的解决方案。这种风格尝试将许多观点结合在一起，尽力调和冲突和矛盾，将负面情绪减少到最低，以达成最佳解决方案。

竞争型风格的人自信但不合作，倾向于牺牲他人利益来谋求自身利益最大化。这种风格的人一般立场坚定，因为他们对自己很有信心，且常常处于具有一定权力的职位。

回避型风格的人试图避免冲突和合作，以推迟处理或者直接回避的方式规避冲突的发生，是既不合作也不自信的代表。一般情况下，如果回避具有建设意义，则能够促进冲突解决，否则将影响问题解决的效率。

适应型风格的人与竞争型恰恰相反，合作但不自信，在面临矛盾时倾向于自我牺牲，通过让渡部分自我需求以促成合作，倾向于建立和维护关系，是高合作性、低自信性的代表。

妥协型风格的人倾向于找到一个权宜之计，即双方都能接受的解决方案，以满足冲突双方的部分要求，同时保持一定的自信和合作性。但是，妥协往往意味着各方只能部分满意，每一方都必须放弃一部分利益。

不过，以上5种冲突管理模式是以个人特质为基础建立的，而处理跨文化冲突不仅与个人特征有关，冲突发生的情境、冲突双方高低语境的差异、权力距离的大小以及冲突事件的重要程度等因素都会影响双方解决问题的方式和结果。因此，归纳出一般性的方法论能够帮助跨文化交流者根据情境和场合变化调整解决方法，灵活地解决跨文化冲突。

以下介绍5种应对文化冲突的沟通技巧，即加强面子管理、认真倾听对方、话语重构、提高文化移情、适应性语码转换。

（1）在沟通中加强面子管理（facework management），心平气和、相互尊重是有效解决问题的基础。"面子"指的是个体在某种具体的关系情境中想要呈现的形象，是交谈情境下双方对自身身份的界定。每一个交谈对象都会根据自身想要拥有的面子与对方沟通，因此，通过维护身份，冲突双方能够感受到尊重和平等，从而促进问题的和平解决。在冲突事件中，一方面应合理、明确地表达自身的态度和需求，积极进行口头确认和反馈；另一方面也要尊重对方的面子、承认对方的观点、肯定对方的能力和贡献，而不是一味否认对方的想法。

（2）认真倾听对方的需求和观点（mindful listening），良好的倾听态度是促进冲突顺利解决的重要因素。认真倾听并关注对方的非语言行为，如手势、语气、眼神、音调、停顿等，能够更加准确地判断对方的态度，摸清对方的"底牌"，以便在沟通中占据主动。此外，为减少信息传递过程中的编码—解码错误，可以通过转述并询问对方的观点来表示自己认真倾听的态度，同时能够验证双方观点的表达是否传达到位。应以友好、尊敬的态度询问对方的观点，如"换句话说，您的意思是……"或"在我的理解中，您的意思是……"，当对方对你方的想法感到迷惑时，可以表示"请允许我再表达一下我的想法……"。

（3）灵活地根据语境变化进行话语重构（mindful reframing）。在跨文化交流过程中，如果交谈双方有不同的语言系统，那么将面临不同的话语框架，在理解过程中很可能出现偏差，导致文化冲突。话语重构是指根据情境的变化使用不同的语言框架，创造一个新的语境以缓解跨文化冲突。例如，在商务谈判场合，如果双方展开争执，应首先缓和冲突情绪，同时将防御性的交谈气氛改变为合作性的气氛。此时应使用中性的语言框架，软化防御性、减少对立感，并增进互相理解。例如将冲突的立场重述为共同利益的措辞，将不满的合同条款以协商的形式交涉，将指责性的话语转为以双方需求为中心和出发点的话语模式，等等。

（4）提高文化移情能力（cultural empathy），这涉及文化移情理解力和文化移情反应力两个层面。文化移情指的是，在跨文化传播中，为保证来自不同文化背景的交际双方能够顺利沟通，双方通过情感位移和换位思考，从而相互理解、产生共情。培养文化移情能力包括四个方面：首先，要认识到自身的文化偏见，在跨文化交流中及时纠正这种偏见；其次，主动沟通，积极地寻求解决办法，避免因刻板印象而回避沟通；再次，主动学习对方的价值观念和风俗习惯；最后，接受、理解并尊重不同民族和地区间的文化差异，打破交际中的瓶颈与障碍。譬如，在欧洲传统文化的影响下，欧美地区的人们普遍认为时间是固定的、连续的、可衡量的，因此他们习惯制订严谨的行程规划，提前安排行程。而东亚地区的人们认为事态处于不断变化之中，过于机械地安排时间常常难以贯彻实施，计划赶不上变化，计划的安排更加随机应变。因此，两种文化下的人在商务贸易沟通过程中，应充分了解对方的商务谈判习惯，尽量寻找双方都能够接受的谈判方式。

（5）适应性地采用跨文化语码转换方式（adaptive code-switching），以适应不同的文化规范。跨文化的语码转换指的是，在东道国有目的地改变自己的行为，使用两种或多种语言变体进行交流，以适应外国环境和文化规范。通过多种语言的混用，一方面能够使交谈更加顺畅，另一方面也能够拉近与对方的关系，强化文化间的认同感和归属感，减少文化差异带来的冲击。例如，中国留学生经常用中英文混杂的表达方式，就是因为他们受到了中文（母语）和英语（第二语言）的共同影响。当翻译为中文表达出现困难或者不够准确时，就会出现夹杂英文单词的现象。譬如"offer"这个单词，翻译为中文包括"提供""报价""录用信""邀约函"等含义，中文翻译不好界定，而直接使用"offer"就包含了"聘书 + 邀约 + 约谈"的意思，更加贴合西方的求职文化。

第三节　跨文化传播能力

学习了跨文化适应的基本理论模型以及"文化冲击""跨文化冲突"等重要概念后，我们对跨文化适应的过程已经有了较为清晰的认识。面对跨文化传播中的挫折与困境，应该如何应对才能适应新的文化环境，并与他人进行深入的文化交流呢？本节着眼于跨文化传播的现实问题，先介绍分析跨文化传播能力组成要素的几种常见模式，再详细解读文化移情能力和再情景化能力在跨文化传播中的重要性和具体实践。

一、跨文化传播能力的组成要素

提高跨文化传播能力的前提是了解该能力的基本内涵与组成要素。区别于宏观而抽象的跨文化能力概念（主要由知识、态度、技能以及文化批判意识等构成），跨文化传播能力更加强调个体是否具有应用不同语言和不同社会交往方式等实践性较强的文化交际能力。不同领域的学者对跨文化传播能力包含哪些要素给出了不同的理论模型和参考方向。

早在 1989 年，陈国明（Guo-ming Chen）就归纳出"四维跨文化传播能力模式"。四个维度分别是指：个人属性与特点（personal attributes）、沟通与交流技巧（communication skills）、心理调适性（psychological adaptation）和文化意识（cultural awareness）。具体而言，个人属性与特点主要指个体的人格品性，包括自我表露的程度、个体对自己的认识和在社交关系中扮演的角色以及与他人交流的倾向；沟通与交流技巧指个体在社会交往过程中使用的言语行为和非言语行为，主要包括信息传播技巧、社会互动技巧等，了解和判断这一维度的指标主要是个体行为的灵活性；心理调适性是指个体处于新的文化环境中承受压力和调整心理状态的能力，如应对挫折、疏远、排斥等现象时进行调整的能力；文化意识则是指个体在熟悉新的社会环境后，站在异文化者的角度上理解文化的多样性并克服民族中心主义的能力，包括对社会价值取向的态度、采纳和接受何种社会习俗、社会规范和社会制度等。

后来，迈克尔·拜拉姆（Michael Byram）提出的跨文化传播能力模式修正了陈国明的"四维跨文化传播能力模式"，是跨文化传播能力研究中影响较为广泛的理论模型。他认为，跨文化能力与跨文化传播能力是两个需要区分的概念，但是要掌握跨文化"交际"能力，首先就要了解"跨文化能力"。他指出，在评判个体是否具备跨文化（适应）能力时，需要了解三个向度：认知（knowledge）、态度（attitude）、技能（skill）。认知主要包括对自己和他人的认识，也就是本文化社会群体、异文化社会群体、个人和社会的交往过程；态度则特指面对异文化及其群体时应保持的好奇和开放，同时在不了解异文化的情况下，不急于判断对方；而技巧包括判断阐释/关联技能（interpret and relate）、发现/互动技能（discovery and interact）、政治教育（political education）和批判性文化意识（critical cultural awareness）。这些技能与意识交融在一起，构成个体的跨文化能力。拜拉姆认为，跨文化传播能力是在跨文化能力的基础上形成的。在跨文化传播的实际过程中，跨文化能力与语言能力、社会交际能力相结合而发挥作用。在掌握跨文化能力之后，深入现实语境中，才能慢慢掌握适应异文化环境的跨文化传播能力。

相较陈国明的模型，拜拉姆的跨文化传播能力模式补充了不同能力之间的互动，将其看成是一个流动、变化的过程。但也要注意，这一模式虽然强调了跨文化能力和跨文化传播能力之间的区别，却没有具体阐释其内在根据和二者之间的深层次联系，对两种能力的逻辑关系解读仍不够全面。

2006年，达拉·迪尔多夫（Darla K. Deardorff）使用德尔斐研究法（Delphi methodology）针对跨文化传播能力的基本定义对美国部分高校的行政主管和从事跨文化传播研究的知名学者进行了调查。根据调查结果，迪尔多夫建立了"金字塔式跨文化能力层级"（图4-4），细化了跨文化传播能力的研究方向。

预期的外部结果：
有效而得体地交流、行动（以个人的跨文化知识、技能和态度为基础），从而一定程度上达到交际目的

预期的内部结果：
适应能力（适应不同的交际风格与行为，适应新的文化环境）；应变能力（选择和使用合适的交际风格与行为，灵活的认知能力）；民族文化相对观；移情能力

知识&理解：
文化的自我意识；对文化的深入理解并具备相关知识（包括语境、角色地位、文化与他人的世界观的影响）；特定的文化信息；具备社会语言学的意识

技能：
能够倾听、观察和解释；能够分析、评估和联系

必要的态度：
尊重（评价其他文化，文化多样性）；开明（在跨文化学习和与来自其他文化的人交际时保持开放态度，不作评判）；好奇与发现（包容含糊性与不确定性）

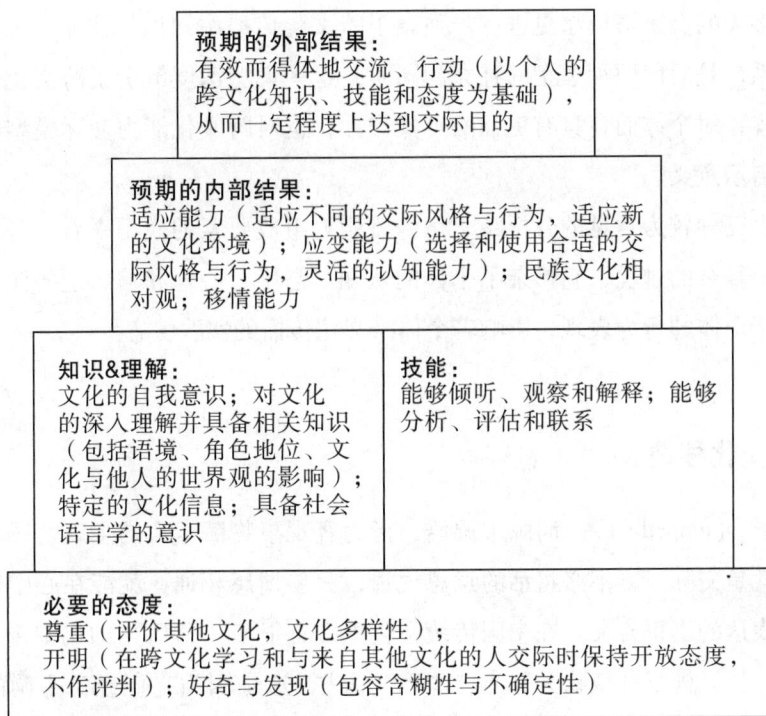

· 从个人层面（态度）转移到人际/互动层面（结果）
· 跨文化能力的高低取决于拥有以上基本要素的多寡

图4-4　迪尔多夫的金字塔式跨文化能力层级

迪尔多夫通过这一模型说明，个体跨文化传播能力的提高是一个循序渐进、环环相扣的过程。金字塔的塔底是个体在跨文化传播过程中必备的态度：尊重（respect）、开明（openness）、好奇与发现（curiosity and discovery）；第二层则是知识与理解（knowledge and comprehension）和技能（skills）两者之间的互动关系，也就是说，对文化知识、文化信息、社会语言意识等认识得越深刻，那么跨文化传播的技能就相应提高得越快，反之亦然；第三层是迪尔多夫描绘的一种理想的跨文化传播能力提高的内在结果，主要包括适应能力（adaptability）、应变能力（flexibility）、民族文化相对观（ethnorelative view）和移情能力（empathy）等内容；金字塔顶端是理想的个体跨文化传播能力提高的外在表现，即能够与他人进行有效得体的跨文化交流与传播。[①]

---

① DEARDORFF D K. Identification and assessment of intercultural competence as a student outcome of internationalization ［J］. Journal of studies in intercultural education，2006，10（3）：241-266.

迪尔多夫的金字塔模型更进一步强调了跨文化传播中知识与技能、理论与实践之间的关系，是对前两种模型的补充。同时，这一模型深度解析了跨文化传播能力的具体内容，对个体而言具有更强的可操作性，也对跨文化能力交际模型的发展和完善具有启示意义。

从以上三种较为常见的分析跨文化传播能力组成要素的模型来看，跨文化传播无疑是一个复杂的过程，它掺杂了个体的认知、态度、心理和情感上的倾向，又会不断作用于个体的行为表现，影响着个体跨文化传播的实践状态。

二、文化移情

"移情"（empathy）一词源于德语，指为客观事物赋予人的主观情感。通俗来说，移情就是交际双方不必将话的意思说透，只要情感相通，就能在心中迅速理解对方想要表达的真正含义。在中国传统文化中，有很多"移情"的典型例子，如中国人将松、竹、梅三种植物并称为"岁寒三友"，这是因为它们经冬不凋的特性受人青睐：松树象征着青春常在和坚贞不屈；竹子清秀潇洒，遇冬仍与其他季节一样长青不变；而梅花则迎寒绽放，常用来比喻高风亮节之人。也就是说，在中国传统文化的语境中，植物并非与文化社会相隔绝的客观存在，人们常常将其生长特性与君子的品格联系起来，以物喻人，赋予它们主观情感甚至思想的能力，让它们承载起丰富的思想文化价值，这正是"移情"的真正内涵。

此外，在语言学研究中，"移情"还可以指交流者与其所描述的事件或状态，其中也包括参与这些事件的人或物的关系及密切程度。在跨文化传播中，语言交流是必不可少的过程，但这一过程并不只停留在语言沟通上，更表现在其背后代表的不同文化之间的交流。所以，需要将"移情"的策略用在与他人沟通和交流的过程中，进行文化上的"移情"。

因此，"文化移情"的概念指个体处于异文化环境中，能够自觉地认识到自己的处境，积极地转换文化立场，在跨文化传播过程中跳出本文化的习惯和框架的约束，让自己如实地感受、领悟、理解另一种新的文化。可见，文化移情是跨文化传播中有效连接不同主体的方法，是一种沟通的技巧和能力，更是一种交流的艺术。所以，文化移情有助于个体快速适应跨文化传播和交流的过程，尽快融入当地生活。

不过，要解决在特定情境中是否需要文化移情、在该情境下的具体实践是否得当以及最终的移情效果如何等问题，我们还需要了解影响文化移情的因素。

影响文化移情的因素有很多，最重要的就是不同文化之间的差异。在第二章中我们提到，来自不同文化背景的人会在世界观和价值观等各方面产生差异，其中最具代表性、最有辨识度的就是价值观的差异，这也是深刻影响个体跨文化传播行为的重要因素。而价值观的差异又在很大程度上取决于文化背景的不同。受不同文化背景的影响，个体在刚接触与自己的文化存在较大差异甚至是背道而驰的新文化时，一时难以接受，难免产生消极、抵抗的态度，导致文化移情失败。在本章开头的案例中出现的那位前往俄罗斯留学的中国学生称，除饮食差异外，最让她感到难以接受的是俄罗斯人普遍不重视"准时"的习惯。在中国，如果规定要求每天早上 8 点上课，老师和学生一般都会提前来到教室做好准备，8 点准时开始上课。但在俄罗斯，学生甚至授课老师上课迟到是常有的事。在她的印象中，有一次老师上课迟到了近 30 分钟。对从小被告诫"守时"很重要的中国学生来说，俄罗斯人的时间观念常常让他们困惑不解，但当了解到这一点与俄罗斯人自由、悠闲的生活习性密不可分之后，他们也逐渐接受了当地人这样的行为，并能站在俄罗斯人的视角上理解这种习惯。

除了价值观的差异，刻板印象也会影响文化移情能力。一般来说，刻板印象往往带有一定的负面情感色彩，特别是在涉及性别、种族、地域等问题时，刻板印象通常让个体产生偏见，甚至滑向歧视的泥淖。比如，在英语中，"spanish athlete"的意思并非"西班牙运动员"，而是"爱吹牛的人"。这是因为传说在古时候的一场英国人和西班牙人的比赛中，西班牙人未赢得比赛，却在赛前吹响了胜利的号角。这一表达正是刻板印象带来的偏见。又如，1936 年柏林奥运会中国代表团回国途中经过新加坡时，当地报纸发表了一篇题为"东亚病夫"的漫画来讥讽中国运动员无法在国际性赛事中取得好成绩。从此，"东亚病夫"这一负面名号一直跟随着中国人，即使是今天，部分西方国家仍将这样的标签贴在中国人身上。

在影视作品中，因个体对异文化的刻板印象而引发问题的主题也数不胜数。如大卫·柯南伯格执导的电影《蝴蝶君》中，来自法国的外交官加利马尔在收看了由中国戏剧演员宋丽玲扮演的"蝴蝶夫人"角色后，一时间陷入西方男性对东方女性的惯常想象——温柔、懂事以及对男性无条件的服从和付出是东方女性的普遍特征。不过，在与宋丽玲的交谈中，加利马尔做到了积极倾听和正面沟通，将自身置于对方的位置上，此时他基本做到了文化移情。但是，在后来的交往中，他再次被固化的思维模式束缚，将细微观察、积极倾听的做法抛之脑后，并没有做到跨文化传播过程中的"将心比心"和"感同身受"，宋丽玲正是不动声色地观察到加利马尔对东方女性的认知，并顺着这样的思维呈现自己的一举一动，从而顺利地获取了他的信任。然而，宋丽玲的真实身份，是一个以获取情报为目的的间谍。最后加利马尔因叛国罪入狱，这与他对东方女性的刻板印象有重要的关联。

此外，第三章详细讨论的"民族中心主义"也是影响文化移情能力的重要因素。其实，来自任何国家与文化背景的人都会有一定的民族中心主义倾向，如"美国"的英文"America"一词，本意指的并非国家，而是整个美洲，将其作为自己国家的名字，可见美国人的民族中心主义倾向；19世纪，英国人自豪地将自己的国家称为"日不落帝国"（The empire on which the sun never sets），这也是他们对本国综合实力的自信；我国汉唐时期经济繁荣、国力强盛，"天朝上国"这一说法就用来表示本国本朝是世界的政治、经济、文化中心，本朝在各个方面都领先于周边"蛮夷"的状态，这也是一种民族中心主义的表现。

对民族内部成员来说，民族主义能够唤起个体内心对民族的认同感，以凝聚内部成员，是一条维系民族情感的重要纽带。然而，必须指出的是，一旦这种感情走向极端，就会演变成过分强调本民族文化的独特性，而不加辨别地排斥其他文化。在跨文化传播的过程中，如果不能摈弃这种极端民族主义思想，必然难以了解、熟悉异文化，遑论认同和融入异文化。这样的情况必然导致文化移情失败。

以上是影响文化移情的几种重要因素，也是个体在跨文化传播过程中必须正视的几个问题。总结来看，在跨文化传播出现之时，既要认识到不同文化价值观之间的差异，也要正确看待这些差异，以"将心比心"的态度了解异文化；同时，要有意识地摒弃刻板印象带来的偏见，尝试以全新的眼光发现异文化的可取之处；此外，不可一味贬低其他文化、刻意强调本民族文化的优越性，而应保持一种开放、包容的心态，拥抱新的文化环境。

三、再情景化模式

跨文化传播是一个涉及态度、认知、行为等多种要素的文化传播过程，最直接的体现莫过于个体与个体之间的沟通与交流。我们可以将不同文化群体之间的交流看作不同话语体系间的互动。因此，能否正确解读他人的语言和话语含义，关系到跨文化传播能否顺利进行，也关系到个体跨文化能力能否得到提高。

为了正确解读他人的话语含义，"再情景化模式"能起到有效作用。再情景化（recontextualization）是在批判话语分析中常提及的概念，指某文本从原有的语境中移出，被挪动到另一个新情境之中，塑造出不同意义的新话语，并且为话语赋予了新意义。

我们可以使用再情景化模式的分析步骤来进行跨文本解读：第一，要确定需要移动的话语内容是什么，包括文本的表层内容和跟随文本而发生变化的、流动的意义；第二，要确定话语发生的原始情境，即话语所处的原始时空，必要时还要考虑话语的制造者与接受者之间的关系，从而弄清楚话语被制造出来的意图；第三，要明确再情景化的传播者，包括造成再情景化过程发生的"始作俑者"等；第四，考虑新的情境，如话语所处的新时空有何特点，以及再情景化过程的传播者与话语的接受者之间的关系等；第五，在做好前几步的工作后，分析话语在新情境中的新意义。在熟悉话语在新文化环境中的新意义后，就能更进一步适应跨文化传播的过程。

再情景化模式及其过程比较抽象，我们可以结合具体案例解读。在美国，纽约时代广场上的纳斯达克广告屏一直以来都是广告投放、对外宣传的重要渠道。这里地处纽约曼哈顿的心脏地带，也是全球最受瞩目的商业核心区域，大屏能见度广，视觉冲击力极强，高端品牌长期以此为阵地传播品牌形象。2011年1月，《中国国家形象片》在此播放；7月，新华社广告牌亮相纽约时代广场。此后，成都、桂林、北京、上海等多个内地城市形象宣传片相继投放于纳斯达克广告屏；百度、格力等中国知名品牌也出现在纽约时代广场。无论是国家、城市的形象宣传片，还是国内企业的品牌广告，它们的出现无疑是中国实力不断增强的象征。不过，对外国人来说，看到一些带有民族色彩的宣传片时，他们的理解必然存在一定偏差，对他们来说，这时就需要采用再情景化模式进行分析。

使用再情景化模式来分析，应遵循前文的解读步骤。在这一案例中，被移动、挪用的话语是一幅幅带有中国面孔的图像，同时，随着这些图像发生变化的还有它代表的深层含义，即这些中国面孔代表的强盛的中国实力。在原始情境中，一方面，可以推测这些中国人在微观上也代表着他们做出贡献的那些历史性时刻；另一方面，它也可能存在于对国人进行爱国主义教育的任何场合。而考虑到这一话语的制造者，最容易想到的便是官方与政府机构，因为它们是最大受益者，同时，政府机构也是主要传播人；而接受者则是能够观看到这一宣传片的所有人。

在这一案例中，新的情境分析是一个重要环节。时间上，这一新情景一定发生于原始情景之后；空间上，这一行为发生的新场所位于美国纽约人流量最大的商业区。在这样的时空情景中，接受者就不仅是中国人，而更多是来自异文化的人；可能是游客，也可能是定居者；可能是美国人，也可能是来自非洲、欧洲等其他地区的人。至此，不同于原话语的新话语就诞生了，并被置于新的情境之中。此外，关于新话语在新情境中的意义也至关重要。如前所述，原话语是一种社会实践，是通过宣传片来表达中国日益强盛的国力，而新话语置于新的情境中，则传达出"向世界表明中国正在崛起"这一新的意义。尤其是宣传片中不同人物呈现出来的骄傲与自豪的姿态，更是强化了这一新意义。值得一提的是，政府通过这种方法将原本的话语内容从本土情境中挖掘出来，再将其置于新的情境，然而这一行为的结果也许未能达到预期的理想效果。这是因为外国人对此类影片的解读需要经历一个复杂的过程，要想通过宣传片中播放的人物面孔就迅速接收其背后的真正含义，需要外国人对中国的高语境文化有一定程度的了解和认知。否则，这样的宣传形式可能会花费外国人较高的理解成本，其传播效果也许收效甚微。这一点对中国的对外宣传工作有启发意义：要呈现通俗、易于解读的文化符号，还需要不断探索新的表现形式，而不是单纯将文化理念包裹在宏大的政治叙事中。

结合上述分析过程可知，再情景化模式的解读是一个复杂的过程，需要基本了解和认知相关文化，同时还要能够设身处地地考虑文化行为发生的前因后果，时间成本和理解成本也是重要的影响因素。尽管如此，再情景化解读模式对克服跨文化适应过程中的困难而言，仍是一种行之有效的方法。对于想要真正融入当地文化生活的个体来说，最好能展开学习从而掌握这一技能。

复习思考题

1. 名词解释：文化适应理论；文化冲击；跨文化冲突；文化移情；再情景化模式。

2. 常见的跨文化适应理论模型有哪些？请简要说明。

3. 文化冲击主要分为哪几个阶段？每个阶段分别有什么特征？

4. 文化差异与跨文化冲突可能带来的影响有哪些？

5. 应对文化冲击的沟通技巧有哪些？请举例简要说明。

6. 影响文化移情的因素有哪些？

7. 如何有效进行再情景化模式的解读？

第五章

语言与跨文化交流

语言对文化的发展十分重要，语言是文化交流和传播的媒介，文化通过语言交流得到丰富和发展，正如美国著名人类学家佛萝伦丝·克拉克洪（Florence Kluck-hohn）所说："没有语言的人类文化不可思议。"其实反之亦然，如果没有特定的文化环境和文化内涵，语言也同样无法存在。要深入理解语言和文化之间的关系，我们必须具体研究人类的交际活动。请参考以下案例：

> 你遇到一位来自意大利的同学，你们互相交流学业，你提到自己明天有一场很重要的考试，但是复习情况不太好，所以很紧张。这位意大利同学听后对你说了句"In bocca al lupo"，于是你十分疑惑，想知道他为什么要说"进狼嘴里"。

在意大利语中，"In bocca al lupo"的字面意思是"进狼嘴里"，原指在驱赶动物时要勇敢地靠近动物，也引申为"面临着像要被狼吃掉一样的困境"，还常常用于鼓励对方，即"祝你好运"之意。其实，回答这句话也不用"谢谢"，而是用"干掉那头狼！"从这个案例可以看出，不同的文化形成了不同的语言习惯，语言与文化的关系密不可分，这在跨文化交际时体现得尤为明显。本章就围绕语言和文化的关系展开。

第一节　语言的内涵及语言对文化的塑造

对语言的定义，不同学者有不同的看法和阐释，但是大体都围绕一个核心思想——语言是一种人类特有的、社会性的沟通和思维工具。人们依赖语言进行日常交流和社会交往，并由此认知世界等。语言狭义上是指具有自身规则和结构的音义结合的符号系统，广义上则泛指各种人类文化形式，如绘画、宗教、科学、音乐等不同领域的沟通表达方式。正如恩斯特·卡西尔（Ernst Cassirer）所言："语言中不但有声音、词汇、词语、句子，还存在神话、宗教、艺术和科学的符号，从而构成了更为广博的语言。每种语言都有独立的使用规则和语法。"[①]

---

① 卡西尔. 符号·神话·文化 [M]. 李小兵，译. 北京：东方出版社，1988：14.

世界上所有文化都依赖语言进行交流，通过语言将意义传达出去；同时，语言塑造了人们了解世界和相互交流的方式。我们可以将语言视为一种有组织、有使用规则的符号系统，而这些符号是在文化的发展中约定俗成的。

随着对语言的研究日益深化，学者们总结了语言的三个特点，分别是象征性、任意性和隐含性。象征性指的是语言文字是"真实的东西"的替代品，也即一种指代和表示事物的符号。按照语言学家弗迪南·德·索绪尔（Ferdinand de Saussure）[①]观点，语言是一种符号，而符号分为能指和所指，能指是符号的形状和外观，而所指是符号所表示的意义或概念。例如，"猫"一词是一个能指，而其在脑海中形成的关于"猫"的形象则是一个所指。任意性指的是没有内在的理由一定要使用某个特定的词来表示某个特定的对象或想法，换句话说，能指与所指之间没有必然关系。例如，对于"猫"这种生物，既可以用"猫"这个词指代，也可以用"狗""苍蝇"等词指代，使用什么符号和事物本身之间并没有内在的、必然的联系。隐含性指的是语言符号既有本义，也有隐含意义，本义是同一文化中大多数人都同意的字面含义，隐含意义涉及文字和表达的深层结构。符号的隐含意义不仅因人而异，而且在不同的社会和文化中也不同，因此在跨文化交流中很可能引起误解。

一、语言对文化的塑造

语言和文化密不可分，文化通过语言得以共享和传递，而语言也在一定程度上塑造文化。语言在文化中的功能丰富多样，具体包括展开沟通交流、获取知识经验、确立身份认同、维系集体仪式等。理解语言的各种功能有助于更好地展开跨文化交流。

语言是人类进行社会活动和沟通交流的基础。共同的语言系统帮助群体成员互相交流、协作，在此过程中形成相应的社群和文化。例如与室友聊天、在上课前与教授交谈、使用手机通话、在图书馆搜索一本书、上网冲浪、进行小组讨论等。这些活动都是日常生活的一部分，而如果没有语言，这些活动便不可能发生和进行。

语言是人类认识世界、获得经验知识的工具。语言使得不同时空的人们能够进行交流和知识共享，人类因此得以继承祖祖辈辈遗留下来的经验和文化。在远古时

[①] 弗迪南·德·索绪尔，生于日内瓦，瑞士语言学家。索绪尔是现代语言学之父，他把语言学塑造成为一门影响巨大的独立学科，创立了符号学。索绪尔注重语言的共时性而有别于19世纪对语言历时性的分析。

期，人们通过口头转述将历史流传下来，如中国藏族史诗《格萨尔王传》，通过民间说唱艺人吟唱的形式讲述了格萨尔为救护生灵而降妖伏魔、锄强扶弱的英雄故事，是一部反映古代藏民族文化、习俗、经济、艺术、军事、政治的百科全书。

语言是形成身份、信仰和文化认同的重要手段。共同的语言系统能够帮助群体记录过去的重大事件，为文化群体提供共享的集体记忆，这是形成社会团结和凝聚力的重要途径。通过称谓的差别、集会的欢呼、振奋人心的演讲等，人们的身份在语言表达过程中确立起来。例如，在 2008 年北京奥运会开幕式上，2008 名演员在击缶倒计时共颂《论语》千古名句、中国歌手刘欢和英国歌手莎拉·布莱曼合唱主题歌《我和你》，激起了中国人民心中的集体情感和身份认同意识。

此外，语言还在一定程度上塑造人们对世界的看法。可以说，语言深深地扎根于民族文化和生活现实当中，但语言并非完全是对客观现实的反映，而是作为客观现实和主观态度之间的桥梁，是人与外部世界相连接的一个中介。因此，人们基于自身的实践经验创造出语言的同时，也在被语言反作用，由此形成对世界的看法。

萨丕尔—沃尔夫假说可以帮助我们理解语言是如何塑造和影响文化的。其实早在 19 世纪，德国著名语言学家威廉·冯·洪堡（Wilhelm von Humboldt）就注意到了思维和语言之间的关系，他认为每个民族都会将主观想法同语言相关联，从而建构出一套特有的世界观，用来引导自身的非语言行为。受这一思想影响，爱德华·萨丕尔（Edward Sapir）① 与本杰明·李·沃尔夫（Benjamin Lee Whorf）② 进一步优化了思维与语言的关系结构。20 世纪 50 年代，上述两位学者离世之后，经过一些语言学家的努力，萨丕尔和沃尔夫的理论观点得以归纳整理，被命名为萨丕尔—沃尔夫假说。

萨丕尔—沃尔夫假说重点解释了文化、语言、思维的关系，强调语言控制着人们的思想和文化规范。换句话说，人们并不是真的活在现实中，而是生活在通过语言构建的部分世界中。由此，那些在不同文化中长大的、说着不同语言的人会以非常不同的方式观察世界。例如，在中华传统文化的影响下，部分地区的中国人有一种忌讳文化，会极力避免一些所谓"晦气"的事物，像带有数字"4"的楼层、车

---

① 爱德华·萨丕尔，美国著名的语言学家、人类学家、人文学者，在语言学史上占有重要地位，他毕生研究美洲原住民语言，是首先把语言学与人类学结合起来研究的语言学家之一。

② 本杰明·李·沃尔夫，美国非语言学专业出身的语言学家，从 20 世纪 20 年代早期开始，作为一个业余语言学家，沃尔夫开始对语言学、人类学和考古学产生了兴趣。其后他旁听了萨丕尔在耶鲁大学开设的语言学课程，并在他自己的观点和萨丕尔之间找到了共鸣。这段经历和他对印第安 Hopi 语的研究使得他对语言相对性理论有了独特理解，最终形成了广为人知的萨丕尔—沃尔夫假说。

牌、电话号码等，认为带有数字"4"不吉利，而浸润于其他文化的人们就可能无法理解这种忌讳文化。

那么，语言在多大程度上影响人类的文化和思维？很多学者对萨丕尔—沃尔夫假说进一步进行了阐释，并对这一问题给出了不同的答案，形成了语言决定论（Linguistic Determinism）和语言相对论（Linguistic Relativity）两种观点：

语言决定论认为，一个人的语言结构决定了其思维模式和对周围世界的看法。这种观点是对萨丕尔—沃尔夫假说较为极端的解读，即认为如果我们没有一个词来表示一个想法、概念或对象，那我们就无法思考它。语言相对论认为，不同的语言与不同的思维方式相对应，并以不同的方式反映世界，削弱了语言决定性的主张。语言相对论的观点接受度更高。

萨丕尔—沃尔夫假说对语言要素的划分维度有二，即词汇维度和语法维度。

第一个维度是词汇。如果一种语言与其他语言相比，对一件事物或活动有特别丰富的词汇量，那么这个事物或行为在其所在文化中就特别重要。因纽特人的语言就是一个很好的例子：在因纽特语中，对不同类型的雪用不同的词表示，如落雪、地上的雪、蓬松的降雪、飞雪等都有不同的单词表示，这意味着雪对居住在北极地区的因纽特人而言是生活的重要组成部分。另一个例子是汉语对叔叔、阿姨的指称，汉语中使用单独的词来指代大舅、小舅、伯伯、叔叔、婶婶和舅妈，而英文中的"uncle"则指代叔父、伯父、舅舅和姨夫等所有身份，"aunt"则指代婶婶、姨妈、舅妈、姑姑等所有身份，这表明家庭关系在中国文化中的重要性。

第二个维度是语法和句法。沃尔夫认为语法对人们世界观的影响甚至比词汇更大。例如，因纽特人使用"如果"一词而不是"何时"来指未来。大多数说英语的人会说："'当'我大学毕业时，我会去找工作。"而因纽特人会说："'如果'我大学毕业，我会去找工作。"使用"当"意味着毕业是必然会发生的情况，而"如果"则表示有无法毕业的可能性。关于这种语法使用的差异，语言学家认为主要源于因纽特人生活在环境严酷的北极地区，在这样的环境下生命是脆弱的、生存是困难的，因此未来的不确定性较大。

另一个例子是中英文语法上的区别，即形合与意合的不同。形合表现为通过自身的形式手段（如介词、连词和关联词等）联系词语与分句，以体现语法意义和逻辑意义，是英语句子的特征。意合表现为词语与分句之间没有特殊的语言形式手段联系，并经由词语或分句的含义来表示句中的语法意义和逻辑关系，是汉语句子的特点。譬如，"他今天不来，我明天就直接去找他"翻译为英文时需加上句间的逻辑词，即"If he doesn't come today，I will come to him directly tomorrow"。

虽然萨丕尔—沃尔夫假说能够解释大量的文化和语言现象，但是随着时间的发展，其不严谨之处也遭到质疑与批评。

第一，萨丕尔—沃尔夫假说中的语言决定论关于人们没有语言就不能思考的断言过于武断。事实上，一些研究表明，不会语言的人也可以算数和思考。这意味着语言不能完全决定思想。

第二，沃尔夫使用的论证方法受到质疑，陷入循环论证的窘况。沃尔夫虽然在词汇和语法上使用了大量的例证说明语言间的不同以及由此带来的思维方式和世界观的差异，却没有在论证中澄清语言和认知的关系。沃尔夫在语言差异中发现了认知差异，随即又以语言差异来阐释认知差异，这陷入了循环论证的窘境。其实语言系统不仅塑造社会经验，还受社会、文化等因素的影响，因此在论证时无法剥离文化、社会等因素证明单纯是语言影响了认知。

第三，沃尔夫在论证中常常将思维和行为混为一谈。沃尔夫指出语言会影响思维模式，同时语言也会影响人们的行为准则，但其实语言对思维和行为的影响是两个完全不同的问题。譬如，当他举例证明语言对思维的决定作用时，把语言对行为的制约转嫁到语言对思维的制约上。他列举了一个"空汽油罐"的例子，由于油罐上悬挂着"空汽油罐"的牌子，工人靠近这些汽油罐时便疏忽大意，原因在于工人对"空汽油罐"这一环境的错误理解。"空汽油罐"这个语言形式有两层含义，一个是真正意义上的空，即汽油罐中没有任何东西，另一个是代名词，指代汽油罐中没有实物，但并不指代汽油罐中没有气体。听者首先理解第一层意思，以为汽油罐里没有任何东西，因此不会感到危险，于是对其放松警惕，甚至在旁边抽烟。其实空汽油罐里可能充满爆炸气体，比"满汽油罐"危险更大。

二、文化影响下的语言变体

语言是一种特殊的文化现象，也是文化的重要载体和表现方式。语言的多样性反映着文化的多元性，同时，不同的文化也会有不同的语言变体。语言变体的意义十分宽泛，广义上是指各种方言；狭义上则指方言中的某个语音、词汇、语法或者句法特征，只要是在特定的社会范围，即可被定义为一种语言变体。了解语言变体，有利于理解文化的独特性与差异性，以下将以方言、口音、暗语、俗语和歇后语为例展开介绍。

1. 方言

方言是一种语言在不同地方经过历史演变而形成的分支。方言存在的群体上至种族、国家，下至地域、区域甚至个人。以使用人数最多的汉语为例，汉语体系下共有八大方言分支，主要依据地理位置划分，分别是北方方言、吴方言、湘方言、赣方言、客家方言、闽南方言、闽东方言和粤方言。因古代中国有高山、河流、沼泽等地理障碍的阻隔，影响了各区域间人们的沟通交流，进而形成了区域性的方言文化。又如使用最广泛的英语，英语体系下的国家比较广泛和庞大，方言主要以国别和地域划分。譬如英国英语、美国英语、加拿大英语、澳大利亚英语、新西兰英语被称为"内圈英语"，即以英语为母语；而如新加坡、坦桑尼亚、巴哈马、百慕大、牙买加、南非、马来西亚、尼日利亚等国家将英语作为唯一官方语言或官方语言之一，则被称为"外圈英语"。日本、俄罗斯、埃及、中国等国家被称为"发展圈"，在这些国家中英语具有重要的地位，但既非母语也不具有官方性质。此外，各个国家又因地域不同而衍生出不同的方言英语，如在英国有英格兰北方方言、英格兰南方方言、英格兰中南部方言、苏格兰方言、威尔士方言、爱尔兰方言以及印度方言等。

2. 口音

口音一般专指读音上的差异，即不同的声音表现，如元辅音的发音、不同的重音位置、韵律的变化等，不同地域口音的差异也有可能导致语法、语义、词汇和语言中的其他特性产生变化。口音可以反映说话者的生长地域、社会背景以及母语等信息。

同方言一样，口音存在的群体上至国家、民族，下至区域。即使人们使用同一种语言，他们也可能有不同的口音，这通常是地理区隔或历史差异的结果。例如，澳大利亚、加拿大、英国、南非和美国各有不同的英语口音，以澳大利亚英语为例，依据语言学家的研究，澳大利亚英语有三种口音，一是粗犷澳大利亚口音（broad），农场和工人使用居多，通常被认为是比较"土"的口音；二是通用澳大利亚口音（general），其特点是说话时尾音喜欢上扬；三是有教养的澳大利亚口音（cultivated），老一代澳大利亚人使用居多。

口音会在跨文化交流中产生两个问题，一是理解上的障碍，二是身份上的歧视和刻板印象。首先，如果说话者口音明显，听众可能很难理解他们的发音。其次，人们通常将口音与负面的刻板印象联系，尤其是属于特定少数群体的口音。例如，非裔美国人有独特的口音，也就是所谓"黑人英语"（ebonics），"黑人英语"仅在处于较低社会经济地位的非裔美国人，或虽然经济地位已提升至社会中等、但同原阶层仍保持密切联系的非裔美国人中使用，这不仅与民族、文化差异有关，而且与社会经济地位、教育水平、种族等级等社会因素密切相关。因此，人们容易将"黑人英语"与种族、阶级歧视或受教育程度低等相关现象联系而产生刻板印象。

3. 暗语

暗语是一种特殊的非正式文化，由共享特定文化的人群使用。暗语通常会更改单词的含义，或发明新单词创造只有内部人士才能理解的符号含义，具有高度的排他性。在中国新媒体环境下，青年亚文化迅速发展，90后、00后创造的火星文、非主流文字、颜文字等网络暗语层出不穷，如网络流行语 yyds（永远滴神）、xswl（笑死我了）、u1s1（有一说一）、yygq（阴阳怪气）、求同好 cqy（在 QQ 上求相同爱好的人交朋友），等等。网络暗语的翻译尤其注重语境和本土化的原则，不追求直译而追求意译或替代译法，即根据源语文本的大意进行翻译，只需实现与原文内容的对等，无须做到形式或结构的对等，或者借用英语中与汉语语境表达相同或者相似喻义的习语。例如"柠檬精"一词，借用英文短语"green-eyed monster"或"sour grape"便可实现直接准确的翻译效果。"雨女无瓜（与你无关）"则可以直译为"none of your business"。

4. 俗语

俗语是人民群众集体智慧的体现。俗语是指口头流传的一些通俗的话，产生于传统社会的生产活动和生活经验，凝聚了大量集体智慧，且在日常交流中使用频率很高。俗语大多言简意赅、寓意深刻、形象生动，是我国宝贵的民间文化遗产之一。如"人怕出名猪怕壮""人逢喜事精神爽""病从口入，祸从口出""师傅领进门，修行在个人"等。虽然大部分俗语体现了健康、朴素的生活经验，但由于剥削阶级思想的影响和小市民低级趣味的渗透，也有部分俗语体现了封建、迷信等不健康文化，如"有福之人人服侍，无福之人服侍人""女人当家房倒屋塌""宁可给人停丧，不能给人成双"等，都反映了思想内容上的糟粕。在俗语英译时，要注意不同文化的特殊性和俗语背后的语境，结合当地文化进行翻译，例如，将"煞风景"翻译为"wet blanket"（湿毯子），直译"煞风景"为英文并不地道，而在英语俗语中的"湿毯子"指可以灭火，引申为破坏好心情。

5. 歇后语

歇后语来自人民的生活实践，作为一种特殊的语言形式，歇后语以幽默、生动、通俗易懂的方式为人熟知。大多数歇后语将一句话分为前后两部分来表达某个含义，前半部分多采用隐喻或比喻的手法，后半部分则是对意义的阐释。在特定的语境下，通常仅表述前半部分而省去后半部分，便可以领悟或推测出它的内在意涵，故而称其为歇后语。例如只说前半句"围棋盘里下象棋（不对路子）""老鼠上街（人人喊打）""泥菩萨过江（自身难保）"等；也可以将前后半句并列，如"芝麻开花——节节高""纸糊的琵琶——谈（弹）不得""哑巴吃黄连——有苦说不出"等。歇后语文化也有地域性，在广东丰富的祭祀文化下，就有不少相关歇后语，如"神前桔——阴干"。"神前桔"是指旧时广东人在逢年过节拜神时，都会在神台上摆放几个橘子，取其"吉利"之意。这些橘子一般都会供奉较长时间，直到橘子水分慢慢变干才会丢掉，而神台一般都设在阴暗的角落，很少见光，因此橘子就在阴暗处慢慢变干，即"阴干"。在粤语中，"阴干"除了有在阴暗处变干的意思外，还引申为"不知不觉萎靡"之意，形容人精神状态不佳。

第二节　语言与翻译

一、主要语言介绍

各个国家在政治体制、生产方式、文化习俗、价值观念和气候饮食等各方面都有其特色，生产力的进步、家庭的出现、地域的划分、不同阶层的崛起共同促成了"国家"的发展。而语言是了解一个国家各个方面的重要手段，是文化的直接载体、思想的主要表现形式。辨析不同国家的语言，我们可以窥见它们各自的文化特色与差异。本节将以汉语、英语、德语和阿拉伯语为例展开介绍。

1. 汉语

汉语（Chinese）是中国的官方语言、新加坡的四种官方语言之一以及六种联合国工作语言之一，属于汉藏语系。汉语主要在中国流通，此外在新加坡、马来西亚、日本、缅甸、泰国、美国、加拿大、澳大利亚、新西兰等国及海外华人社区亦有分布。汉语的音节分明、乐音较多，伴随着声调的高低变化以及语调的抑扬顿挫，能够转化形成丰富多元的音韵效果，因而具有较强的音乐性。

汉语在语法结构上注重意合，从而导致汉语结构呈现出独具一格、精巧活泛的特征。在语句组织方面，不管是将词组合为句还是将单句组合为复句，汉语往往首要考虑语意的配合，而较少使用语法形式。只要作为信息表达载体的关键词能够在句中完成意义匹配，就可构成一个完整的句子。参考下面这个例子：

> 枯藤老树昏鸦，
> 小桥流水人家。
> 古道西风瘦马，
> 夕阳西下，
> 断肠人在天涯。

以上为元曲小令《天净沙·秋思》。小令的前三句选择九个名词意象进行简单排列，名词间并未使用语法成分创建联结，却使欲表现的事物交相辉映，描绘出一幅鲜明的秋郊夕照图——一位天涯游子牵着一匹瘦马出现在残阳古道，在一片凄色秋景中愁肠寸断，透露出无尽惆怅，表达了诗人漂泊不定、怀才不遇的愁苦之情。寥寥几句诗达到了言简意丰的独特效果，其所凭借的正是汉语意合法。

在中国文化史中占据重要地位的儒家文化，代表着中国古代社会的主流意识形态，不仅对中国的经济、政治、教育等各个方面产生了深远影响，同时也影响了汉语的语用特点。中华传统文化倡导社会和谐和长幼尊卑的观念，正在进行交谈的双方，无论是上级对下级、干部对群众，还是日常生活中老师对学生、父母对子女等，交谈的双方都需使用规范的称谓和礼貌的态度。例如，在正式场合询问某人的姓氏时，中国人不会直接询问"你姓什么"，而是会恭敬地提问"您贵姓"。中国人对礼节的重视也体现在谦辞的广泛使用中，例如，一般不自称"我"而谦称"在下"，不说"你的父母"而尊称"令尊、令堂"。汉语语境中还有许多雅语，如请人原谅称"包涵"、求人帮忙称"劳驾"、向人提问称"请教"、得人惠顾说"借光"等。

汉语中，受儒家中庸思想的影响，人称代词常用复数"我们"来代替单数"我"，以此淡化个体性，强化群体观念。例如，一个人在表达个人观点时亦会使用"我们认为""我们说""我们赞成"作婉转表述，这只是通过虚设的复数"我们"来代替事实上的单数"我"。

汉语的变体非常多样，既有地域变体，即北方方言、吴方言、湘方言、赣方言、客家方言、闽东方言、闽南方言和粤方言，也有新媒体发展下由青年亚文化创造出的异形文字，如火星文、颜文字和花漾字等。

北方方言中，不少地方的发音与普通话十分接近，整体以北京话为代表，地域分布在镇江以上、长江以北、九江以下的沿江地区，贵州、云南、四川部分地区，湖北、湖南两省的西北部，广西西部和北部一带。在词汇方面，双音节词特别占优势，古代语词保留较少，语气词较少。总体来说，北方方言语言风格的特点是说话语气给人的感觉较重、较直、较硬。

吴方言以苏州话和上海话为代表，又分为台州、宣州、太湖、金衢、上丽和瓯江六大语片，最大语片为北部吴语。吴方言多在今日的浙江、上海、江苏南部、江西东北部、安徽南部和福建北部一带使用，有诸多特征本字，特有词汇多达数万个，有"吴侬软语"之称，流露出江南人独有的思维方式和生活情调，同时也是江南人社会生产、风俗民情、文化涵养以及语言习惯的生动反映。

湘方言，也指湖南方言，以长沙话为代表，分布在湖南省大部分地区，流通广泛，使用人口占汉族总人数的比值约为5%，内部语音存在"新"湘语和"老"湘语的差异。湖南方言在语言表达上感情丰富，在副词和形容词的运用上比较夸张，说话喜欢带"啵""撒"等后缀音。

赣方言，也称江西话、赣语，以南昌话为代表，主要分布于江西中部、西部、北部，同时分布于安徽南部部分地区、湖北东南部、湖南东部和福建西北邵武一带。古代的全浊声母今读塞音、塞擦音，在赣语中多数处理为送气的清音，无论平仄，如"存在、陪伴、沉重、停电、强健"等词，赣语中皆为送气的清声母。

客家方言，以梅州市区梅城口音的梅州话为代表，主要分布在福建省西部，江西省南部，广西东南部，广东省东部、南部和北部，湖南、四川的少数地区。此外，中国台湾、香港、澳门和海外华人社区亦有人口使用。客家方言包含17个声母，74个韵母，有阴入、阳入、阴平、阳平、上声、去声6个声调。比起广东的粤方言和闽南方言，客家方言更接近普通话，尤其当使用客家方言朗读书面文字时，北方人基本能够理解并达成共识。

闽东方言，以福州话为代表，整体分布在福建北部和台湾部分地区，通行于福建东部的福州十邑、三明尤溪县、宁德市和南平市部分地区以及马祖列岛等地。闽东方言留存了不少古汉语的韵味，亦继承了诸多古齐语的特征，虽因地理差异导致与其他闽语不能相通，但同其他闽语共同组成齐语支。

闽南方言，也称作福佬话或鹤佬话，以厦门话为代表，在福建省南部、广东省东部和海南岛一部分，以及台湾大部分地区流通，亦有南洋华侨仍使用闽南方言。闽南方言的发源地是泉州和漳州。但在方言内部，各地区又有区别，闽台地区的闽南语相较一致，漳州话和泉州话内部的音韵系统则有轻微差异。漳、泉两地方言虽在语法和词汇方面大同小异，但内部依然存在严格的对应关系。

粤方言，又称粤语，以广州话为代表，使用人群遍布广东省大部分地区和广西东南部，由于不少人移居南洋及其他国家和地区，因此这些地域也有部分人说粤语。粤语不仅保留着大量古汉语的词汇、语法、语音等，如中古汉语韵母的塞音韵尾和唇音韵尾在粤语的语音中仍沿用，还吸收了较多的外来词，如"巴士"表示"公共汽车"等。

异形字文化的产生与新媒体文化的发展有密切联系。新媒体时代，各种不同的参与者都有了更加广泛的互动平台，通过网络即时交流的方式彰显个性、发现兴趣群体并形成群体认同，使得青年亚文化参与模式呈现出显著的"群体化"特征。青年通过一系列新型媒介，基于一致的价值观念、共同的兴趣爱好以及各自的审美标准，聚集成为青年亚文化群体，在群体内部共享文化信仰、价值体系和生活模式。

火星文，可解作"火星人的文字"，有"地球人看不懂的文字"之意，组成元素主要包括繁体字、冷僻字、符号、韩文、日文或汉字拆分后的部分等非正式的文字符号。"火星文"一称的由来也在于这些文字与大众日常生活距离较远且文法奇异，该名称最早流行于中国台湾，后逐步向中国大陆、香港及海外华人社会蔓延。火星文早期的使用场合主要是中文互联网，现已逐渐弥漫至现实社会。

相较于以往的网络语言，火星文放弃了传统网络语言简单、快捷的特点，形式更为繁杂，意义更为难解，目的在于吸引网民的视觉注意，以突显火星文的新奇感。火星文视觉上特立独行，具体体现在舍弃了简体汉字而选择大量繁体字、异体字以及错别字，乍看像是乱码或打错的字，从而追求自身的耐读性。火星文的用法亦不同于汉字的严谨规范，从字面上根本无法了解，增加了读者解码的难度，犹如为读者准备了一场文字游戏，为读者设置了多重阅读障碍，这也从一方面体现了火星文本身语义的晦涩以及游戏性质。

火星文的构成形式有三种，参考以下三个例子：

> 曾经 u1 份金诚 d i 摆在挖 d 面前，但 4 挖迷 u 珍 c，斗到失 7 d 4 候才后悔莫 g（曾经有一份真诚的爱摆在我的面前，但是我没有珍惜，等到失去的时候才后悔莫及）

本句属于拟音法，将欲表达文字的读音作为实际的语句组成部分，解读方式为照读文字，根据读音联想实际的文字与意义。例如“i”（音似“爱”“艾”“唉”）、“4”（音似“是”“事”“世”）、“d”（音似“的”“地”）、“u”（音似“有”“呦”）等。

ORZ（一人跪下叩头，为跪拜的意思）

本句属于象形法，旨在基于象形文字的逻辑，通过文字或符号组合为具有形状意义的图像，解读方式是对文字整体作画面联想。例如“ORZ”，演化自网络流行表情符号：O丨—丨＿，该符号形似一个人在地上叩头跪拜，在广泛流传后衍生出学名，唤为“失意体前屈”，之后又引申为“佩服得五体投地”的意思。

『我是唯一有伞/仍然淋湿的人吗』【∞】涐m̌ e－1 有忘掉沵.1 直都没有忘掉沵 //（我是唯一有伞仍然淋湿的人吗？我一直没有忘掉你，一直都没有忘掉你）

本句属于混合法，指句型中往往夹杂着各种各样的繁体字、奇形怪状的错别字和各类符号、字母等。一般通过句中的正常文字，结合拟音法可推断出整句话的含义。

“颜文字”在日文中对应的是“かおもじ”一词，“颜”即为“脸”。“かおもじ”对应英文单词“emoticon”，中文释义为“表情符号”。颜文字是在创造多语言符号象形元素的基础上不断构建起来的一种新型语言符号，通过多种表现形式表现、传播。

颜文字中有典型的象形文字逻辑，通过对字符、标点或笔画的组合完成所要表达事物的整体符号形象创作，从而表达一种图像式的语言信息。读者运用已有的认知机制解读颜文字含义，仅通过观察轮廓线条便能建立颜文字与事物本意的关系，使得符号同意义间的联想十分直观。颜文字的表现形式形形色色，如脸谱式的符号、模仿动作的符号等。参考下面的例子：

╥﹏╥…（委屈）
（○′3′○）（嘟嘴）

以上例子属于表情类颜文字，以人的五官架构为基础，运用不同符号形态模拟人类的不同表情，从而传递情绪信息。以"委屈"的颜文字为例，符号"╥"象征人面部中的眼睛，"＿"模拟人在委屈的状态下嘴巴的形状，很容易推断出该颜文字背后所包含的情感意义。

╮（Д）╭（无奈）

~（▽~）（~▽）~（嘚瑟）

以上例子属于动作类颜文字，多数在表情类颜文字的基础上添加类似于人类肢体动作的符号，进而表达动作形态，丰富表情意涵。以"无奈"的颜文字为例，除了模拟面部表情的状态，还加入了"╮　╭"符号模拟人在无奈的情况下常常做出的摊手动作，使得颜文字更准确地传达了情感内涵。

2. 英语

英语（English）属于西日耳曼语，最早出现在中世纪的英国，后因英国广泛的殖民扩张，英语不断流通至世界各地，进而成为世界上使用面积最广的语言。作为一种表音文字，英文中的 26 个字母从拉丁字母发展而来，而拉丁字母最早可溯源至腓尼基字母。大约在公元前 13 世纪，基于古埃及的图画文字（象形文字），人类史上第一批字母文字在地中海东部海岸的腓尼基诞生，其中包含 22 个无元音字母，成为世界字母文字的开端。之后，腓尼基字母派生出古希腊字母，古希腊字母又派生出斯拉夫字母和拉丁字母，后两者与希腊字母一起构成现今所有西方国家语言的字母基础。此外，受腓尼基字母的影响，东方世界也衍生出阿拉米字母，进而演化出波斯、希伯来、阿拉伯、印度等民族字母；在中国，满文、蒙古文和维吾尔文字母亦由此演化。

如今，英语是全球各国作为官方语言使用最多、使用范围最广的一门语言，也是联合国的工作语言之一。虽然在使用人数上少于汉语，但就语言覆盖的区域和国家而言，英语是世界第一语言。

英语的变体有英式英语、美式英语、加拿大英语、澳大利亚英语等，英式英语与美式英语是最大的两个变体。由于地域与民族差异，美式英语、加拿大英语和澳大利亚英语在发展的过程中经历了诸多转型，三者之间及三者与英式英语之间的拼写、用法和发音等方面多有差别，使用美式英语的人与使用英式英语的人之间在同件事情上无法互通的现象屡见不鲜。

英式英语（British English 或 UK English）以英格兰人的英语规则为标准，作为官方语言流通于英国本土及英联邦国家。英式英语通常伴随着抑扬顿挫的标准发音，音节清晰利落、干净明朗，听者可明显区分出长韵母音和短韵母音，卷舌音是英式口音的特点。

英国文化的发展带来相应的英式英语的语言特色。首先，英国人历来重视传统和经验主义，在语言方面体现为英式英语的守旧与稳定。人们普遍认为，扎根于民族文化的经验主义和渐变主义，与英国在光荣革命后再未爆发过大规模内战或革命高度相关。其次，英国的种族构成相对单一，所以英国人难以接受外来文化，甚至害怕外国语言侵犯英语的正统地位。最后，英国社会长久以来存在等级差别，这种等级、阶层秩序渗透在语言中。阶级的不同在语言上体现为发音和词汇的不同，以午餐的说法为例，上层阶级称为"lunch"，而下层阶级一般使用"dinner"表达，语言的使用体现了明显的阶级意识。

美式英语（American English 或 USA English）又称美语（American），源自英语又不完全等同于英语，在美国大部分地区及场合使用、流通。美式英语的发展起源于 1607 年英国在弗吉尼亚的詹姆斯敦建立永久殖民地，此后美式英语便以英式英语的独立变体方式逐步演进。美式英语的发音区别于英式英语的主要特征是，其发音方式为腹式发音或腹腔发音，在听觉上有着较为浑厚的质感，发声的共鸣时间很长。

美国作为典型的移民国家，不同文化的碰撞和交流形塑了美式英语的特点：首先，多元文化群体的移民为美式英语带来了丰富的词汇。例如，squaw（美洲印第安女人）、rattle snake（响尾蛇）、congress（国会）、senate（参议院）等。其次，美式英语出现了越来越多的升格、降格与美化现象。例如，"saloon"在英式英语中是"公共大厅"的统称，译为"供文人雅士聚会的华丽会客厅"，而在美式英语里则通俗化地表示酒吧或酒馆，用来代替不雅的"public house"。最后，美式英语简化了传统英式英语的诸多方面，并体现出规律特征。比如在词汇拼写上，美语将"humour"简化为"humor"，"centre"改拼为"center"，更符合其发音规律。

加拿大英语（Canadian English）指在加拿大普遍应用的英语方言。作为一种重要的英语变体，由于地域环境和殖民历史的影响，加拿大英语在发展过程中糅合了英式英语、美式英语和魁北克法语，兼收并蓄地形成了英语语言上别具一格且多元的"加拿大主义"（Canadianism）。

"加拿大主义"主要体现在：第一，拼写上高度兼容。加拿大英语将英式英语拼写体系视为更权威、更正式的拼写体系。在教科书编写、政府公函、政府文件等正式场合，普遍选择英式英语，而生活化场景中通常使用美式英语。第二，加拿大英语在词汇使用上呈现多元性和包容性。例如，由于加拿大地理位置紧邻美国，加拿大同美国在水陆、海陆和陆路上互通有无。为便于两国之间的往来，加拿大人有关交通的用词多使用美式英语词汇，如 subway（地铁）、gas（汽油）、freeway（高速公路）等，进而形成了局部语言词汇的互通。第三，加拿大英语还具有一定的保守性。早期的加拿大英语移民大致分为两种，一种是 1783 年以后由美国移民至加拿大的保皇党人（the Loyalists）；另一种则为 1825 年以后由英伦诸岛不断涌入的移民。这些移民在政治和心理上的保守性影响了语言的创新。加拿大英语保存并复兴了许多早已成为英式英语遗迹的单词，如 "fall" 作为秋天的意思在英式英语中早已弃用，转用拉丁词 "autumn" 替代，但仍在加拿大英语中沿用至今。

澳大利亚英语（Australian English）是在澳大利亚使用的一种英语形式，亦为英语的重要分支之一。澳大利亚作为一个具有历史底蕴的新兴国家，先后经历了七大历史时期，其语言融汇了英、美等母国的词汇表征，同时具有幽默、质朴、活力、粗犷和接地气的特点。

历史背景的复杂使得澳大利亚英语发展出了一套灵活、粗犷、独具澳大利亚特色的语言文化。第一，澳大利亚英语的同义词词汇量相当丰富，体现出极强的灵活性。历史上，多元文化长期在澳大利亚这个古老的大陆上轮番进行着精彩的碰撞，因而各式各样的同义词在语言发展过程中得以创造，仅仅是袋鼠的别称就有 "kanga" "joey" "boomer" "paddymelon" "old man" 等，蚂蚁也有 "colonial" "bulldog" "light horseman" "old soldier" 等许多通名。第二，受早期殖民文化的影响，澳大利亚英语产生了许多不拘形式的口语和俚语。如 "六个月监禁" 称为 "a dream"、"情况不妙" 称为 "a fine kettle of fish" 等。第三，受澳大利亚人简明、直接、乐观的个性影响，澳大利亚英语喜欢使用缩写的表达式。例如，澳大利亚人（Australian）可缩略作 "Aussie"，足球（football）可缩略作 "footy" 等。

由于文化差异，英语和汉语在使用上必然也存在差异。前文提到在中国社会，人们十分看重称谓，具体体现在长幼尊卑等观念，而主张 "众生平等" 的英语国家在称谓上的忌讳则相对较少，一般直呼彼此的名字以示亲密。另外，中国人会在姓氏后加上 "老" 字称呼德高望重的长辈，表达敬重的情感，如 "王老" "林老" 等，但是在英语国家的文化中 "老" 字则被视为 "无能"，人们十分忌讳使用 "老" 字，对一个人使用与 "老" 字相关的称谓意味着此人已是迟暮之年。

3. 德语

德语（German）是拼音文字，用拉丁字母书写，语言系属是印欧语系、日耳曼语族、西日耳曼语支，是德国、奥地利、瑞士等国的官方语言。

受普鲁士精神和德国哲学的影响，德语形成了注重形式、严谨和直接等特点。首先，德国人崇尚秩序、遵纪守法、慎重行事，体现在语篇层面则为拥有不少固定模式的文体，形成了公式化的写作模板。其次，德国人十分注重身份和地位，并视不同的情境变换不同的称谓形式。在称呼方面，他们大多以姓氏来称呼他人，并严格区分敬语的"您"（Sie/ziː）和平语的"你"（du/duː）。最后，德国人继承了人文主义和文艺复兴运动的价值观，强调个体并崇尚个人自信。他们的表达口心一致、直抒胸臆、实事求是，会在谈话和交流中迅速找到重点，这种直接性通常被其他文化的人视为直言不讳和粗鲁。

因为中、德文化的差异，同一事物用汉语和德语表达往往表现出不同的思想和情绪。例如，在中国文化中，中国人将"龙"视作一种吉祥物，古代皇帝会用"真龙天子"形容自己，中国人亦会使用"龙的传人"指代自己，这都体现对"龙"这一符号意象的敬仰与自豪。但在德语中，"龙"即"Der Drache"，意指不祥的怪物，与中国文化中的概念完全相反，代表凶残、邪恶与死亡，在生活中德国人常常会用"龙"形容好争吵的凶恶女人。

4. 阿拉伯语

阿拉伯语（Arabic language）源自一种古老的语言，即闪米特语（阿拉伯文：ساميون‍；拉丁文：Samium；德文：Semiten），统一的阿拉伯语文学语言以北方方言为基础，形成于公元5世纪前后。在欧洲中古世纪，阿拉伯语是希腊文化和东西方文化交流的媒介用语。在跨文化交流中，阿拉伯语形成了重视集体利益和社会等级的高语境文化，丰富了阿拉伯语的内涵。

阿拉伯语的高语境和丰富性体现在：首先，不同于西方人，阿拉伯人认为语言是为了产生情感共鸣。因此，阿拉伯语的词汇十分丰富，这造就了阿拉伯语中包罗万象的复杂短语，也使得许多阿拉伯人成为使用语言的大师。其次，阿拉伯语经常使用断言、重复和夸张等表达方式——阿拉伯语演讲者可能需要100个单词来表达英语演讲者用10个英文单词就能传递的信息。最后，受阿拉伯文化的影响，阿拉伯社会尤其重视集体主义、等级制度与短期导向的价值取向。相应地，这些价值观也反映在阿拉伯语中，与其他集体主义社会一样，阿拉伯人重视社会和谐，依靠间接的、模棱两可的陈述来减少交往中的摩擦，以确保不会有损对方的颜面。

希腊逻辑学不仅影响了阿拉伯人的学术进程，还铸就了阿拉伯人重视理性与逻辑推理的思维模式，这种思维模式的影响亦体现在阿拉伯语的句法结构上，具体表现为讲究句子各成分间外在的语法逻辑。句法结构要求句子中需有主语和谓语作为主要成分方可成句，但不包括感叹句、祈使句、省略句等少数情况。与阿拉伯人的思维方式不同，汉族人重视直觉体悟及内在逻辑，故而"无主句"的句式在汉语中十分常见，只要语义搭配入情入理，汉语词语便可灵活组句，无须强制兼备完整严谨的外在形式。

二、翻译

在跨文化传播过程中，减少隔阂与"文化折扣"（cultural discount）对跨文化交流至关重要。翻译是跨文化传播过程中的重要环节，没有翻译，不同母语的谈话者便无法展开交流。翻译作为一种跨文化交流形式，是在人类社会发展到一定阶段才形成的，并随人类社会发展而不断更新、演化、充实。社会因素与文化因素是影响翻译的重要因素。比起语言问题，翻译涉及更多的文化问题。因为语言在其本身的文化背景中方有意蕴，所以翻译的本质是两种文化间的互动与碰撞，成功的翻译不完全取决于熟练运用两种语言，更多在于通晓两种文化之间的差异与趋同。而且，翻译与口译既要满足文化内涵的匹配，又要满足基本的交际需求，才能最大限度地提高交流的效果。

从翻译过程来说，掌握文化背景有助于深入理解原文。由于英语和汉语在语言观、词汇、句法以及语用等方面皆存在鲜明的不同，若对二者的文化差异不够了解，就会在阅读英文文本时导致理解偏差，进而引发歧义。例如"Tom can be relied on. He eats no fish and plays the game"，在不了解背后的文化内涵时可能把这句话翻译为"汤姆是个靠得住的人，他不吃鱼，玩游戏"。而事实上，"to eat no fish"是英国文化中的一种隐喻，即一些英国的耶稣教徒会拒绝在周末吃鱼以向政府表示忠心，故而这一短语在英语文化中广泛用于赞美忠于职守、脚踏实地的良好品质；而短语"to play the game"指的是英国运动文化中的公平竞争，指"to play fair"。故此，"汤姆是个值得信赖的人，他忠诚可靠"方为这句话的准确翻译与真实含义。

翻译时除了要准确把握语言背后的文化风俗、价值观念、历史背景等因素，还要考虑到具体的语境特点。不同语境下同一个句子也可能表达完全不同的含义，比如俗语"hold one's breath"不能一味地直接译成汉语的"屏住呼吸"，如在"I know that he said he expects to give us all a nice increase in our pay, but I wouldn't hold my breath. Don't you remember he made the same promise two years ago?" 这段话中，"I wouldn't hold my breath" 译为"我不敢奢望"的意思更贴切，更符合原文所表达的含义。

翻译行为根据不同的分类方式与应用场景有很多类别。母语为中文，以翻译方向区分，可分为汉语译成外语（简称"汉译外"）和外语译成汉语（简称"外译汉"）；以翻译方式区分，可分为口头翻译（简称"口译"，interpretation）和笔头翻译（简称"笔译"，translation），而口译又包括交替传译（简称"交传"，consecutive interpretation）和同声传译（简称"同传"，simultaneous interpretation 或 conference interpretation）两种方式；以翻译程度区分，可分为全文翻译（full translation）和部分翻译（partial translation）。以上不同的翻译形式既有互通之处，又各有特点。由于不同的跨文化情境、场合和传受双方存在的差异，对翻译形式和翻译方法的选择要灵活机变。下面介绍政治传播、商务交流、生活娱乐三种情境下的翻译方式及其特点。

1. 政治外交情境下的翻译

外事翻译的主要情境为各式外交和外事场合，负责处理口头和书面的讲话和文件。外事翻译的现场常常要求译员口、笔译同步配合，如正式的具有国际条约性质的谈判、建交谈判等场合，译员除了完成现场的口译工作，还需要将谈话内容笔译为公报、备忘录、条约、协议等书面成果。口、笔译没有具体的先后分工顺序，往往依据工作内容协调完成，有时在演讲前提前译好稿件，到现场完成口译，有时则是先完成口译，后将内容转化为文件。

与其他领域的翻译相比，外事翻译存在许多特殊性。

首先，外事翻译具有鲜明的政治色彩。外事翻译作为外交政治的重要角色，不管是口译还是笔译，工作内容皆关乎国家的政治立场、政策、形象，工作中稍有纰漏，会直接影响一个国家的政治、经济、社会利益、国家地位及国际关系等，可能对国家和人民造成损失。1956 年，苏联部长会议主席赫鲁晓夫在莫斯科接见西方诸国大使时说"我们要埋葬你们"，随后各大报纸杂志争相报道这句话，一度促使苏联同西方的关系恶化。但赫鲁晓夫原话的意思其实是："不管你们喜不喜欢，历史都在我们这一边。我们会为你们掘土。"这句话引用了马克思、恩格斯《共产党宣言》里"资产阶级生产的首先是自身的掘墓人"的原话，意思是资本主义将从内部自我毁灭，共产主义最终将战胜资本主义。虽然这句话本身也带有火药味，但还不至于激怒西方，让如临大敌的美国人以为受到了核威胁。

其次，外事翻译需要注意跨文化传播效果。每一次外交活动在某种程度上都是一个国家对外宣传、展现文化魅力的机会，因此需要把握好翻译的策略。近年来，我国领导人在外交场合时常借用诗词、谚语、成语、典故等隐喻性叙事巧妙表达对外政策的立场，阐释对国际敏感话题的态度，引起了国际社会的高度关注。如何将这些中国特色外交话语形神兼备、准确无误地传达给外国受众，便是外交翻译工作中的热点和难点，关系到中国国家形象的构建和国际话语权的提升。请看以下案例：

> 习近平总书记在谈到中美关系时讲到"中美两国合作好了，就可以做世界稳定的压舱石、世界和平的助推器"，美国白宫译为"When China and the United States work together, we can become an anchor of world stability and a propeller of world peace"，新华社则译为"A sound China – U. S. cooperation can serve as the ballast for global stability and the propeller for world peace"。在此句中的"压舱石"，美方用的是"anchor"，中方用的是"ballast"，虽然二者皆指能够起到平衡、稳定作用的物理装置，但"anchor"侧重指稳固船只的重物，"ballast"侧重指稳定船只或热气球的重物，相较之下，前者透露出静态的景象，后者则勾勒出前进或上升的态势，暗示中美"一荣俱荣，一损俱损"的关系。

最后，外事翻译的时效性高。口译工作的最大特点是时效性高、时间紧且任务重，通常要求译员当场完成翻译，笔译过程也往往有时限要求。在时间紧的情况下，译员只能在领导人出访前不久才拿到讲话稿，短时间内需要译员独立完成翻译定稿、打字、校对等一系列步骤。特别是在国家领导人参加的国际性首脑会议现场，由于会议持续进行，领导人通常会在会议中亲自手写即席发言稿、对事先草拟的发言稿作临时修改，写完立即传给场外译员，由笔译员译成外语后，再交到会场上的同声传译员手中。这对笔译员和口译员都提出了更高的要求，既要保证翻译的即时性，又要保证内容的高质量。

2. 商务交流情境下的翻译

随着全球化的发展，各国为突出经济特点和提高产业优势，互相之间进行全球化分工、合作成为常态，世界经济逐渐连成了一个利益共同体。在此背景下，商务翻译作为一种必要的跨文化传播形式，其翻译方法、策略与普通翻译既有共性，也有其特殊性。共性在于翻译需要在忠实原文内容的前提下，表达得自然、通顺、流畅等，与此同时，商务翻译又具有浓厚的商务特色。

首先，商务翻译注重内容和结构的规范和严谨。翻译的过程中需斟酌用词和概念的表达与界定，确保信息准确，以及数量与单位的使用确切无误，尽最大的可能将源语言传递的内容用目标语言精准、全面地转述和表达。商务英语与汉语的常规表达原则有所不同，一般而言，商务交流为了达到委婉和尊重谈判对象的沟通效果，通常以被动句代替主动句。然而，英语中的被动句在译成汉语时，不存在一一对应的表达方式，于是便需要根据汉语的习惯用法，挑选适当的句型和语态来还原原文的被动含义。例如"请告知：什么时候发货"这句话如果直接翻译，将译成"Please inform us when to deliver our ordered goods"，保留了祈使句式，但是这样翻译并没有注意到英汉信函之间的文化差异，容易造成误解。正确的翻译应为"It will be appreciated if you would inform us when to deliver our ordered goods."

其次，商务翻译过程要注意专业术语的翻译和情境变化。由于商务翻译涉及贸易、商务、营销、财务等专业理论，在实践应用中伴随着诸多专有名词和专业术语的使用，比如 the World Bank——WB（世界银行）、bill of lading——B/L（提单）等商务英语缩略词汇以及 devaluation（货币贬值）、holding company（控股公司）等常用词汇。还有不少在商务贸易发展中创造、增补的词汇，如 TPL（第三方物流）、cyber-payment（电子支付）、consolidated debt（合并债务）等。但是，在实际的商务翻译过程中，专业词汇的意思也会随着外贸商务语境的不同而发生变化，在翻译时要引起注意。如"negotiating documents"可以译为"谈判文件"，但是在商务英语里一般译为"议付单据"。

最后，商务翻译要注意人文色彩和文化差异。商务翻译需要注重的不光是语言之间的转换，更多的是两种思维方式的交换。汉语往往侧重情境和意向，具有较高的隐喻性和人文色彩，在翻译过程中要注意还原相关的文化意象。比如，判断地理方位时，中国人认为东边是清晨太阳升起的位置，是最有活力、最活泼的方位。而西欧属于西临海、东内陆的温带海洋性气候，西风带来温暖和湿润，因而西方人认为最活泼、最有利的方位是西方，反而觉得东方是暗淡、停滞、消极的代表。所以在我国"东风牌"汽车出口到西方国家时，如果将"东风牌"直接翻译成"east wind"，就无法与西方文化融合，因此也就无法打开西方国家的市场，导致产品出口失败。

另外，在中医等具有明显民族特征的情境中，也会出现"文化缺省"（cultural

default）的情况。文化缺省是指双方在交际行为中，下意识地忽略对方的文化背景的行为。请看以下案例：

> 中医学根植于中国传统文化，属于人文医学，融合了中国古代哲学思想的儒、释、道及史学、文学等思想，而译文的读者处于不同文化背景中，对于中医文化的了解有限，因此在翻译过程中尤其要注意规避"文化缺省"，将中医理论背后蕴含的文化背景翻译出来。例如在《黄帝内经》中《素问·生气通天论篇第三》一章，原文"阳气者，烦劳则张，精绝，辟积于夏，使人煎厥"，指的是当人体处在精神过度紧张或过度疲劳的状态下，人体中的阳气将会出现亢盛状态。美国现代针灸学专家 Ilza Veith 将其翻译为"When the force of Yang is exhausted under the pressure of overwork and weariness, then the essence（of the body）is cut short, the openings of the body are obstructed and the secretions are retained. This causes sickness in summer and distress"，其含义与原文相悖。而中国学者李照国教授对该句的翻译才较为准确地把握了中医理论及文化内涵，即"Overstrain will make Yangqi hyperactive and exhaust Jing（Essence）. Repeated overstrain in summer will make people suffer from Jianjue"。文化缺省的部分对于目标语读者和译者来说都是一个难题，因此如何补偿文化缺省是译者应当关注的焦点。

3. 新媒体背景下流行文化的翻译

新媒体的发展为具有一定英文基础的创作者，尤其是富有创造力的青年人提供了技术平台、交流领域和相对自由的创作空间，形成了独特的网络翻译文化。网络翻译突破了传统翻译的原则和框架，具有独特的生命力和方法论。新媒体背景下的网络流行文化不同于正统的文本和语言表达方式，因此在翻译过程中也应融入更多亚文化、流行文化的元素，贴合互联网的传播语境。

首先，一方面，这些新媒体流行文化中的翻译以实践消解了"忠于内容本身"的核心翻译原则，呈现出反抗现实、追求个性和自我认同的青年网络亚文化特质；另一方面，这些翻译实践通过对源文本的改造和不同层面话语的结合、拼贴，实现了网络流行话语、社会现实以及翻译文本的勾连，充分展现了网络草根译者的自我意识。例如，各种字幕组就是典型的例子。在漫威系列电影中，钢铁侠在弥留之际不断诉说"Exhausted, exhausted, I'm exhausted"，字幕组将之翻译为"累死了，累死了，每天 996 我要累死了"。在网易云音乐 App 中，歌曲 *Stressed Out* 中的一句歌词 "Wake up, you need to make money" 被翻译为 "醒醒吧，工头喊你去搬砖"。更有不少恶搞、解构式的翻译，如将 "Follow your heart" 译为 "怂"，"母鸭子" 译为 "Lady Gaga"，"老天不公" 译为 "God is a girl"，等等。

其次，随着国际传播权力不断下放、传播主体由国家扩展到个人，各类自媒体博主能够通过社交媒体发布原创内容，加强跨国交流和本国文化的 "走出去"。新媒体网络环境不同于传统的以官方为主导的传播体系，其内容传递策略更加注重接地气和本土化原则，因此在对一些海外视频类作品进行口译的过程中要尽量规避过于正统的翻译原则，贴合新媒体的语境。Doug DeMuro 是海外社交平台 YouTube 上的一位著名的跑车测评博主，其在账号上开设了一个名为 "Doug DeMuro's：Exotics Cars" 的跑车测评节目，主要介绍跑车的性能、优势、劣势等，该节目的语言风格偏向口语化，信息密度较大且逻辑性不强。因此，在对视频文本进行口译的过程中，要注意对其文本风格进行 "汉化"，尽量贴合新媒体文化下汉语口语的表达风格。如 "I roll it all the way down and it stops right here, which kind of get me annoyed"，按照传统的翻译原则可以译为 "我能把车窗摇到这个高度，它只能停在这个位置，但这很烦人"，而贴合新媒体语境的翻译应是 "我能把车窗摇到这个高度，它只能停在这个位置，这让人无语"。再如 "It's kind of nerve-wracking when it's in this position"，在传统规则下译为 "特别是当它（电线）在这个位置的时候，让人非常头疼"，而用网络语言表达则能够更加贴合网民的阅读习惯，如 "特别是当它（电线）在这个位置的时候，真是吓死宝宝了"。

第三节　如何在跨文化背景下培养语言能力

在经济全球化和互联网发展的时代大背景下，各个领域的国际交流与合作都在不断加强。但是，受来自交际双方的文化背景、地域分布、性格特点等因素的影响，在具体不同场景中的跨文化交流还会存在更多更深刻的问题。参考下面这一案例：

某家美国公司与日本公司洽谈商务。谈判中每当美国人提出一个建议，日本人便点头说 "yes"，这令谈判中的美国人很是惊喜，从而产生本次谈判十分融洽的错觉。当谈判进行至签订合约的环节，才意识到先前日本人的"yes"仅是对对方表述的礼貌回复，为"I hear you"之意，并非表示真正的同意。

其实，不同语境下的"yes"具有丰富的不同含义。以上案例中的两个含义仅为其中两种，此外还有"I understand the question"和"I will considerate"。另外，"no"在不同情境下的含义也十分复杂。由于每个人对事物的认知不同，并且每一个人的行为模式所反映的文化背景也不同，在跨文化交流中人们往往存在交流的隔阂，较难实现理想的交流状态和交流效果。每一种文化都有其独特性和精神内核，这也意味着不同文化的交流碰撞很容易出现阻碍，从而为双方的交流带来不便。因此，在跨文化传播过程中发展语言能力，提高跨文化传播水平，不仅有助于提高交流效果、规避文化禁忌，更是加强社会融合、推动全球合作的必要步骤。

一、掌握一门语言：从词汇到语法

要掌握一门目标语言，首先需要学习词汇。语言是开展跨文化交流的基础，通过学习一门外语，能够增长见识，提高认知世界的能力。词汇作为语言三要素的重要组成部分，在培养语言能力的过程中无疑占有举足轻重的地位。两种不同的文化碰撞，最先产生联结的往往是文字，而两种文字互通的第一步永远不是最深邃的哲学问题，而是词汇的对应，如"一"对应"one"，"太阳"对应"sun"。如果将语言比作高楼，那么词汇无疑是最基础的也是最重要的建筑材料。

英国语言学家大卫·威尔金斯（David A. Wilkins）曾说："没有语法，几乎无法表达；没有词汇，什么也无法表达。"（Without grammar very little can be conveyed; without vocabulary nothing can be conveyed.）在跨文化传播过程中，不仅需要交际者掌握足够的外语词汇，而且对交际者外语的听说读写能力有较高要求。为此，交际者需要进一步学习词义、语法等内容以提高自身的外语交流能力。

以英语学习为例，学习词汇和语法主要有以下原则：一是兴趣原则，将学习过程与兴趣结合起来。例如阅读英文经典名著、观看英文经典电影和电视剧培养自身对学习英语的兴趣，确保学习热情。二是注重量变的积累。重复的训练便于形成记忆，有利于学习者产生趋于准确的感觉和深刻的把握，任何技能的获得皆是如此，语言的学习也不例外。因此，可利用重复原则发展英语技能，力求达到量变到质变的飞跃。三是强调知识运用的实践。在学习英语的情况下，保持与以英语为母语的人的交谈频率，可提升学习效率和运用能力。

二、掌握一门语言：从文字到文化

掌握词汇与语法仅仅达到了跨文化交流的门槛，如果不了解文化差异，则很容易身陷窘境。因此，从文化层面进一步提升跨文化交流的能力尤为重要。提升跨文化场景中的语言交流能力，建立在掌握一门语言的基础上，而从掌握语言到掌握文化的跨越，则可以从了解文化禁忌和历史背景入手。

"taboo"一词原为玻利尼西亚汤加语，翻译为"禁忌"，意指"需要极端注意的事"。1777 年英国航海家詹姆斯·库克（James Cook）航行至南太平洋的汤加岛时，发现并记录了该地有关禁忌的种种现象，主要可归纳为两个方面：一是不能随便使用受尊敬的神物，二是不能随便接触受鄙视的贱物。而所谓语言禁忌（verbal taboo）也包括两个方面，即语言的灵物崇拜（语言拜物教）和语言的禁用或代用。[①] 语言本是由劳动过程创造并与劳动生产一起发展起来的一种社会交际工具，但是在无法科学解释自然现象的环境里，语言往往和某些自然现象带给人类的福祸联系起来。

因此，在跨文化交流中需要对词语选择保持敏感。任何文化都存在与性、排泄和死亡等话题相关的语言禁忌，这些禁忌可能延伸到家庭、工作、生活的各个方面。在中国禁忌文化下，各个职业都有自身的禁忌词和禁忌类话语，例如，过去不同职业各有忌讳的谐音字，船家忌讳"帆"（谐音"翻"），商人忌讳"舌"（谐音"折"），戏班子忌讳"散"等。又如在西方文化中，年龄是保密的，特别是 24 岁以后绝不会谈论自己的年龄。

此外，通过了解一个国家的历史背景，我们能够更加全面地了解其历史沿革、时代发展、文化特色和社会风俗，从而增强交流双方的主体间性，推动更深层次的跨文化交流。了解历史背景的渠道十分多样，如实地旅游、听他人讲述、阅读经典名著、观看历史纪录片和电影等。经典的文学作品往往带有一个时代文化的缩影，不仅可以从中全方位地了解一个国家的历史和现状，而且可以提高外语的语言阅读能力，从而潜移默化地提升跨文化传播能力。例如，汉字成语"破釜沉舟"出自

---

① 葛校琴. 英汉语言禁忌的深层文化映现［J］. 外语与外语教学，2001（2）：39－41.

《史记·项羽本纪》："项羽乃悉引兵渡河，皆沉船，破釜甑，烧庐舍，持三日粮，以示士卒必死，无一还心。"后常用该成语比喻下定决心，不留退路。英语中也有类似的成语"burn one's boat"：传说古代将领从海上进攻，在抵达对岸后，会纵火烧毁船只，告诉士兵他们的退路已经切断，只能向前、不能后退。罗马共和国时期，盖乌斯·尤利乌斯·恺撒在渡过卢比孔河与庞培对峙时，烧掉船只，以示有进无退的决心。汉语的"破釜沉舟"与英语的"burn one's boat"典故如出一辙，且形义巧合，在跨文化交流过程中是完全可以通用的。

三、增强文化移情：重视对方反馈

在跨文化传播中重视文化移情，需要遵循以下三点原则：第一，交流过程要建立在公平、坦诚的基础上。双方需要以积极的感情展开交流、接触，避免因刻板印象或负面情绪而产生懒散的心态。第二，从对方的经验和背景等角度切入，辩证地观察对方的行为和语言，考虑到对方行为所蕴含的文化成分，才能更加清晰地了解对方。第三，使用另一种语言交流时，应该鼓励对方积极反馈，主动帮助沟通对象有效接收信息。当对方不理解你的意思时，可以说"请允许我换另一种方式表达"，然后换个说法。此外，当委婉地询问对方是否理解时，应该问"我说得够清楚吗？"而不是"你明白了吗？"，显示主动承担沟通的责任，有助于缓解沟通对象可能感到的尴尬。如果对方来自一个高语境文化的国家，尤其要注重面子问题。

四、运用好新媒体：整合学习资源

跨文化传播对语言能力的要求较高，需要交际者掌握大量的词汇和沟通技巧，同时具有一定的读写能力，这就使得大部分人受制于自己的外语能力而怯于与他人交流。然而，在新媒体时代，人们可借助形式多样、传播迅速、内容精悍的新媒体平台，与全球各文化背景下的网友沟通。这些新媒体平台一方面为人们展开跨文化交流提供了中介和渠道，另一方面也提高了交际者的跨文化传播意识，促进了人们跨文化传播能力的发展。

借助新媒体平台强大的翻译功能，不同文化、不同背景、不同国家的人都可以发表看法和观点，无障碍地进行语言沟通，甚至不仅局限于文字，还有图片、音频、视频等。依托于新媒体平台开发的各类微应用也与时俱进地满足了各国人民的需求，极大地促进了跨文化传播能力的发展。如在微博国际版、Reddit、Facebook、Instagram、Twitter 等社交网站上，可以直接利用语音助手、谷歌翻译、有道翻译、小语种翻译软件等实时转换语言，鼓励来自不同国家的人民超越地域和空间的限制展开交流。收到评论时，同样可以利用翻译软件翻译后回复。如在微博国际版中，常有中国、欧美、日韩等国家的网友就某一时政热点、八卦新闻展开讨论，在各类翻译软件、热心网友"搬运"下，人们也能及时了解不同国家发生的大事件，如美国总统拜登上任、新冠肺炎疫情、各国局势等。

以教育领域的中国大学慕课 MOOC（Massive Open Online Courses）为例，其依托新媒体平台挣脱了时间和空间的约束，实现了一种全新的知识交换模式。慕课通过共享线上的高校资源，允许用户在任何地方、用任何设备免费学习、获取来自各个高校的精品课程。尤其在新冠肺炎疫情肆虐、无法有效进行线下教学的情况下，国内各大高校积极寻求解决方案，通过慕课模式线上教学，将以教师为中心的教学方式转变为以学生为中心的互联网教学方式，区别于传统课堂教学中教师"满堂灌""一言堂"，学生的主体地位也因此凸显出来，学习体验得到极大提升，获得感进一步增强。这种新型教学模式有助于激发学生的探索精神，提高学生学习的主动性和积极性，促使学生从被动接受者转变为主动探索者，并且消除了空间、时间甚至是不同文化带来的影响，这便是慕课的价值所在。

在新媒体时代，人们可以利用各类社交软件或者视频软件了解世界，进行跨文化语言学习和交流。得益于各类自发组成的字幕组将外文字幕翻译为本国语言，喜欢英剧、日剧、韩剧、美剧的受众可以通过各类视频软件观看国外影视作品，学习和了解不同国家的语言、娱乐方式、生活方式和价值信仰等。此外，观看视频带来的趣味能够有效降低传统学习方式带来的疲劳感，极大地提高学习效率。

复习思考题

1. 名词解释：语言交流；语言的象征性；萨丕尔—沃尔夫假说；语言决定论；语言相对论；文化移情；文化休克；文化折扣。

2. 语言有哪些特点？

3. 如何理解萨丕尔—沃尔夫假说？

4. 有哪些受文化影响下的语言变体？它们分别有哪些特征？

5. 翻译时有哪些主要的情境？分别需要注意什么问题？

6. 新媒体背景下流行文化的翻译特点有哪些？请举例说明。

7. 如何更好地掌握一门语言？

8. 谈谈你对"文化移情"的理解。

第六章

非语言与跨文化交流

在上一章，我们详细介绍了跨文化交流的重要载体和中介语言。其实，跨文化交流还有另一种重要表现形式——非语言交流（nonverbal communication）。在交流情境中，非语言行为传递的信息甚至会多于语言信息，美国传播学家、心理学家艾伯特·梅拉比安（Albert Mehrabian）提出的"55387定律"就充分说明了这一点。他认为在信息传递中，肢体语言占55%，声音占38%，语调占7%。因此，在交流过程中，非语言行为传递的信息远远超过语言表达的内容，眼神、肢体、表情、声量、语调等非语言因素会不经意间流露大量信息，其中有些是有意识的反应，有些是无意识的举动。不过，不同文化背景下的非语言行为可能有不同的含义，进而可能导致交流对象产生误解。参考以下这一案例：

> 在跨文化交往过程中，非语言行为的不当使用可能造成严重的外交风波。有一次，美国前总统理查德·尼克松访问巴西，在下飞机时对巴西人民做了"OK"的手势，这在美国表示"很好、不错"的意思。尼克松做这一手势就是想对巴西人民表示赞美。但是在巴西，"OK"的手势是表示鄙视、厌恶，尼克松的行为惹怒了巴西人民。因此，如果没有提前了解他国文化，很容易在外交活动中付出政治代价。

可以看出，"OK"这一手势在不同的国家有不同的含义。在进行跨文化交流时，正确地使用非语言行为、掌握好非语言交流的策略，能够更好地提高交流效率，减少文化折扣和交流隔阂。非语言与文化的关系密不可分，不同的文化形成了不同的非语言习惯，这在跨文化交际行为中体现得尤为突出。本章将围绕非语言行为和跨文化传播的关系展开。

第一节　非语言行为的内涵、形式和功能

一、非语言行为的内涵

非语言传播可以视为信息交流的过程，包括在特定的社会文化背景下通过非语言行为或副语言线索中的多渠道表达意义的交流活动。非语言行为涵盖眼神交流、表情、触摸、手势，甚至是沉默等。副语言线索指的是伴随语言而产生的声调、音量等。多渠道是指通过多种形式的非语言或副语言行为同时传达信息和意义，如面部表情、身体姿势、声音特征、手势、空间关系以及交流的时间和物理环境等。社会文化背景强调文化规范和文化期待在塑造和评估非语言恰当或不恰当的标准中的重要性。

一般而言，非语言行为有以下四个特点：潜意识性、可信性、情境性和个性化。潜意识性是指非语言行为通常是一种下意识的反应，是没有经过思考的行为；可信性是指潜意识行为带来的结果，通常比深思熟虑后的语言更加真实、更加难以伪装，比如，当某人说他不害怕的时候，却伴随着身体颤抖，那么实际上说明他正处于恐惧的状态；情境性是指非语言行为表达的意义往往会根据交谈情境、交际双方的关系等因素而变化；个性化是指每个人的非语言行为都带有个人的性格和特征，不同的人使用非语言行为有不同的特点。

二、非语言行为的形式和功能

非语言行为传达的内容是潜在的，往往多于语言传达的信息本身。在交流过程中，语言与非语言是相互依存、相互补充的。非语言行为主要有三种功能，分别是传递信息、表达情感和代替语言。第一，非语言行为能够传递信息，这有两种渠道：第一种是重复语言表达的含义；第二种是作为语言的辅助工具，强调信息的重要性，例如，当对他人的意见表示强烈赞同时，人们常常伴以频频点头的动作。第二，非语言行为能够表达情感。例如，当遭遇不幸时，人们可能会用拳头敲击自己的胸口

表示内心的悲痛。第三，非语言行为能够代替语言进行表意。例如，当人们拒绝接受路边的传单时，常常用摇头或者摆手的形式表示拒绝。

1. 非语言行为的形式

与语言交流相反，非语言行为的呈现形式十分多元和复杂。非语言交流既包括交谈过程中的环境因素，也包括交流双方之间的距离和关系，还包括交谈者的肢体动作与面部表情。因此，研究非语言行为需要将不同类别分开研究。经过学界长期的研究，非语言行为研究大致分为四个门类，分别是身势学、触觉学、空间关系学和副语言学，以下分别具体介绍这四种研究类别。

身势学（Kinesics）研究非语言交流中身体的运动方式和表意，包括手部姿势、肢体姿势、步伐姿态、站立姿势以及面部表情等。身势学对研究非语言的重要性不言而喻：在交流过程中，身势语言通常能够传达对他人的态度、自身的情绪状态、对环境的掌握情况等信息。以面部表情在不同国家的情况为例，美国人的面部表情比亚洲人多，但比拉丁美洲人和南欧人少。与美国文化相反，中国人受中华文化的影响，更善于隐藏自己的情绪，例如，《三国演义》中的刘备无论处于什么样的情绪状态，都很少喜形于色，因而难以从他的脸上看出其心理活动。以性别来划分，男性倾向于隐藏自己的情感，而女性在面部表情上更具表现力。

触觉学（Haptics）是指对跨文化交流中触觉的研究。触摸行为可以实现各种交际功能：既可以作为一种问候仪式，也可以表达情感，甚至可以作为一种控制行为。触觉与交流中的谈话主题、周围陈设、物理环境、亲密关系等因素密切相关。不同的文化将触摸行为编码并解释为合适或不合适，不同的文化对触摸有不同的习惯。触觉在交流过程中发挥着重要作用，比如，在一段亲密关系中，良好的肢体接触能够使感情迅速升温。反之，触觉的失调也可能导致交流受阻，实验证明，触觉失调的孩子多表现为人际交往障碍，对周围环境缺少主动探寻的勇气，更容易导致挑食和孤僻等问题。

空间关系学（Proxemics）是文化领域对空间的研究。空间属于边界规范的范畴，人类是领地动物，会下意识地标记自己的领地和空间，当某人或某物入侵自己的领地时，就会变得敏感甚至产生敌意。爱德华·霍尔在《空间关系理论》（1966）一书中将空间描述为文化的"隐藏维度"。霍尔认为，交流有不同的维度，即亲密的（恋人或配偶之间）、私人的（朋友之间）、社交的（熟人之间，比如在公共场合、餐馆等社交场所）和公开的（隔着一段距离说话的人之间）。[①] 此外，话题、姿势和双方关系都可能影响交流过程中的亲密距离。不同的文化对空间距离也有不同的偏好，如在美国和北欧等国家，人与人之间倾向于保持一定的私人空间，因此对于身体之间的距离较为敏感；而来自偏好较少空间的文化的人，可能会试图缩短说话者之间的距离，像拉丁美洲、阿拉伯和意大利等国家，人们倾向于通过拥抱、触碰脸颊等方式缩短身体距离，以此表达亲密。

副语言学（Paralinguistics）研究伴随语言交流衍生出的非语言行为，主要是说话者声音上的物理特征，包括语音、语调、语速等，以及说话的音量、重音、伴随声等。副语言能够辅助和增强信息表达，例如，当询问"Who saw a blue car"时，把重音放在"blue"上，则可以判断该问句是强调车的颜色；如果把重音放在"who"上，则该句强调的重点是到底是"谁"看到了那辆车。副语言的运用与文化特征息息相关，例如，在中国传统文化中，直接拒绝他人是不礼貌的，因此当对他人的请求感到为难时，人们通常会使用"嗯……""呃……"等微妙地表示拒绝。

2. 非语言行为的功能

一般而言，相同文化背景下的交流双方拥有相对一致的非语言行为习惯，但是不同文化背景下的交流者对非语言的使用习惯可能截然不同。因此，对非语言交流的研究大多集中于跨文化传播的领域。在跨文化研究中，大多数研究关注非语言行为的功能，即推动传播活动展开的功能，包括劝服他人、印象管理和情绪表达等。总体而言，非语言行为的功能有四种：情感表达、协调互动、关系信息和身份管理。

首先，情感表达是非语言行为中最基础和最重要的功能。面部表情是最能浓缩情绪、最有感染力，也是最直观地透露内心真实想法的表达方式。生物学家达尔文曾说，人类的情感和表达是与生俱来的。虽然人类能够有意识地掩盖真实情感，但是无法完全抑制由生理驱动的面部表情。这种真实的面部表情也就是微表情，其持续时间非常短，最短甚至不到1/4秒。正因如此，微表情往往成为我们平时与他人沟通关注的重点。比如，真正的惊讶在面部只会停留10~30毫秒的时间，因而持续的惊讶往往是假装的；真实的微笑伴随着眼角的皱纹和脸颊的鼓起，显得亲切而有感染力，而假笑不会牵动眼睛周围肌肉运动，比较呆板。一个人如果时不时上扬一侧的嘴角，说明他内心对面前的人或事感到轻蔑和不屑，而鼻子皱起和上嘴唇上扬

---

① BROWN N. Edward T. Hall, proxemic theory, 1966 [J]. CSISS Classic. University of California, Santa Barbara: Center for spatially integrated social science, 2007: 18.

则传达出一种厌恶的情绪。

其次，在与他人交谈时需要了解和遵循一定的线索，这些提示标志着是否展开对话、对话的开始、话题的变化、何时减少交谈等，这时候非语言信息能够起到协调互动的作用，这也是非语言线索的基本社会功能之一。在谈话中，非语言暗示作为对话管理的一部分，在文化的影响下可以发挥额外的作用。例如，在中国传统文化中，面子观塑造了中国人基于性别的行为规则，使用汉语的女性在表达喜悦时通常使用遮挡嘴巴和鼓掌的手势，而使用汉语的男性在暗示责备时倾向于抬起下巴并伸出食指；当谈话对象讲话口齿不伶俐时，相比于欧洲人或者非洲人，中国人为避免尴尬更有可能将目光从对方眼睛和嘴巴处移开。此外，在斯里兰卡和印度，身体接触通常是不合适的，人们通过双手合十并微微点头来问候对方。对沙特人来说，非语言交流是他们问候仪式的基础。

再次，非语言行为常常用来讨论人与人之间的关系，这个重要的过程就是关系信息。不同文化背景下有不同表达关系的方式：第一，在跨文化文学作品中，最常见的关系信息是地位，这是因为地位差异是区分文化的一种方式。第二，跨文化或者泛文化交际中的地位表现也是跨文化研究的重点。例如，在德国、阿拉伯和美国，不同群体中很多表现地位的非语言线索是相同的。第三，其他涉及人际关系的因素在研究跨文化交流时也受到关注，比较中国人和美国人表达感激之情时，中国人更喜欢用非语言的方式表达自己的感激之情，而在美国人眼里，使用语言和非语言方式表达感激是一样的。此外，总体而言，美国人比中国人更经常表现出对他人的欣赏，这体现了他们开放、乐观、积极的观念。

最后，非语言线索能够帮助人群确立自身所属的群体和文化身份（社会身份），即身份管理的功能。作为自我展示的一部分，身份管理指的是人们以何种方式向他人"展示"身份的各个方面，包括文化身份与社会联系。长久以来，面部和身体作为自我展示最直观的手段，常常通过服装、饰物、发型、化妆品等物质进行审美改造，在技术不断发展的现代社会甚至形成了成熟的整形产业，包括面部整容、身体抽脂、丰臀、断骨增高等。美国真人秀节目《天鹅》（The Swan）中，嘉宾不惜任何代价自愿接受整容手术。允许医疗技术改造自身的原始身体，体现了人们对美和新的身份认同的追求。此外，口音是识别一个人的文化和社会身份的重要方式之一，印度英语的口音在英语国家备受污名化和歧视，而在印度本土，使用英语则是精英主义的体现。

第二节　非语言行为与文化

非语言行为的含义在很多情况下都是通用的。但是，在不同的社会，由于经济水平、政治体制、地理环境不同会产生不同的文化特点，这些文化特点又会影响非语言行为的使用方式和意义。因此，非语言行为在不同的社会或地域文化中也具有特殊性，离开对文化的分析而探讨非语言行为，就会难以把握其中的真正内涵。只有将非语言行为置于文化的普遍性和差异性之中，才能对非语言行为形成全面的、系统的了解，从而更好地展开跨文化交流。

一、面部表情与文化

人类的情绪表达是否具有共性？一般而言，情绪在不同文化中既有普遍性也有差异性。由于面部表情是了解情绪的重要形式，探析面部表情是否具有普遍性可以为研究情绪是否具有普遍性提供依据和证明。面部表情的普遍性是指每个人都有一个一致的"面部情感系统"，这个系统确定了面部肌肉运动和特定情绪之间的关系，人类主要有六种基本情绪——愤怒、厌恶、恐惧、快乐、悲伤、惊讶。一般来说，眼睛和口腔附近的肌肉群是面部表情最丰富的部分。例如，有研究对比了 2004 年雅典残奥会上，先天失明的柔道运动员在赢得或输掉一场比赛后的面部表情，并将他们的表情与 2004 年雅典奥运会上，视力正常的运动员在完全相同情况下的表情进行了比较，发现两者的表情完全相同，证实了基本情绪的生理性和一致性。此外，瞳孔的变化是分析人的心理变化的重要线索。例如，当人看到喜欢的或感兴趣的事物时，瞳孔会扩大；但是，当看到不喜欢的或害怕的事物时，瞳孔则会缩小。

面部表情的文化差异性指的是，由于情绪表达受到文化的塑造和表达规则的影响，不同文化下的主体对情绪表达有不同的"面部情感系统"。而且，往往这类表情不仅与文化的塑造有关，也与个人经历有关：表情规则大多从童年开始习得，并在社会学习过程中不断经过修改、管理。例如，在婴儿时期，眼神交流是成长过程中最早发展的能力，通过与照顾者产生眼神接触，婴儿能够产生行为反应，如微笑、哭泣等。受到地域文化差异的影响，不同地域对表情也有不同的判断标准，譬如，高加索人主要关注对方的鼻子、嘴巴和眼睛等区域，而东亚人则重点聚焦于眼睛。

二、空间距离与文化

空间距离指围绕在一个人的身体周围，具有看不见的边界的、不允许他人侵入的区域。人的空间观念是后天习得的，因此，不同文化对空间距离的把握有所差异。在日常交际中，空间距离一般表现为身体距离和身体接触等形式。爱德华·霍尔1982 年以对北美中产阶层的观察为基础，把交际者之间的身体距离分为四种：亲密距离、个人距离、社交距离和公众距离（表6－1）：

表6－1　四种身体距离的具体范围和适用场合

	亲密距离	个人距离	社交距离	公众距离
较近的情况	几乎为零	1.5～2.5 英尺	4～7 英尺	12～25 英尺
较远的情况	6～18 英寸	2.5～4 英尺	7～12 英尺	25 英尺以上
适用场合	一般在私密空间，公众场合不宜出现	通常在谈论和个人有关的事情时	一般的社交场合，如同事之间谈公事	公众演讲时演讲者和听众之间的距离

注：1 英尺 = 30.48 厘米；1 英寸 = 2.54 厘米

霍尔认为这四种身体距离不仅存在于美国文化，在其他文化中也都存在，但是不同的文化中具体的距离范围有所不同。一般认为，中国人交际时的身体距离比西方人要小，中国人认为近距离相处是友善和亲近的表示，但对英语国家的人而言，如果局外人走进18 英寸（约45 厘米）的范围，就会被视为冒犯和侵扰。随着时代发展，中国人也越来越重视个人空间，社交距离也都和北美人相接近，最大的区别是，中国人认为公共场合是绝对公开的，在公共场合出现近距离接触是可以理解的；而北美人则对公共场合的近距离十分敏感，如果走得太近，都会说"I'm sorry"表示歉意。此外，拉丁美洲、南欧和阿拉伯的人交谈时的距离比北美和北欧地区的人要近，比如，西班牙人和阿拉伯人交谈时会凑得很近；拉美人和美国人交谈时，拉美人往往会向前靠近，美国人却会向后退以保持距离；英国人与意大利人交谈时，意大利人往往不断向前凑，英国人则不断后退。

除了身体距离，不同文化的身体接触也有所不同。有些文化的身体接触较少，有些则较多，所以也可以将文化分为"高接触性文化"和"低接触性文化"。高接触性文化包括大部分阿拉伯国家、中东的犹太民族、地中海地区（法国、希腊、意大利等国家）、西欧大部分国家、东欧、俄罗斯，以及印度尼西亚、拉丁美洲等；低接触性文化包括北欧大部、德国、英国和美国白人（不含西班牙裔）以及日本。中国人的身体接触也比较少，尤其异性之间，不过由于受到西方文化的影响，身体接触的习惯也有所改变。

我们对中国人和英美人的身体接触习惯做以下对比。第一，公共场合中的身体接触。由于中国的许多公共场合通常都很拥挤，很容易和他人产生身体接触，因此中国人对公共场合中的身体接触不太敏感，被碰到的人通常采取宽容态度。而英美人对公共场合中陌生人之间的身体接触十分敏感，从人群中挤过去更是大忌，往往极力避免。如果不慎碰到他人要道歉，如不及时道歉，对方的反应会很强烈。第二，社交性身体接触。中国人见面问候时要握手，日本人要鞠躬，法国人要亲吻双颊，墨西哥人则要相互拥抱。在英国和美国，家庭成员、关系密切的朋友见面或告别时常常拥抱和亲吻，这些身体接触都是一种社交礼仪。而在中国，除了受西方文化影响较大的大城市外，人们通常不会拥抱、亲吻。第三，同性之间的身体接触。在西方国家，两个青年男子或女子在公共场所手拉手走路，往往会被认为是同性恋者，而异性之间同样的行为却被视为自然。第四，触摸孩童。在中国的文化中，触摸和亲吻孩子是一种亲昵和友好的举动。但在西方，除非是家庭成员或极为亲密的朋友关系，通常人们不会随便触摸或亲吻孩子，抚摸别人的孩子在西方文化里被认为是冒昧和粗鲁的行为。

不同文化下人们习惯的空间距离是有明显差异的，了解空间习惯是降低跨文化传播障碍、提升传播效果的重要的非语言表达要素。所以，在跨文化交流时，了解对方文化的空间"语言"是十分必要的。

三、副语言与文化

副语言指的是所有与语音相关的线索，如声音（包括沉默和停顿）、音量、声调、语速等。副语言与文化特征密切相关。文化对口音的影响是文化对副语言影响的一个重要标志。口音是指使用同一种语言体系的人拥有的不同发音特征，通过口音不仅能识别个体所属的社会群体，而且有助于理解群体内部成员的文化特征。当具有不同的语言或声音模式（尤其是口音）的双方互动时，他们会倾向于改变自己的声音特征，使彼此更为不同。这是因为在跨文化交流中，人们倾向于认同与自己更加相似的人，而扩大和自身相异的人的差异。

此外，节奏、声音背后的情绪表达、变调等副语言形式都深受文化背景的影响，不同文化的国家对副语言系统的使用和理解有不同的规则。例如，母语为阿拉伯语的人倾向于使用较高的音域，虽然这在他们自己的语言系统中是规范的和"无意识"的，但在跨文化交流情境中常常被视为情绪化、攻击或威胁的特征。在韩国，较慢的语速与男性较大的权力相关联；而在美国，语速快则是较高地位的象征。此外，在大多数国家文化中，声音的响度越大，代表力量越大、速度越快和能力越强。

在研究个人主义文化时，沉默作为一种特殊的副语言形式，其重要性和语境性具有突出的地位。例如，芬兰被称为"沉默的民族"，这是因为在芬兰的交际准则中，沉默是积极的交际原则，代表噪音的消失。因此在芬兰，沉默是受到尊重的、有价值的、自然的交际实践原则，是否沉默应视交际情境而定。与之相反，意大利人、意大利裔美国人和犹太裔美国人大多将静默视为缺乏交际能力和无礼的消极行为。请看以下案例：

> 同一种坐姿在不同国家可能有完全相反的含义：在美国，双腿交叉而坐代表一种放松的状态；但是在朝鲜，双腿交叉的坐姿是社交禁忌。此外，在土耳其，人们相信摸耳朵可免遭凶险；但是在印度，摸耳朵代表的是自责或真诚。[①]

四、物品与文化

物品或人工制品也可以被赋予意义，反映其背后的文化特点。跨文化研究的一个研究方向就是文化和送礼的关系。赠送礼物是古往今来各个国家都存在的一种社交形式，初次见面时互赠礼品，既能够拉近交际双方的关系，缩短双方的距离，又能够增进感情，更好地结成长期的关系，甚至能够消除双方的摩擦和误会。在跨文化交流日益频繁的当下，送礼文化也成为探讨跨文化传播不可缺少的一部分。

虽然送礼是一种普遍的文化现象，但是不同的地域、风俗和文化背景造就了不同的送礼文化，因此在跨文化情境下送礼时需要提前了解礼品在对方文化背景下的

---

① 武丽梅. 非语言交流在跨文化交流中的重要性［J］. 青年记者，2011（14）：23－24.

独特内涵和寓意。例如，中国有着悠久的送礼文化，送礼在人际交往中有着重要的作用。这是因为中国自古以来崇尚内敛和含蓄，通常不习惯于直白、露骨地表达情感，因此礼物作为情感的寄托和"信息的传递者"就发挥着重要的载体作用。在这种语境下，礼物的价位和档次，成为衡量交际双方感情深浅的重要指标。一般而言，礼物档次越高，价值越大，越能够体现送礼人的心意。但是，在大多数西方国家中则避免送过于贵重的礼物，因为容易被认为是贿赂。譬如，对英国人而言，高级巧克力、红酒、鲜花都是比较适合的礼物选择。

在送礼之前，应首先了解对方所处文化下的送礼禁忌。譬如，向来自中国的交流对象赠送钟表就是禁忌，因为汉语中"送钟"与"送终"有同音，而"送终"暗示对方短命的意思，对中国人而言是大忌，因此应避免将钟表作为礼物；而在马来西亚，钟表作为礼物则是友谊的象征。此外，在跨文化情境中送礼，礼物的数量和颜色尤其需要关注。譬如，在中国，双数是吉祥、成双成对的象征，送礼一般以双数为宜。同时，中国讲究喜庆、红火，礼物一般以红色为宜，白色一般用于丧事。而在西方国家，"13"是不吉利的数字，因此送礼时应避免选择带有数字"13"的礼物，同时忌讳用黑色或白色材料包装礼品。

五、时间学与文化

对时间的认知、价值判断和使用称为时间学，时间学是跨文化交流中的重要组成部分，也是区分文化的手段。不同文化下的人对时间的概念、设定和建构时间的方法是不同的，因而，时间在某种程度上是一种重要的沟通工具。一般而言，时间在跨文化交流中可以传达两层含义：第一层是沟通的时长能够反应交流的价值大小；第二层是不同文化下的人由于受不同文化价值的影响，对时间的运用是不同的。

时间是一种重要的文化特征。根据时间观念的差异，索绪尔最早提出了共时性（monochronic）和历时性（polychronic）两种语言哲学概念。历时性与共时性是两个互相联系的模式。依据索绪尔的观点，历时性好比事物，而共时性好比对事物的平面投影；历时性好比棋局对弈的过程，共时性好比下棋所遵循的规则。列维－斯特劳斯（Claude Lévi-Strauss）[①]把索绪尔语言学中的结构主义观点应用到文化人类学

---

① 克劳德·列维－斯特劳斯，法国著名人类学家，与弗雷泽、鲍亚士共同享有"现代人类学之父"美誉。他所建构的结构主义与神话学不但深深影响人类学，对社会学、哲学和语言学等学科都有深远影响。

的研究中，其中，最著名的是对巴西中部的印第安人部落的人类学考察。他提出在原始部落历时的迁移变动的生活中存在基本稳定的亲属结构，所以原始人类的禁忌、图腾和神话故事中都包含共时性的结构。①

具体在跨文化情境中，共时性观点被普遍理解为某一时间点上聚焦一项任务，自足的功能系统。共时性文化下的人们认为时间十分宝贵、不应该被浪费，重视时间管理，例如，北欧和美国都属于低语境文化的国家，对待工作采取的是严格的时限管理和任务导向，具有明确的时间规范，通常只有完成某一任务之后才进行下一个，而且常常将不重要的工作安排在后面或者直接忽略。历时性文化则对日程和时间管理随意性较大，习惯于同时进行多项任务。相比之下，历时性文化下的人们更重视人际关系而非时间安排。拉丁美洲的大多数国家都属于历时性国家，譬如，巴西人对时间的态度就比较随便，在与巴西商人商务谈判时必须准时赴约，但如对方迟到1~2个小时也应谅解。

根据国家视域下时间观的不同，霍夫斯泰德在《文化的效应》一书中提出了国家文化的第五维度——长期导向和短期导向维度。短期导向指注重当下的、短期的结果；而长期导向是指凡事都考虑到未来的倾向和发展，而并非只关注当前的利益。中国、韩国、日本等东亚国家是典型的长期导向型国家，尤其注重社会和谐和长远目标；而加拿大、英国、美国等西方国家则更加重视当下的结果，在商务谈判中尤其体现为立竿见影和急功近利的风格。

第三节 如何提升跨文化传播情境下的非语言传播能力

全球经济的分工，世界文化的融合，加大了对跨文化传播和交流的需求，而非语言行为是跨文化传播过程中极其重要的一环。非语言行为的作用十分多样，既能传递出语言无法描述的情感，又能够补充、重复和强化语言表达的内容，甚至可以表达与语言表达传递出的意义完全相反的内容。在大多数情况下，非语言信息相对于经过思维加工的语言信息而言，往往可靠性和真实性更强。请看以下案例：

---

① 张庆熊. 语言与结构主义方法论：从索绪尔出发的考察 [J]. 社会科学，2020（5）：111–122.

在不同的国家，目光交流的含义存在差异甚至完全相异。例如，中国、日本和韩国等国家，长时间盯着对方是不礼貌的行为；在美国，眼神的交流却是自信、真诚的表现；在英国，人们倾向于注视对方的眼睛，以展现自身的绅士风度；在南美国家，眼神交流意味着相互信任的关系；在中东阿拉伯国家，人们常注视着说话者以表示尊重，特别是面对长辈和朋友时。

不仅是目光交流的差异，不同文化背景下的人们在面部表情、空间距离、身势语言等方面都有不同的使用差异。由于非语言行为是一个复杂、综合的表意过程，除了文化背景，我们还需要结合具体情境和交谈双方的人格特征来分析这些差异。因此，在跨文化交流过程中，既要把握好非语言行为背后的文化意涵和特征，掌握好不同文化下的非语言特征差异和禁忌，也要综合关注具体的身体语言、间接性信息和非语言行为发生的具体情景等。

一、综合使用和调整身体语言

赫拉克利特（Herakleitus）[①]曾说，更准确的见证者是眼睛而不是耳朵。相比于语言行为，非语言沟通往往是潜意识的、未经思维过滤的行为，因而能够传达更多的真实信息和态度。在实际交流中，非语言信息可以分为两大类：一种是身体直接发出的信息，包括面部表情、肢体语言、副语言系统、触摸行为等；另一种是由个体和环境相作用发出的间接信息，如空间距离、时间控制和沉默等。各类非语言行为在交流过程中经常综合地发生作用、产生影响。在跨文化交流过程中，不仅要关注对方的语言，还要结合谈话语境分析对方的非语言行为及其背后的含义，尤其是身体语言。通常情况下，身体语言需要搭配语言共同使用，且需要根据交流情境、地区环境、交谈双方的关系等因素综合调整和变化。

其一，外表对人的影响不亚于语言，对外表的管理能够一定程度上反映人的性格、身份、情绪、体形等信息，在跨文化交流过程中需要尤其注意。在跨文化情境下面对陌生人，由于语言不通和文化差异，我们首先就是通过外表形成对他人的基本判断的。肤色是体现文化差异的最显著身体特征，是决定人际反应的有力身体刺激。例如，研究表明白皙的皮肤对女性而言是一种资产，各类美白产品和广告形塑

---

① 赫拉克利特（约前544—前483），古希腊哲学家。

着人们对肤色的偏好：较白的肤色是女性年轻的标志，也是健康、生命力旺盛的象征。服装也是一种重要的外表交流方式，着装可揭示一个人的经济状况、教育程度、社会地位、道德标准、审美能力和信仰体系，是一种重要的文化取向。例如，在西班牙，社会地位高的人在炎热的夏天仍然穿西服、打领带，这对他们而言是得体的穿着礼仪；在中国，正式场合下着装通常不超过三种颜色，应避免身着过于繁杂、暴露、鲜艳的衣服。

其二，身体语言是跨文化交流的一个重要特征，可以从交谈对象的表意姿势、站姿、走姿和手势等方面分析。首先，不同文化有不同的表意姿势，例如，在日本，鞠躬是一种复杂的礼仪行为。一般而言，地位低的人应先向地位高的人鞠躬，且幅度应比后者大。在印度，人们的问候方式为合十礼：行礼时，双掌合于胸前，十指并拢，以示虔诚和尊敬。其次，坐姿和走姿也是文化特征的表现形式。双腿交叉，将一只脚踝放在另一条腿的膝盖上，是美国男性的经典坐姿，但这在沙特阿拉伯、埃及、泰国等国家会被视为侮辱。泰国人认为脚是身体中最低的部位，用脚指向任何人都是不礼貌的行为。在欧洲，人们行走时常常保持双腿直立、从不弯曲；而东亚人走路则相对随意和缓慢。最后，手势也有丰富的形式和内涵，具有文化特殊性。例如，"V"字手势在美国表示和平与胜利，在中国、日本、韩国、泰国等国家除了表示胜利，在年轻人的圈子里还有"可爱"的意思，但是在南非、澳大利亚、爱尔兰等国家，如果手背朝外做出该手势则代表侮辱的意思。

其三，肢体接触也是一种表现力很强的身体语言，是情感和心理的反映，不同文化下对触摸行为有不同的习惯与禁忌。触觉是人类最早发育成熟的感觉，在胚胎期最后阶段就产生了，并在生理特征不断发展的过程中受到文化的塑造。触摸禁忌一般有很深的宗教传统，例如，在伊斯兰国家，左手被认为是不洁的，魔鬼都是左撇子，因此问候他人、进食、给客人端水递茶等都忌用左手。性别也是其中一个重要禁忌维度，不同文化对异性之间的触摸有不同的规范。例如，正统犹太人或者伊斯兰原教旨主义者从不与女性握手或有肢体接触，这是他们的一项重要的文化禁忌。在大多数东南亚国家，公共场合下异性间的交谈不仅会避免触摸，也会注意避免其他身体接触行为。

二、综合使用和把握间接信息

如前文所述，跨文化交流情境中除了由身体直接传递信号，还有周遭环境、空间距离、时间控制等因素传递的间接信息，这些间接信息同样能够反映交流的顺畅愉快与否。间接信息通常扎根于文化，受到不同国家、地区文化的塑造和影响。因此，要提高跨文化交流的能力，应该将间接的非语言信息和文化差异结合起来分析、综合把握，尤其应关注不同文化下使用间接信息的禁忌，减少交流中的误会与隔阂。

其一，交谈环境极大地影响交谈双方的情绪和注意力。以商务谈判场合为例，一般而言，影响谈判场合的因素主要包括光线、声音、温度、色彩、背景装饰等。光线既可以利用自然光源，也可以使用人造光源，使用时注意保持光线的亮度和柔和度；在挑选交谈场地时，应避开喧闹区、高速路附近等地，保证安静的环境，同时要提前做好室内噪音防范工作，避免电话铃声、无关人声等，必要时可以使用隔音设备；室内应开启空调和加湿设备以保证合适的温度和湿度，同时要保证空气清新与正常流通；在室内陈设方面，应保持家具、门窗和墙壁色彩的和谐统一，沙发和桌椅应简洁、大方，可以适当搭配壁画、工艺品、花卉和植物等装饰，但不宜过多、过于繁杂，以免造成不佳的观感。

其二，交流双方的距离及变化也是需要关注的重点，包括个人空间、座位安排和陈设摆放等。个人空间是一个社会心理学概念，指在人际交往中，交际者身体之间保持的物理距离。爱德华·霍尔进一步将个人空间分为四种：亲密距离、个人距离、社交距离和公共距离，在不同的关系下应遵循不同的空间距离要求。安排座位在交际场合也是一种礼仪，例如，中国对方位和座次的安排有很严格的讲究，这主要由于中国的等级和尊卑观念。一般而言，座位以居中为上、居前为上、以右为上、以远（离房间门越远，地位越高）为上。除了座位安排，陈设摆放也往往体现着一定的空间距离和礼仪规范。例如，中国传统文化对空间陈设就很有讲究，并涉及中国的特殊文化——风水学① （practice geomancy）。如家中一般在客厅摆放字画、绿色植物等陈设以增添生命力，不将镜子面对床摆放，不将床置于窗台底下等。

其三，时间是另一种重要的提供间接信息的形式，我们需要关注时间和文化的关系，尊重和接受不同文化下的时间观念差异。如有关准时的概念，不同国家有不同的看法：在美国和英国，商业性会议迟到 5 分钟是允许的，但迟到 15 分钟则不被允许；在阿拉伯国家，迟到 15～30 分钟被认为是完全正常的；德国人则非常注重准时，认为遵守时间规定是责任感的体现，也能够节约双方的时间。因此，在商务谈判中，持线性时间观念的德国人倾向于速战速决，提高谈判的效率，尽可能在短时

---

① 风水学源于中国古代地理学（古称"堪舆"），是一门玄术，研究天道、地道与人道的关系。从现代学科分类来看，"风水"思想其实包含了地球物理学、天文气象学、环境景观学、生态建筑学等相关学科知识，是一种研究环境与宇宙规律的哲学。

间内解决商务贸易各个环节中的问题。而对于习惯多线任务同时发展的中国人而言，商务谈判更加注重长期合作的可能和伙伴关系的推进，并且习惯同时谈论多个议题，谈判过程的灵活性较强。

三、注重非语言行为使用的情境

在跨文化交流中，不同文化情境下有不同的交谈对象、氛围、内容等，因此使用非语言行为也有相应的差异，我们应视情境的变化做出适当的改变。下面以商务交际和商务英语教学两种情境为例，介绍跨文化传播中的非语言使用情境。只有将实际应用和理论学习结合起来，才能更好地发展非语言交际的能力。

1. 商务交际情境

在开展商务洽谈之前，应事先了解谈判对方的文化特点和相关文化禁忌。首先，需要提前了解外国洽谈者所在文化中的非语言行为习惯，这些文化习俗可以从当地的商务联络人处获取，包括应该如何有效地寒暄、什么手势是禁忌、眼神交流的习惯、交谈时如何保持合适的空间距离、有无不成文的谈判规定、洽谈一般持续多久，等等。其次，在提前了解对方的非语言谈判习惯之后，客方应主动调整并适应对方的谈判习惯，以保证谈判过程顺利推进。例如，来自中国的谈判者通常习惯在谈判之前建立良好的合作和信任关系，因此，在与中国的谈判者洽谈之前，应先安排适当的、有助于增进关系的活动，如共同游览景点、举办商务晚宴等。最后，置身商务谈判环境中时，往往会对他国谈判风格和交流模式感到不适应，产生文化休克，此时应保持良好、积极的心态，增强自我调节能力、尽快适应当地文化习惯和环境。

2. 商务英语教学情境

科技进步和时代发展加速了全球化进程，各国间的经济、文化、科学、商务交流空前频繁、联系日益紧密。在这种背景下，跨文化商务英语教学作为一门新兴学科飞速发展。商务英语通过培养学生掌握英语听说读写、跨文化传播、国际商务知识与实操、宏观经济学、微观经济学等知识和能力，为国际商务贸易活动提供综合性人才。

商务英语教学是为了培养商务人才的，因此必须重视培养跨文化交流能力。但是，中国传统的英语教学模式常常忽略对学生非语言交流能力的培养，导致在跨文化商贸交流中产生不少文化折扣和误会。因此，商务英语教学情境应该更加注重跨文化传播能力的培养，尤其需要注意发展学生的非语言能力。首先，教学需要侧重梳理和介绍非语言行为的相关研究。目前，学界已经对非语言行为做了细致的划分，包括副语言学、身势学、近体学等诸多学科，以不同的非语言形式分析跨文化传播中的问题。其次，要加强学生对跨文化理论和英美国家历史背景的掌握。在商务交际情境下，一个不当的表情或手势都有可能毁掉一次重要的商务合作。因此，学习和了解文化背景和禁忌就显得更为重要。最后，在实际教学过程中要注重还原商务交流的情境，避免单一的语言教学和知识输出。可以通过使用案例教学法，设置商务交流的具体场景，以便学生身临其境进行学习，从而将语言和非语言交际能力有机地结合起来，更好地比较自身文化与交流对象文化的特点。

随着计算机技术发展和互联网逐渐走进千家万户，网络聊天室（Internet Relay Chat，缩写为 IRC）的出现弥补了由地理距离导致的无法面对面交流的情况，不仅降低了交通成本，也产生了新的交流规则和非语言行为，为人们提供了全新的交际空间和途径。网络聊天室中的非语言交流主要通过将身体动作符号化，尽可能地还原面对面交流情境中的肢体语言。这种还原肢体语言的网络用语融合了语言交流和非语言交流的特点，成为一种新兴的、仅存在于互联网中的非语言交流模式。[①] 例如使用标点符号将词语框定起来，以表示伴随文本生成的反应动作或表情，如"（笑）""（难过）"等；或通过颜文字表达情感和态度，如"┐（￣д￣）┌"（无奈地摊手）和"ヾ（￣▽￣）Bye~Bye~"（开心地告别）等。

四、新媒体时代非语言形式的对外传播

在新媒体不断发展的环境下，各类社交平台成为全球用户展现自我、表达态度、交流文化的重要渠道。得益于全球化和新媒体的发展，各个国家之间的文化交流空前频繁，国际传播的主体范围也不断扩大，不少自媒体成为对外传播、讲好中国故事的主力。然而，在跨文化交流过程中，由语言不通导致的交流障碍不在少数。在此情况下，侧重非语言的传播策略就成为重要的对外传播方法，不仅减少了翻译语言的步骤，而且依赖视觉传播（visual communication）的方式能够最大程度上减少文化折扣，从而更加准确地传递文化内涵，同时让传播内容更加生动。

在新媒体时代推动跨文化交流，一个重要方式就是创新文化表达形式和表述方式，积极推动优秀文化借助社交媒体平台"出海"。舞蹈作为一种超越族群、地域

---

① 李艳，韩金龙. IRC：聊天室非语言交际研究［J］. 外语电化教学，2003，4（6）：7–11.

和国家差异，通过身体律动和面部表情渲染情绪、传达意义的艺术呈现形式，在历史发展和文明延续的过程中发挥着重要的作用。在新媒体时代，中国传统舞蹈通过展现独特的身体符号和场景情境，成为一种跨民族、跨地域、跨语言的交流方式，焕发了新的生命力。因为相比于文字叙述，图像和视觉呈现是更能够传递意义的表现形式。例如，《中美舞林》对抗争霸赛是由灿星制作打造的跨国舞蹈特别节目，由中美双方各派出 12 名优秀的舞者对阵，中国队选手擅长的舞种包括古典舞、芭蕾舞、现代舞、爵士舞、民族舞和街舞等，其中藏族古典舞《天遇》、水袖舞《水月洛神》等表演收获了海外网友的点赞和极高评价，以舞蹈形式传了中华文化的意境和深层内涵。这让海外观众不仅能够欣赏全然不同的舞蹈形式，同时也能在舞蹈中感受细腻、意蕴深长的国风文化，最大限度地达到共同交流的意义。

在全球文化不断融合、碰撞、交流的当今世界，中国的文化交流除了创新输出方式，还要吸引海外优秀文化进入中国传播，加强文化间的合作和交流，其中非语言形式的文化占据了重要地位。以街舞（Hip-Hop）为例，该舞蹈形式起源于 20 世纪 60 年代末的美国纽约和加利福尼亚州，是聚居在贫民区的非裔美国人十分喜爱的舞蹈形式。随着跨文化交流的深入，街舞于 20 世纪 80 年代中期传入中国。街舞背后蕴含的嘻哈文化以及其传递的张扬个性、表达自我、勇于接受挑战、创造人所不能的精神内涵，契合了中国年轻人的精神追求。2018 年视频流媒体平台优酷推出的街舞选拔真人秀《这！就是街舞》让这种舞蹈形式在中国重新受到追捧。该节目邀请海内外著名的街舞舞者担任评委、参加比赛，选手通过对抗和表演的形式，对街舞的展演方式不断创新，在美式文化中融入中国文化元素。借助流媒体视频平台与短视频社交平台的传播，中国观众重新认识了狂放、张扬又饱含生活哲学的街舞，直观地体验了不同文化背景的舞者对街舞酣畅淋漓的诠释：一方面，节目组将中国文化符号与赛博朋克美学元素相结合，把中国红的大宅门、海派弄堂、岭南骑楼同以满墙涂鸦、篮球架与滑板赛道等作为街舞发源地的美式街头完美嵌套在同一舞台布景中，让海内外观众都拥有熟悉却又极具文化冲击力的视觉体验；另一方面，节目中拥有不同文化背景的街舞舞者将自己对于美式文化、中国文化的理解融汇至舞蹈的展现中，比如太极、中国少数民族舞蹈形式，又或是熊猫、春节等中国文化符号，让海内外观众体验到了不同文化以非语言形式特别是文化符号形式交往、融合、贯通的可能性。《这！就是街舞》先后在马来西亚、新加坡、泰国等 10 余个国家和地区电视台播出，首次实现了中国节目模式的成功出海，成为非语言形式跨文化传播的典型案例。

复习思考题

1. 名词解释：非语言交流；副语言线索；身势学；触觉学；空间关系学；副语言学。

2. 非语言沟通具有哪些特点？

3. 如何理解非语言行为研究的四个门类，即身势学、触觉学、空间关系学和副语言学？

4. 非语言行为具有哪些功能？

5. 如何理解空间距离与文化之间的关系？

6. 如何理解时间观与文化之间的关系？

7. 谈谈可以从哪几个方面提升跨文化传播情境下的非语言传播能力？

第七章

跨文化传播的重要场景

在当前全球新形势下，跨文化传播已经延伸至更广的领域，其实践方式也呈现出更加多元的态势。本章选取四个常见的跨文化传播场景，详细介绍和分析当下跨文化传播的常见情境和问题。

第一节　旅游中的跨文化传播

旅游促进各国文化在不同地域之间的交流和融合，是一种跨文化活动，而旅游中的文化交流也越来越成为跨文化传播的重要议题。根据世界旅游组织（UNWTO）发布的《2019 年国际旅游报告》，中国已成为全球最大的游客输出国之一。有学者根据"跨文化传播"概念延伸出了"跨文化旅游"这一概念。田穗文将旅游跨文化传播定义为承载着至少一种文化的旅游者到具有与其不同文化背景的旅游地从事旅游活动。① 林红梅指出，跨文化传播既包括不同语言背景的民族成员之间的交往，亦包括同一语言的不同民族成员之间的交往。而文化差异是跨文化传播的基础，也是跨文化旅游的动机。②

一、旅游中的文化认同

跨文化旅游时，文化差异会导致游客与当地居民之间产生大大小小的摩擦或碰撞。因此，了解跨文化旅游中的文化差异有助于提高跨文化传播能力，增强对旅居地风俗习惯、人文风情的理解，更好地体验和融入当地生活。例如：

> 小费是欧美国家最常见的一种文化行为，在很多餐厅或酒店，一些服务人员在为顾客服务后都会索取小费。这种小费制度并不是一项法律规定，而是当地一种约定俗成的习惯。这是因为人力劳动在欧美国家是非常昂贵的，而服务员的薪资水平普遍较低，很多服务员都会通过索取小费的方式提高自身收入。但是这种现象在中国极少存在，因此对于出国旅游的中国

---

① 田穗文，龙晓明．旅游发展中的跨文化研究［J］．经济与社会发展，2003，1（7）：30－34.
② 林红梅．论跨文化旅游交际［J］．黑龙江社会科学，2005（4）：106－108.

公民来说，小费文化是一项需要了解和适应的文化。

旅游发生在复杂的社会和经济背景下，一方面，旅游业能够为旅居地带来利益，促进旅居地商业繁荣、对外文化交流和本土文化国际化等。当地居民在与游客互动时也能形成一种文化自豪感，同时旅游者的到来也能为本地居民提供一个探索外界的窗口。另一方面，旅游也会给旅居地带来一些负面影响，如本土文化商业化、破坏文化遗产、景区过度开发、破坏生态环境，以及过多游客短时间集中于同一地点造成人口污染等问题。此外，旅游对旅居地的社会、文化、道德观的负面影响也很突出，常常会引发当地居民与当地政府或开发商之间的冲突与矛盾，从而不利于旅居地的可持续发展等。

文化认同涉及人们对自身身份存在以及自身与时间、空间关系的反省与思考。只要生存于社会、参与社会生活，寻求认同便成为人们无法逃避的命题。斯图亚特·霍尔（Stuart Hall）提出，认同是建立在个体对自身以及自身同他人或群体拥有的共同起源或特质产生认知。① 地方认同、文化认同和自我认同是旅游行为中的三种重要认同。

地域不只是一个自然空间概念，同时也包含了人的行为与文化特质，呈现出一种"文化景观"。每个人都存在于一定的空间，并与之建立起一种关系或情感依恋，这种对某地的情感依恋就是地方认同。对于旅居地当地居民来说，游客带来客源地文化和跨文化信息，这些都会不可避免地影响当地的地方认同，最突出的表现就是驱使当地居民重新思考和建构对所处地域的认知和定位。例如，由于夏威夷旅游业蓬勃发展，当地人开始认为夏威夷不再仅仅只是太平洋上的岛屿之一，并开始为夏威夷建立"世界旅游胜地"的地方认同。对地方的文化认同一般表现在物质的、可见的层面，如旅游地的实体景观往往体现出不同的人文风貌，呈现出一定的文化符号。以摩登都市与古村之间的差异为例，两者之间的文化差异就是由各种各样的符号化建筑来体现的，如广告牌、霓虹灯、摩天大楼、各种绚丽商业橱窗等塑造出一个现代化的时尚都市；② 而修葺的古老城墙、石板小路、汨汨溪水则体现了一个古村落的历史韵味。这些文化符号都可能影响当地的生活方式、消费模式、社会劳动结构等多方面的地方认同。

---

① HALL S. Who needs identity？questions of culture identity［M］. London：Sage，1996：18.
② 何春蕤. 台湾的麦当劳化：跨国服务业资本的文化逻辑［J］. 台湾社会研究季刊，1994（16）：1－19.

文化认同是个体或群体在文化层面追寻自己的身份归属，具有一定的追寻意味。旅游行为给旅游者带来的不仅是地域空间的位移，还有文化场域与文化环境的转换。跨文化旅游行为凸显了文化差异，由此刺激旅游者意识到文化身份这一存在形式，并在转移的过程中持续反思、理解、建立多样的文化认同。旅游中的文化认同有两种形式，一是对自身家乡文化的追忆与理解，是一种家乡认同；二是延伸到民族认同与国家认同。穿梭于异域文化的旅游者不单是探秘者，也是被文化差异阻隔的边缘人、介于两种文化割裂带之间的参与者与适应者。比如，从中国到外国的旅游者一方面在旅游过程中能够发现与家乡类似的文化，产生浓浓的家乡情结；另一方面又能通过对比感受到祖国的繁荣昌盛，产生国家认同与民族认同。

此外，在旅游过程的文化交融与碰撞中，旅游者亦可以完成自我认同。对旅游者来说，旅游使得"自我"与"他者"相遇，在对"他者"的观察中，"自我"亦被对照式地重新审视与反省，并重新建立对内在"自我"的二次认同。旅游从空间上迫使旅游者跳出自身的生活圈，前往异地寻求愉悦。旅途中，文化差异促使旅游者在自身既有认同之上与旅游过程中遇到的人、事、物产生对话或碰撞，进而形成各种形式的新认同，此间亦促使旅游者重新对自己和他人产生深层次的认知。

二、旅游中的文化交流

随着人类经济和文化水平不断发展，来自不同国家、地域和文化背景的旅游者为旅居地的文化系统注入新鲜血液，并在与当地居民互动时，间接影响了旅居地的经济、文化、社会等不同方面。旅游者本身具有一定的生活背景，通过旅游接触和认识更多的文化类型，与之产生的精神上的碰撞会大大丰富文化的内涵，最终使旅游涉及的各种文化元素得到传播和扩散。旅游者与当地居民之间的相互影响主要体现在两个方面：一是旅游者的到来带来的跨文化元素会对当地居民产生影响；二是当地居民对旅游者的态度也会反作用于旅游者在旅居地的体验与文化认知。

一方面，旅游为旅游者提供了一种直接而真实的互动和感知，个体通过身体感官接触真实的世界、真实的文化和文化差异，而不是将文化同文化之间、个体同文化之间的对话局限于媒介创造的映像世界。[①] 旅游者在旅途中通常会同三类人员产

---

① 李蕾蕾. 跨文化传播及其对旅游目的地地方文化认同的影响 [J]. 深圳大学学报（人文社会科学版）2000，17（2）：95－100.

生人际交往，包括旅游服务人员、当地居民和不同文化背景的其他旅游者。旅游服务人员指为旅游者提供旅游必需的吃、喝、住、行等服务的人员，旅游者同旅游服务人员之间的交际活动通常具有商业性和职业规范特征；当地居民主要指旅游地的民众，与旅游者之间的跨文化传播具有偶然性特征，较多发生于独立旅游者，且独立旅游者同当地居民的交际行为往往更为深入；其他旅游者指的是从不同客源地前来的旅游者，在面对同一旅游地的文化时，他们的身份是极其接近的，但不同客源地的旅游者之间也会发生跨文化交流行为。

另一方面，跨文化旅游的游客对当地居民产生的影响可能会表现为以下四个方面：① 第一，境外旅游者的跨文化旅游行为会增强当地居民与外界文化交流的渴望。涌入旅游地的外地旅游者带来的跨文化信息会打破当地居民相对稳定一致的文化生存状态，进而刺激当地居民模仿外来文化。第二，跨文化旅游能够促进当地居民加强对自身传统文化的认同。跨文化旅游者同当地居民间的文化差异刺激当地居民重新反思自身文化价值，并产生保护地方特色和民族风格的意识。第三，随着旅游业的开发与发展，当地居民在与境外旅游者沟通的过程中，会更加重视自身的文化涵养和教育水平。第四，在跨文化旅游的旺季，旅游者大量涌入可能导致当地生态环境恶化等问题，因而引起当地居民重视周边环境问题。以上跨文化旅游中旅游者对当地居民的影响，可以敦煌为例：敦煌是我国西北地区重要旅游城市之一，被称为国家历史文化名城、东亚文化之都。"敦煌石窟""敦煌壁画"闻名天下，敦煌地区有著名的敦煌八景，包括月牙泉、沙泉、鸣沙山、莫高窟、雷音寺、民俗博物馆、白马塔、白云观、阳关，每年都接待大量境内境外旅游者。因此，当地居民往往会遇到各种不同地域文化相互交流和影响的情况，当地人在生活方式、民俗民风、文化特征和价值观念等方面与外地旅游者进行多重的交流与融合，从而对当地文化与生活习惯产生了一定影响。

可见，旅游无论在经济层面还是文化层面，都具有极强的互动性质。跨文化旅游情境下，当地居民在心理、行为等各个层次或多或少都会受到与旅游者互动所带来的影响。不仅是外国旅游者入境中国的跨文化旅游，中国旅游者的跨境旅游亦是如此。当中国旅游者迈出国门，他们就成为一种跨文化传播的活的符号与国家象征。对于旅行目的地的国家和民众而言，中国旅游者的言行举止不仅代表个人，还附带

---

① 梁旺兵，史雯. 跨文化旅游对旅游地居民心理及行为的影响研究：以敦煌当地居民为例 [J]. 中国农学通报，2012，28（6）：312－316.

着大量跨文化信息，传递着一种文化感知、塑造着一种文化形象，一定程度上也代表着中国的国家形象，从而直接促进国家间的文化交流。① 因此，如何提高旅游者跨境旅游的行为规范和文明意识，也是"跨文化旅游"研究的重要议题之一。

第二节　商贸中的跨文化传播

在全球经济一体化、地区经济集团化的背景下，以跨国公司为主体的跨国贸易推动着不同文化突破原有的地域，从而发生跨文化传播和交流。跨国贸易这一概念一般有两种解释：狭义上的跨国贸易是指各国间的商品流通和劳务贸易；广义上的跨国贸易既包括各商业生产者和经营者从事的商品交换和买卖活动，也包含与之对应的跨境报关布置、跨境交易机制、跨境结算等程序。

跨国商贸活动离不开特定的跨文化交流背景。由于不同国家之间存在文化差异，各国的商贸活动在思维逻辑、价值观念、运作方式等方面也有很大的差异。因此，在跨国贸易中，若不了解他国的文化观念、风土人情、商业准则等文化背景，就有可能引发矛盾冲突甚至导致贸易失败。

2018 年末，意大利奢侈品牌杜嘉班纳（Dolce & Gabbana）计划在上海举办一场时装秀，提前邀请了 60 位明星出席，其中十几位将与 360 名模特一起走秀，展示 500 套时装。如果能够顺利进行，这场 "The Great Show" 无疑是杜嘉班纳当年在亚洲发布的最大规模的时装秀。然而，一场出人意料的转折在大秀开场前上演了。导火索是杜嘉班纳于 11 月 17 日在 Instagram 和微博分别发布的一则以 "D&G 爱中国" 为主题的广告宣传片《用筷子吃饭》，片中一名亚洲模特两手各执一筷，吃着意式比萨，旁白把 "筷子" 形容成 "小棍子"，而称 "比萨" 为 "意大利的伟大传统"。这一视频激起一大波负面评论，有人认为外国品牌缺乏对中国文化的了解，做出了错误的解读，还有人认为这是对中国文化的不尊重。

其实在整个东亚、东南亚，筷子都是最主要的餐具。筷子并非简单的

---

① 蒙慧林. 中国大陆出境旅游公民的媒介形象研究［D］. 重庆：西南大学，2016.

小棍子，而是具有一头圆一头方的形制，表示"天圆地方"的东方哲学思想。筷子不只是进食工具，还包含了中国人朴实的世界观。而相比西方的刀叉礼仪，筷子的礼仪只多不少，如：不可三长两短（筷子长短不一，诅咒会出事），不可品箸留声（嘬筷子发出声音，不礼貌），不可仙人指路（用筷子指别人，大不敬），不可当众上香（把筷子竖直插在米饭里，就像上香一样），不可击碗发声（敲碗就是要饭），不可执箸巡城（筷子在菜里划拉，不礼貌），等等。

这场风波的最后结局是，众多参与秀场的中国明星纷纷表示不会出席这次活动，也有代言人提出解约，最终，原本定在上海博览中心举行的杜嘉班纳时装秀临时取消，主流电商下架相关产品。

由以上案例可知，对企业来说，跨国商业不仅是简单的贸易问题，而且是一种重要的跨文化交流。因此，了解所在国的文化背景和相关习俗，由此确定相应的经济理念和实践操作、有效把握跨文化管理，是十分重要的。

一、跨国商贸中的文化冲突

进入 21 世纪，全球经济联系空前紧密，众多跨国公司的经营方针逐渐从以本国为中心转变为以全球为中心，"企业经营无国界"成为新常态。但与此同时，不同国家、民族和地区之间的文化差异所带来的矛盾和冲突，文化"水土不服"的现象比比皆是，文化因素对跨国企业的成功经营越来越重要。因此，了解文化差异、满足不同文化背景的消费者需求，成为国际市场营销和跨国企业成功的关键。请看以下案例：

美国通用集团曾试图让旗下的高档汽车品牌凯迪拉克进军日本市场，但带有鲜明美国气质的凯迪拉克没能赢得日本人的青睐，在日本的经营遇冷。之后通用集团调查发现，日本车主在用车喜好上与其他国家的车主相比，有明显的不同。比如，日本人喜欢装饰汽车的后座靠背，把座位用高档丝绒包起来，而不是用奢华的皮革。另外，日本文化的特色是沉稳、内敛，与欧美截然不同。因此日本人心目中的豪车，并不是雷克萨斯，也不是宝马，而是丰田 Century、日产 President，这些品牌在日本享有盛誉，经久不衰。因为在日本，丰田 Century 和日产 President 是王室和政府的专用汽车，很少出口，能够代表日本文化中庄重、高雅的一面。

而反之亦然，具有鲜明日本特色的豪华轿车，也往往很难占领西方市场，因为日本人与西方人的消费习惯和用车习惯有很大差别。因此，日本汽车制造商为满足欧美消费者的需求，推出了一批全新的汽车品牌，如丰田旗下的雷克萨斯、日产旗下的英菲尼迪等，这些都取得了很大的成功。

1. 跨国公司的文化差异

跨国公司的企业文化由于各国和各民族文化背景的差异，也往往有截然不同的特色。依循霍夫斯泰德的文化模型（详见第二章）分析如下：

（1）个人主义和集体主义维度方面，社会对个人利益和集体利益的关注度不同。欧美国家倾向于个人主义，而中国、日本等亚洲国家则偏向集体主义。在中国，国家就是最大的集体，国家之下按照等级和类型又有各种各样的集体形式。当个人利益与集体利益发生冲突时，个人往往需要服从和维护集体利益。相比之下，美国基本没有这种观念。

（2）权力距离维度方面，处于社会底层的人在权力分配中所能承受的权力不平等的程度不同。中国文化属于高权力距离文化，跨国公司中的中国员工往往重视上下级关系，对各层级的显著差异视若平常。但多数西方国家则属于低权力距离文化，即无论谁都没有明显的、区别于他人的特权。因此，西方国家跨国公司的组织结构常呈现扁平化的特征。

（3）对不确定性的规避维度方面，避免和控制不确定性的程度不同。在高度回避不确定性的文化中，社会通过法规章程、保险措施和信仰绝对真理等方式，尽量避免任何不确定因素，以维持社会的稳定状态。而在不太排斥不确定性的文化中，社会更容易接受不正常的看法和事件，更容易包容各种思想和主义。就跨国公司而言，它们也有对不确定性规避程度的高低之分。有的跨国公司（如东亚企业）倾向于规避风险，若对未来没有大的把握，在竞争激烈和可预见性较差的贸易环境中容易墨守成规。有的跨国公司（如美国企业）则对不确定性有较高的接受度，对风险的把控意愿和能力较强，创新精神和开拓意识往往也更为显著。

（4）男性特质和女性特质维度方面，在特定社会中，男性特质（如竞争性、独断专行、坚强等）更多，还是女性特质（如谦虚、温柔、关心他人等）更多。比如，法国社会特别强调生活质量，表现出较强的女性化特征。在法国跨国公司的跨文化商贸活动中，人们更强调人际交往的和谐与生活质量的改善，注重维护团队的良好工作环境。

（5）不同文化的价值取向和习俗礼节差异巨大，由此造成母国不同的跨国公司之间的思维模式和经营方式明显不同，从而难免发生文化矛盾和冲突，给跨国企业的管理带来困难。因此，要想顺利进行跨文化商贸，就需要提前了解不同国家和企业的文化差异。

2. 跨国公司的文化冲突

文化差异带来的问题如不及时解决，就可能上升为文化冲突。这些冲突既包括跨国公司在进行商贸运营过程中，与当地政府、企业、消费者和其他相关群体打交道时发生的文化冲突，也包括来自公司内部不同文化背景的雇员之间的冲突。

（1）意识形态冲突。跨国商业广告常常携带着企业母国的意识形态，潜移默化地影响他国受众。而如果两国的价值观有冲突，企业没能提前了解目标国受众的意识形态倾向，那么就很容易发生意识形态冲突，进而难以达到推广效果，甚至遭遇抵制和围剿。意识形态冲突是所有文化冲突中最根本、最牢固的，对广告营销的影响也最大。

（2）社会心理冲突。社会心理由三部分构成：特定民族原生的、传统的社会信念，时兴的社会价值标准，以及一定的伦理观、道德观。一般情况下，民众的社会心理有相当坚实的基础，如果营销广告冒犯到他国民众的社会心理，那么营销效果必然下降，甚至直接影响该区域的商品销售。

（3）历史文化冲突。每个国家和民族都有自身的历史文化，有着或辉煌灿烂或悲痛耻辱的历史记忆。当商业广告跨越国界时，企业有必要提前了解他国的历史文化，避免触犯历史禁忌。例如，"九一八事变""南京大屠杀"等是中国人民非常沉痛的话题，不容商业行为玩笑亵渎。

（4）宗教信仰冲突。不同文化背景的宗教深刻影响着当地民众，跨国广告传播必须尊重受众当地的宗教信仰，否则很容易产生严重的负面结果。例如，日本某收录机公司面向泰国进行广告宣传时，选择释迦牟尼佛作为广告形象。广告画面里的佛祖一改肃静庄严的形象，身体随着音乐扭动起来，最后竟然睁开了双眼。泰国作为佛教之邦，将此举视为对佛祖的大不敬，并立即向日本提出外交抗议。而同样是跨国商业广告，美国连锁快餐品牌麦当劳在印度的推广就十分得当。麦当劳的大部分汉堡都以牛肉为主，而印度教认为牛是神圣的，所以印度人对牛肉很忌讳。麦当劳因此特地把汉堡包的原材料由牛肉改为羊肉，并通过广告宣传，成功进入了印度市场。这两个事例说明，跨文化商业广告必须尊重宗教信仰，只有这样才能有效推广商品。

（5）风俗习惯冲突。风俗习惯是特定国家和民族相对稳定的行为、倾向和社会风尚，由长期历史发展而来，并伴随一定的文化禁忌。因此，跨国商业广告不能触犯受众的禁忌，否则就会造成不必要的麻烦。如泰国和印度等东方国家都对性有忌讳，一旦广告中出现"性"这个词，就会冒犯当地的习俗。此外，在广告中使用数字、颜色、形状、身体语言等元素时需要仔细斟酌，因为这些元素在不同的文化中代表完全不同的意义。如中国将红色视为喜庆祥瑞的象征，而英语国家却把红色与暴力、流血联系起来；在中国的传统文化中，白色是丧葬中使用的颜色，而西方却把白色视为纯洁的象征，经常用于婚礼装饰；再如，"高露洁"牙膏广告主推亮白的产品功能，但这则广告在马来西亚却反响平平，因为马来西亚人认为黑黄的牙齿象征高贵，他们因此经常食用槟榔染黑牙齿。

（6）语言文字冲突。在跨国广告营销时，企业需要了解该国的语言文字，尤其是一些民谚、俗语和日常用语等，以优化广告的语言文本，获得当地民众的文化认同，否则就有可能造成语言文字方面的冲突和误解，影响传播效果。比如，中国的白象公司把英文商标翻译成"White Elephant"，直译看似妥当，但这个英文短语还有"华而不实之物"的意思。这样翻译，没有人会愿意买"昂贵而无用之物"。对英语文化不够熟悉正是这次广告传播失败的原因，而熟练应用当地语言并因此获得成功的品牌案例也有很多，如"Coca Cola"的中文名是"可口可乐"，既保留了原有读音，又包含中文的美好期盼；宝洁公司的洗发水品牌"Rejoice"，中文名定为"飘柔"，也在语言上获得了中国消费者的认同。

二、跨国商贸中的文化适应

由于常常遭遇文化差异与文化冲突，跨国公司需要通过跨文化管理以达到文化适应。跨文化管理的目标是，在完全不同的文化环境中开发出实用的组织架构和管理机制，实现企业资源的合理配置，最大限度地发掘和利用跨文化人事管理，从而使企业的总体效益最大化。做好跨文化管理要做到以下两点：

1. 树立科学的跨文化观念

第一，理性对待文化差异。跨国企业员工的国籍不同、文化传统不一，常常会出现不同的行为、观念和态度，造成一定的管理困难。但是文化差异有其客观基础，应当理性对待并积极寻求解决方案。同时，了解文化差异也是提高跨文化营销能力的必要条件。

第二，树立全球文化共同体意识。虽然文化差异普遍存在，但是大众传播和网络技术正在消弭人群和文化间的区隔，在世界范围内的文化流动和交融中，一种全球性文化正在诞生。跨国企业管理者要敏锐地发现不同群体的共同需求和全球市场动向，同时，公司总部和各部门也要加强合作，制定统一的区域差异标准，通过全球体系政策，形成全球资源共享。

第三，坚持以人为本。跨文化商贸往往在客观上促进不同文化的交融，从而产生新的文化。然而文化只有在具体的人身上才有价值，新的文化也必然要在员工的思想、态度、行为上体现出来。只有以人为本，跨文化商贸活动才能实现真正的跨文化交流。

2. 建立统一的企业文化

虽然价值观是很难改变的信仰，但是跨国企业管理者可以在心态上变被动为主动，积极顺应和调适文化环境，努力寻找不同文化的共同点，发挥多元文化的长处，在公司内部逐步建立统一的价值观念。一般可以通过以下方式实现文化融合和价值统一：

第一，在尊重不同的前提下，寻求一种可以接受的文化共性。例如，可以通过培训等方式提高企业员工对文化差异的敏感度，从而有效增强企业员工的文化识别与文化适应能力，促使他们寻找文化共性和共同话语。在此基础上，结合市场情况和公司需求，进一步构建统一的经营理念和企业文化。

第二，通过跨文化培训和吸纳当地优秀人才，促进企业融入本土文化。例如，跨文化培训不仅可以有效预防与应对跨文化冲突，同时也是一种学习当地文化的途径。需要学习的内容主要有：认识和理解相互之间的文化差异、语言文字和生活习惯、跨文化沟通和解决冲突的技巧以及当地企业的优秀商业思想和管理方式。

第三节 流行文化与跨文化传播

随着经济全球化和网络新媒体技术不断发展，源于西方社会的流行文化也开始在世界范围内流转、演变，成为各个国家政治、经济、艺术、教育以及日常生活的一部分，并由此影响整体社会文化的发展。例如，20世纪80年代说唱音乐传入中国，青年群体从过去十几年的社会动荡中走出来，结合自身际遇，对说唱音乐进行改造和传播，掀起了一股中国说唱音乐的热潮。可见只要环境允许，年青一代会根据自身精神需要，吸纳和整合外来的流行文化，从而实现外来流行文化的本土化。与此同时，本土的流行文化也会通过对外传播与交流，融入更广阔的世界文化。由此，流行文化逐渐在不同背景的主导文化之间碰撞、交融，从而进一步得到发展。

一、跨文化传播视域下的流行文化

流行文化研究可以追溯到雷蒙·威廉斯（Raymond Henry Williams）[①] 的"文化"及文化观。威廉斯认为，"文化"一词的发展记录了我们对社会、经济、政治生活领域的这些变革所做出的一系列重要而持续的反应，因此，"文化"本身就可以看作一幅特殊的地图，借助它，我们可以对种种历史变革的本质进行探索。[②] 由于文化的意义很复杂，并且没有一个能够统摄所有视角、所有学科的共识性内容，因此在研究或者提到文化时，我们通常会分为以下几种：民俗文化（也称传统文化）、宗教文化、高雅文化、流行文化（popular culture，也译为大众文化）。

民俗文化是指民间日常生活中的风俗文化，涵盖人们生产生活时形成的非物质的和物质的文化产物，由民众创造和传承，是优秀传统文化的重要组成部分。宗教文化在西方国家比较盛行，以信仰为一切行为的前提和关键，影响人们的思想、行

---

① 雷蒙·威廉斯，20世纪中叶英语世界最重要的马克思主义文化批评家，文化研究的重要奠基人之一。威廉斯广泛研究了文学艺术、政治、大众传媒、哲学、历史等诸多领域的理论和现实问题，特别是对社会主义运动和马克思主义思潮进行了独具匠心的研究。他还提出了著名的"文化唯物主义"的理论，对当代马克思主义和文化研究产生了极为重要的影响。

② WILLIAMS R. Culture is ordinary（1958）[M]//SZEMAN I, KAPOSY T. Cultural theory: An anthology. Malden, MA: Wiley-Blackwell, 2010.

为和生活习惯等。高雅文化也称"精英文化",面向的受众是文化水平较高的一部分知识分子,因此这种文化具有底蕴深厚、内涵丰富、高尚风雅和小众性等特点。流行文化则是现阶段最受大众喜爱和追捧的文化形式,主要具有娱乐功能和商业价值。在相当长一段时期内,有学者将"大众文化"等同于"群氓文化"。他们认为大众文化不过是一种商业文化,是为大众消费而批量生产的文化,其受众是一群毫无分辨力的消费者。而学者安东尼·吉登斯(Anthony Giddens)等则认为,流行文化就是"千千万万的人通过阅览等方式参与其中的娱乐",它扎根于各种物质和精神需求,涵盖了人们的衣、食、住、行,包括当前大家热衷的网上活动、美妆、游玩等。

随着各国文化交往领域不断扩大、频率不断提高,价值观的跨文化传播成为各国文化交往的基本形式。爱德华·霍尔在 20 世纪 50 年代首先提出"跨文化传播"的概念,是指具有不同文化背景的人们之间的互动,既可以是一国之内不同文化共同体间的文化传播,又可以是国家之间的文化传播。[①] 在文化交流和文化产品的交换过程中,流行文化所包含的文化价值观念,比如追求自由、表达个性、反抗权威、鼓励乐观向上的人生态度等,这些价值观通过流行文化的形式在不同文化背景的年轻群体中得到传播和认同,引起年轻人的共鸣,甚至形成所谓的"文化同化"。

在跨文化语境下,流行文化传播还需要考虑到文化符号和文化语境的问题。在 20 世纪 80 年代,中国的优秀文化还没有很好地融入流行文化中,这一时期中国内地更追捧港台流行文化、日韩流行文化、欧美流行文化,甚至在这种流行文化的跨文化传播过程中形成了一条"欧美流行文化 > 日韩流行文化 > 港台流行文化 > 内地流行文化 > 其他流行文化"的所谓"鄙视链",而这折射出两个问题。

其一,流行文化原本就是美国社会的产物,其流行文化的生产历史更久,创作能力更强,这也是美国进行文化输出、形成"文化霸权"的重要资本。文化霸权这个概念,我们已在第二章中详细解析。其二,在高低语境文化不同的国家之间,跨文化传播的情况不同。部分内地青年突然接触到欧美等低语境文化,多少会感到新奇,并且因为没有身处其中而产生了某种向往;而对于日韩、港台等同属高语境文化的国家和地区文化的接受程度也比较高。但是随着中国内地文化产业的蓬勃发展,近年来内地流行文化(如电影、短视频)也开始对外输出,反哺港台。

总体而言,流行文化的跨文化传播不仅涉及不同文化间的交流和碰撞,也是不

---

① 赵波,张学昌. 当代中国价值观跨文化传播理路研究 [J]. 求索,2016(9):43-47.

同国家文化软实力的较量和博弈。在当前中国文化产业以及文化输出供应链日趋完善的情况下，应当积极引导我国年轻人的文化价值观，将中国特色社会主义核心价值观塑造为流行文化的精神纽带，巩固和提升我们的"文化自信"，并且通过努力创新形成本土化、成熟化的流行文化，推动中国流行文化走出去，提升我国的文化软实力。

二、流行文化的主要研究内容

1. 娱乐性和休闲性

现代社会的人们生活压力大，生活节奏快，因此也更注重休息时的娱乐。随着市场经济的发展，不同于以往接受精英文化以获得教益和智慧，流行文化借助大众传媒的广泛传播，一开始就以娱乐大众为主要目的。流行文化能表达大众的心声，通过多种形式令人放松，满足公众娱乐休闲的需求。例如，人们会在下班之后走进剧场听一场互动式脱口秀，在笑声中忘记工作的烦恼；人们也会在周末闲暇之余走进电影院观赏一场电影，在镜头语言中找到理解生活的新视角；人们还会在各种网络游戏中体验虚拟世界的快意人生……随着现代社会物质水平的提高以及世界各国流行文化的相互影响，流行文化也呈现更加多元、精细和高级的娱乐特点。

2. 大众性和通俗性

如果说精英文化传播的受众是精英群体，那么流行文化则跨越了社会阶层，其受众是大众群体的各个阶层，具有大众性和通俗性的特点。传统社会中，由于技术的限制，只有精英阶层能够接触精英文化资源并且享受文化的熏陶；近代以来，随着科学技术和工业产业的快速发展，各种文化得以广泛传播。而流行文化的出现就是城市化、工业化和大众传媒共同作用的结果，其通俗简单、易传播、低消费的特性顺应了时代的发展和大众的需求。随着时代演变，进入 21 世纪，流行文化也在大众群体参与和创作中表现出新时代特色。

3. 商业性和产业性

流行文化是一种消费文化，它是商业经营的商品，带有明显的商业性特征。流行文化扎根于商业经济，盈利是其目标之一，广播、电视和互联网等相关媒介帮助其传播和营利。尤其是当下社会，流行文化的创作者常常并不关注流行文化本身传递的意义和艺术价值，而更注重它能够带来的收益。以文学作品为例，传统社会的文学作品只供精英阶层享受，本质仍是精英文化。而随着市场经济占据主导地位，以及印刷技术的发展使得大规模印刷图书成为可能，大众对文学作品的需求也越来越多样化，言情小说、励志名人传、"心灵鸡汤"散文等都可以出版并流通，出版社也能从中获利。除了出版业，还有很多流行文化产业迎合受众和市场的需求，如影视产业、游戏产业、音乐产业等。总之，当下流行文化的首要准则是通过商业活动获得利润，并且形成了产业化的生产模式，这是流行文化与其他文化现象的不同所在。

4. 社会功能

流行文化虽然是工业社会发展的产物，但作为一种文化类型，同样具有基本的社会功能。流行文化已经渗透到当代社会生活的方方面面，极大地影响着普通人的日常生活，其全球传播更是深刻重构了世界的文化格局，改变了大量人群的生活方式。例如，中国原本没有万圣节的传统习俗，但随着西方文化传至中国，越来越多的年轻人开始关注和庆祝这一节日，落地中国的迪士尼、环球影城等 IP 主题乐园也迎合中国年轻人的需要，推出了"万圣节主题夜"等玩法。流行文化在各种媒介的宣传和渲染下，通过各种各样的语言和符号为大众提供了新的生活方式，影响着当代生活的价值取向和实践形式。

第四节　健康传播与跨文化传播

健康是人类生存的基础，也是人类永远关注的议题。世界卫生组织（WHO）强调："健康不只意味着没有疾病，而应该包括身心健康并能较好地适应社会的状态。"尤其是随着经济高速发展，人们的物质需求日渐得到满足，健康成了人们日常最为关注的议题之一。健康传播（Health Communication）作为传播学的一个分支，旨在通过传播学的视角和方式，提高公众健康素养，促进公众健康行为，提高社会健康水平。然而，健康传播也会在跨文化过程中遇到问题，因此，了解和学习跨文化健康传播，能够帮助我们更好地进行跨文化交流和跨文化健康传播。

一、健康传播

从社会宏观角度来看，健康是一种联结社会与个人的重要话题，因此理所应当地成为传播学科研究的对象。美国疾病预防控制中心很早就关注到健康传播这一领域，其在 20 世纪 90 年代就号召公众健康生活，改变不良习惯。

目前，国内外学术界对健康传播的定义并不一致。比如，美国卫生部门出版的期刊《健康的人》认为，健康传播就是通过传播的方式，帮助受众了解健康知识，改变错误的健康决策，一般包含实践与研究两种形式。以下这些情境都可视为健康传播：个人搜索健康信息、健康信息对个体产生的影响、医患关系、公共健康的相关活动及信息等。此外，还有一个对健康传播的重要定义来自北京医科大学主编的《健康传播学》一书，该书认为健康传播是一个健康信息传播的过程，既包括健康信息传给受众的过程，也包括受众接收健康信息的过程。健康传播无法脱离传播手段，健康信息的传播能帮助接收者获得有关健康问题的建议、资讯或者态度，以期更好地解决健康问题。

综合来看，学界普遍接受的定义是 1994 年由学者埃弗雷特·罗杰斯（Everett M. Rogers）提出的，他认为健康传播本质上是一种转化行为。[1] 因为医学领域的研究结果较为专业，其成果信息对大众而言不容易理解，因此就需要通过"健康传播"将其转化为易于大众理解的信息，这也是健康传播的意义所在。健康传播可以满足公众对健康的认知需求，从而提升社会整体的健康水平。1996 年，罗杰斯提出了更为简洁的健康传播概念，他认为只要涉及与健康相关内容的传播形式，就可称为健康传播。[2] 这是目前学界引用最广的定义，本节也以这一定义为根据，讨论跨文化健康传播的相关议题。

二、跨文化传播视域下的健康传播

1. 健康传播与跨文化传播

在全球化进程下，全球商品流动和人员接触越来越频繁，经济一体化、工业化、城市化、大规模人口迁徙、社会分化、环境退化乃至气候变暖等现象错综复杂地交织在一起，使当今世界充满了各种各样的公共卫生风险，而健康传播与公共卫生事件紧密相连，也是解决公共卫生危机的手段之一。2020 年初在全球暴发并蔓延的新冠肺炎疫情就涉及诸多健康传播议题。疫情期间，东亚和欧美社会关于戴口罩的态

---

① 程曼丽，乔云霞. 新闻传播学辞典［M］. 北京：新华出版社，2011：24.
② 程曼丽，乔云霞. 新闻传播学辞典［M］. 北京：新华出版社，2011：24.

度和行为差异，尤其是戴口罩在欧美地区引起的排斥、歧视和冲突，其实也是跨文化情境下的健康传播议题的典型案例：

> 新冠肺炎疫情暴发以来，戴口罩这一有效的疫情防控措施在亚洲等高语境国家得到认可，而在西方很多低语境国家却引发了意想不到的争议，比如，德国发生的"雇主禁止员工戴口罩"诉讼案；意大利、比利时等国家的议员因戴口罩而被指责"扰乱会议秩序"，被逐出会议等事件。
>
> 戴口罩的行为差异其一源于高低语境国家对大众健康的理解，以及对个人利益和集体利益的取舍与奉献态度。其二，欧美等西方国家人士也普遍有一种"健康自信"，在最初面对新冠肺炎疫情这种全球性重大公共卫生事件时，他们不会第一时间选择戴口罩。总体而言，戴口罩这一涉及健康的行为所引发的争议和排斥事件背后，是不同文化对待公共健康事件的差异，本身就是一种跨文化背景下的健康传播问题。

在不同文化背景下，人们对健康的理解并不一致，对健康知识的掌握和普及也十分不同。很多时候，解决跨文化健康传播问题，往往能够帮助我们在全球化背景下探索多元文化的相处之道。此外，许多学者都指出，现代社会进入一个不可控的风险社会，流行疾病在全球的蔓延就是一种常见的风险，而有关健康传播的研究和实践就显得越发重要。

2. 健康传播的主要研究内容

健康传播研究涉及多个学科的研究成果，研究体系较为复杂，这也使得该领域的研究具有多元视角的特点。健康传播的研究视角主要包括自我健康传播、人际健康传播、组织健康传播、大众健康传播和国际健康传播等。从研究内容来看，学界对健康传播的研究大致分为以下几类：

（1）大众健康传播媒介与效果研究。

在互联网社会，人们视野所及的最远处就是大众传播媒介所构建的信息环境。对如今的公众而言，大众传媒往往是传播健康信息的最重要途径。大众健康传播媒介与效果研究常用问卷调查、焦点群体访谈等研究方法，研究的内容包括大众健康传播媒介的渠道、资讯以及受众接触媒介后的行为方式、效果等。

（2）组织健康传播研究。

随着国家治理能力的提升，社会结构越来越结构化和扁平化。一些组织如社区、企业等，在社会运转中起着越来越重要的作用。在健康传播领域，组织更是影响个人健康理念、改变个人健康行为的重要因素。但是，这一领域的研究成果却较为稀缺，其研究内容涉及组织健康传播的载体（如宣传单）、内容（如宣传口号）以及组织健康传播的历史进程等。

（3）以"医患关系"为核心的人际健康传播研究。

近年来，随着医患矛盾事件层出不穷，医患关系越来越引起人们的关注，也因此成为健康传播研究的对象。这种人际健康传播研究关注的是医生与患者的传播活动，包括传播内容、方式、效果等。以前的相关研究侧重从医生视角出发，然而近几年随着患者的权利意识提高，越来越多该领域的学者开始从患者视角探讨传播活动，包含患者知情权、个性化研究等。其中，个性化研究既包括患者的人口属性，如性别、年龄、学历等，还包括个人的利益诉求、价值观念等。这一领域的研究内容涵盖个人权利（如话语权与知情权）以及人际传播的其他相关议题，如患者在求医过程中的人际网络研究等。

（4）健康传播与文化研究。

健康传播与文化研究探讨的是文化和健康传播的联结，主要包括两个方面：一是以文化视角诠释健康传播的实践过程，二是分析不同文化背景如何影响健康传播。例如，中方与西方、传统与现代的医学在各自的健康传播实践中有怎样的文化差异等问题。这个领域的研究涉及健康传播的文化和人文特点、不同文化环境中的人对生老病死的看法等。

（5）突发公共卫生事件研究（健康危机的传播研究）。

我们对突发公共卫生事件并不陌生。2020年新冠肺炎疫情在全球暴发并蔓延，全球各地都展开了疫情防控阻击战，而这也并不是中国首次出现突发公共卫生事件。2003年，中国暴发了非典疫情，正是这起事件使人们意识到日常健康传播的重要性以及危机中健康传播的急迫性。在非典事件之后，又出现了禽流感事件、苏丹红事件等，这些突发公共卫生事件都在不同程度上造成了社会恐慌。这一领域的研究就是对突发公共卫生事件发生的原因、过程以及发生后的应急措施等进行研究。

总之，在当下，尤其是后疫情时代，这五类健康传播研究都应引起学界乃至社会的关注。每一类研究都涵盖了许多重要的议题，这些议题共同构建了健康传播研究的知识地图。它们不但在学术界有重要价值，在实践中更具有指导意义。

复习思考题

1. 名词解释：跨文化旅游；文化认同；地方认同；跨国贸易；流行文化；健康传播。

2. 如何避免旅游过程中因文化差异所导致的摩擦与冲突？

3. 如何理解自我认同、地方认同与文化认同之间的关系？

4. 请你结合实例，谈谈旅游为跨文化传播带来哪些机遇与挑战？

5. 跨国商贸中的文化冲突主要体现在哪些方面？

6. 请你结合实例，谈谈企业进行跨国贸易时如何避免因文化差异所引发的冲突矛盾甚至贸易失败？

7. 如何理解跨文化语境下的流行文化传播？

8. 流行文化研究主要包含哪些内容？

9. 健康传播研究主要包括哪些内容？

10. 请你结合实例，谈谈在跨文化语境下进行健康传播研究的意义。

第八章

全球化背景下的中国对外传播

在新冠肺炎疫情影响下，全球化进程受阻。但开放是任何国家发展繁荣的必由之路，以开放促改革、促发展，也是中国现代化建设取得成就的重要手段。因此，中国仍应坚持对外开放，积极参与国际合作与竞争，为战胜疫情、复苏经济、完善全球治理提出中国方案，为人类的和平发展事业作出更多贡献。

对外传播是中国对外开放的关键一环，也是建构国家形象的重要手段。习近平总书记在中共中央政治局第三十次集体学习时强调，讲好中国故事，传播好中国声音，展示真实、立体、全面的中国，是加强我国国际传播能力建设的重要任务。但是，在全球化背景下，中国的对外传播面临新的形势与挑战，尤其是长时间以来国际社会关于中国的刻板印象，以及一些境外媒体、政治团体对中国形象的抹黑。面对挑战，中国努力争取与自身综合国力和国际地位相匹配的国际话语权，为自身的改革、发展、稳定营造有利的国际舆论环境，为此中国在这些方面做了诸多尝试、探索出了不少新路径。

第一节　世界新格局与跨文化传播

新冠肺炎疫情的全球大流行，深刻改变着全球政治与经济秩序。这种变化表现在两个方面：一是由于世界各国应对新冠肺炎疫情的策略与成效差异明显、受疫情伤害的程度有很大不同，在后疫情时代，大国力量对比表明未来将出现明显不利于西方大国的新变化；二是疫情令国际社会的政治观、发展观、国际观、治理观等正在发生史无前例的变化，深刻影响着中国与西方大国间的"软实力"对比和"全球治理"的发展方向。

一、世界经济格局变化与全球化发展

世界经济格局体现了世界经济的内在结构，是世界经济权力的配置与不同经济体之间力量对比的呈现。"二战"后世界经济呈现区域集团化发展（如欧盟、亚太经合组织、东盟）和全球化趋势（如国际贸易组织、国际货币基金组织、世界银行等全球性经贸金融组织），确立了以美国为核心的资本主义世界经济体系，也形成了全球性的资本市场，使跨国公司成为国际经济活动的主体。

纵观世界经济格局的演变，西方发达国家虽然长期占据领导地位，但东方国家已经从贫困边缘挣脱而出，成为经济发展速度高于西方发达国家、实力越来越不容忽视的经济体。G20峰会的成功举办就是第三世界国家不断在国际社会拓展影响力的典型案例。过去几十年，世界经济不断朝多极化方向发展，全球性的金融危机某种程度上已经对既有全球经济格局进行洗牌，发展中国家的经济实力不断增强，世界经济格局继续朝多极化乃至"非极化"方向发展。

世界经济格局的变化是以全球化为背景的，而全球化的发展得益于经济、技术、人道主义等诸多重要力量的全球共享。当世界在全球化的道路上驰骋时，不同国家与地区的意识形态、价值观念、生活方式、历史文化等都在进行着激烈的交流、碰撞、冲突与融合，人类社会业已成为同一时空下休戚与共、唇亡齿寒的共同体，这一现实也是全球文化生产以及跨文化传播研究的最大动力。

二、"逆全球化"背景下的跨文化传播

全球化发展并非没有障碍和局限，具体来看往往是不均衡、不平等、存在诸多问题的。2020年新冠肺炎疫情大暴发所带来的经济封锁、失业率上升以及经济危机等诸多问题，进一步加剧了全球化业已引起的负面问题，甚至进一步推动了"逆全球化"进程。例如，西方发达国家许多工人认为，全球化使他们的工作机会不断外移、劳动收入一再缩减，于是他们往往将愤怒与不满发泄到外籍劳工、外国移民身上，由此造成了日益严重的种族矛盾和族群冲突，这些日益突出的群众抗议活动强化了反全球化力量，加剧了"逆全球化"进程。

具体而言，"逆全球化"指的是与全球化相向而行的过程，与全球化主张打破区域与国家壁垒、促进贸易和金融互联互通不同，"逆全球化"在各国政府的主导下强调民族边界与国家利益，主张国家提供对本国劳动者利益的保护。无论是美墨边界建立的围墙，还是英国脱欧公投，都是"逆全球化"的典型案例。中国是过去20年全球化发展中最大的受益国之一，但目前却深受"逆全球化"之害：2017年特朗普上台，美国与中国开展贸易战；到2020年新冠肺炎疫情暴发后，全球供应链出现巨大危机，石油战、粮食战、物资战此起彼伏，中国的对外贸易和诸多产业也受到较大的打击。

在这种背景下，"逆全球化"主义给全球范围内的跨文化传播活动带来较大的负面影响，尤其是互联网原本作为跨文化传播的重要媒介，如今却成为宣扬"逆全

球化"主义与民粹主义的平台与阵地。一些西方政客、媒体人士等在社交媒体上通过议程设置、信息筛选、虚假信息编造等方式宣扬极端主张,左右网民意见;民粹主义者借助互联网平台集结支持者,固化极端思想,并建构出"逆全球化""民粹主义"是社会主流的假象,以此煽动民众的不满情绪、排斥移民与外来文化,一定程度地激化了不同民族、国家以及文化之间的矛盾。中国目前面临着"逆全球化"进程所带来的挑战,对外传播渠道面临空前压力。

正因为在"逆全球化"的背景下,中国面临着复杂的对外传播挑战,同时国际舆论话语权"西强东弱"的局面仍未改变,所以传播中国形象和中国声音,让世界更好地认识中国、理解中国仍然任重而道远。

第二节　中国国家形象建构的意义与理论视角

国际舆论是国家权力的附属品,受国家实力的影响并常被权力操纵。在国际舆论场中,"如果你认为我是你的敌人,我就会变成敌人",这说明国际社会是"话语"建构的世界,其中身份、认同、文化都在国际社会和国际舆论中起重要作用。

习近平总书记在主持中共中央政治局第三十次集体学习时指出,党的十八大以来,中国大力推动国际传播的守正创新,理顺内宣、外宣体制,打造具有国际影响力的媒体集群,积极推动中华文化走出去,有效开展国际舆论引导和舆论斗争,初步构建起多主体、立体式的大外宣格局。由此,中国在国际舆论中的话语权和影响力显著提升,但同时也面临许多新的形势和任务,因此必须加强顶层设计,构建具有鲜明中国特色的传播战略体系。其中,建构中国国家形象和促进对外文化传播,是当前中国对外传播工作的核心任务。

一、中国国家形象建构的意义

关于当下国际社会的舆论格局与中国在其中扮演的角色,主要有两种观点。

第一种观点认为国家硬实力决定该国在国际舆论场中的地位。中国作为世界第二大经济体,不仅在世界经济体系中扮演着举足轻重的角色,而且影响力也逐渐从经济延伸到政治、意识形态、文化、科技、环境保护等领域。

第二种观点认为国际话语权作为一种软实力，并不总与硬实力脉脉相通。中国的经济、军事等硬实力虽然十分强大，但中国在国际舆论场中的话语数量与话语质量，以及更深层次的吸引力、感召力还有相当大的提升空间，尚未与中国现有的经济发展水平等"硬实力"相匹配。

不过，无论出于何种理论视角，由于当前国际社会面临新冠肺炎疫情与经济衰退的双重压力，这种局面深化了休戚与共、命运相连的国际利益体系，尤其是面对环境保护、反恐、脱贫等非传统安全问题时，建立多元伙伴关系已经成为世界各国向中国寻求合作的现实需求。

当前，中国在全球正发挥着重要的影响。"讲好中国故事，展示真实、立体、全面的中国"，加强对中国共产党的宣传，加快建构中国话语和叙事体系，关乎中国国际话语权与影响力，关乎中国在塑造更加公正合理的国际新秩序与新型国际关系中的领导力，具有重要的现实与理论意义。

就现实意义而言，"讲好中国故事"是回应国际社会对中国的误解与误读的迫切需要。新冠肺炎疫情对全球经济，乃至人类社会发展造成了不可逆转的深远影响，疫情的蔓延导致部分国家的经济、社会情况不断恶化。与这些国家形成鲜明对比的是，提前受疫情冲击的中国已经恢复了经济生产与社会秩序，为各国恢复本国经济与社会正常运转提供了借鉴。但是，中国虽然取得了瞩目的成就，却面临部分国家及新闻媒体的误解与诽谤：除了"中国威胁论""中国崩溃论""中国傲慢论"，更有甚者将新冠病毒与武汉、中国等挂钩，形成地域歧视；还有外国媒体将方舱医院与"集中营"等同，将隔离、关注密切接触者甚至戴口罩视为"不讲人权"。但无论是令人瞩目的经济成就，还是部分国家的诬陷，都令世界的目光聚焦在中国。这就亟须中国正确地解释自己，传递好自己的声音，向全球分享更多的中国经验，及时反击不实的言论与猜测，用事实在国际社会树立新形象，从而解决被误解和形象固化等问题。

就理论意义而言，"讲好中国故事"既是中国树立大国形象的必然要求，也是中国为建立人类命运共同体与促进全球社会可持续发展提供智慧和经验的重要方式。国家形象是国际社会对一个国家的相对稳定的总体认知，这种认知主要依据该国在世界舞台中的表现，并通过国际舆论反映出来。一国建构自身形象主要通过国内传播与海外传播等传播实践，此过程涉及多个国家、语言、文化的编码与转码，因此，国家形象的建构是一个典型的跨文化传播过程。建构大国形象不能只依靠经济，政治制度、文化吸引力等都是能够影响全球主流价值观的重要因素。因此，推动中国文化走出去，讲好中国故事，传递中国声音，彰显中国智慧，是中国树立大国形象的必然要求。

二、国家形象及其要素

1. 国家形象的内涵

国家形象是包含经济发展、政治制度、意识形态、文化历史等多种要素、多个视角的概念。由于意识形态、价值观念、文化传统的差异，不同国家、群体、学者对国家形象的阐释存在分歧。一般而言，既可以从物质维度（即国家实力形象）与价值维度（即国家意识形象）两个维度理解国家形象的内涵，也可以从本质主义和建构主义两个流派的观点来理解国家形象塑造的意义。

从物质维度来看，国家形象是指公众对国与国之间物质实力对比的认知，包含经济、科教、外交、军事、地理等多方面的认识。但从物质维度出发，无法对国家形象与国际关系做出价值判断，因此需要引入国家形象的价值维度，为国家的物质形象赋予意义。从价值维度来看，国家形象是指国家意识，即国家在国际上行为的目的。总体来看，从物质与价值两个维度出发，国家形象可以分为四类（图 8 - 1）：

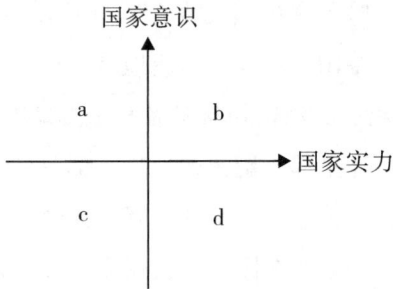

图 8 - 1　物质—价值二维解析下的国家形象①

在图 8 - 1 的坐标系中，国家形象被解析为 a、b、c、d 四个象限。a 象限表示国家意识积极正面，但国家实力较弱，这类国家是现有国际秩序的遵从者；b 象限表示国家实力强且国家意识积极正面，这类国家是在国际社会拥有绝对影响力与话

① 匡文波，任天浩. 国家形象分析的理论模型研究：基于文化、利益、媒体三重透镜偏曲下的影像投射 [J]. 国际新闻界，2013，35（2）：92 - 101.

语权的世界强国；c 象限表示国家实力弱、国家意识也为负面，这类国家一般长期处于战乱与自然灾害；d 象限表示国家实力较强，但国家意识较弱，无法与国家实力相匹配，此类国家一般是现有国际秩序的挑战者，常被其他国家，尤其是 b 象限的世界强国视为竞争对手。此类形象往往在国际交往中遇到的摩擦较多，建构良好国家形象的过程也较艰难。对中国而言，近些年随着中国的国际影响力与领导力不断提高，中国的国家形象开始从 d 象限的实力强但意识消极向 b 象限的强国形象转变，中国在国家意识方面的形象建构已有成效。

此外，我们还可以从本质主义和建构主义两种视角来理解国家形象。

从本质主义①（Essentialism）的视角来看，国家形象是国际社会对一国的主观评价。由此，学者们将国家形象的概念延伸至国家声誉：国家声誉是本国实际拥有的，或是自以为拥有的，抑或是希望别国相信它拥有的强权，以期让他国产生深刻印象。② 国家声誉是他国对该国未来行为做出判断的基础，也是本国维护国家利益的重要手段。

从本质主义视角解释国家形象的学者认为，国际关系是竞争与博弈的结果，国家形象建构处于此消彼长的“零和”状态，美化竞争对手的形象就等于损害自身的国家利益。因此，为了塑造自身形象，可以采取极端手段美化自身甚至丑化对手。按照这种逻辑，国家形象建构过程可以简化为线性的、以自我为中心的、因果式的逻辑过程，国家作为主体只要基于客观实在设定自身的线性建构流程，并借由各种手段传播即可。哈罗德·拉斯韦尔（Harold Lasswell）③ 在其著作《世界大战中的宣传技巧》（*Propaganda Technique in World War I*）中提到，所谓“宣传”就是“用重要的符号来控制意见，换言之，就是用故事、谣言、报道、图片和其他形式的社会传播来控制意见”。

还有学者从建构主义④（Constructivism）的视角理解国家形象。建构主义理论于 20 世纪 90 年代兴起，批判本质主义的国家追求权力与霸权的纯理性原则，主张以社会学的视角看待国际政治。建构主义认为国家形象是建构的产物，是一个国家

---

① 本质主义认为世界存在一个客观的本质，事物基于其固有本质而独立存在，认识是对客观实在的再现。

② 李晓明 . 国家形象与软权力：论运用非军事手段维持增进国家的对外影响力［J］. 太平洋学报，2002（4）：6.

③ 哈罗德·拉斯韦尔，美国政治学家，行为主义政治学的创始人之一，主要著作有《精神病理学与政治学》《政治学：谁得到什么？什么时候和如何得到？》《社会传播的结构与功能》等。

④ 建构主义认为世界是被建构的产物，事物通过社会性的建构在交往互动中相互依存。

在国际社会通过交往互动而被其他国家赋予的一种身份表现和身份认同。① 国家形象不是一个客观既定的、可以自我设定和传播的实在，而是存在于国家主体间（intersubjectivity）的一种相互认同的关系。②

建构主义视角强调"认同"的作用，因此，建构主义国家形象建构理论突破了"竞争""博弈""冲突"的框架，将国家形象与国家实力（尤其是经济实力）解绑。同时，该理论承认国家形象的可塑性、复杂性与差异性。国家之间的互相认同与评价包含多种要素，而每个国家给予各个要素不同的权重与优先级。国家形象的构成要素含有丰富的意义信息，能够揭示国家关系的现实语境与国家吸引力在不同层面的运动方向。建构主义理论使国家形象的研究从静态的现象深入到动态的肌理。③

2. 研究国家形象建构及要素的理论视角

国家形象由多种要素构成，各国由于不同的政治制度、经济发展状况、意识形态和文化背景等，对各要素的权重不尽相同，学者们也往往基于此提出了研究国家形象建构及要素的不同理论视角。

第一，市场—营销视角。该视角的研究认为建构国家形象与塑造企业品牌形象类似，是增强本国在全球范围竞争力的有力工具。塑造国家形象的目的是提升自身美誉度与影响力，进而获得实际利益，尤其是经济利益。而要达到这一点，几乎可以不择手段，如可以通过鼓励、刺激、操纵等手段实现，并辅以监测、评估、管理等手段不断优化。采用这一视角研究国家形象有两种影响力较大的模型，分别是 Anholt-GMI 的国家品牌指数（Anholt-GMI Nation Brands Index）和未来品牌咨询公司的国家品牌指数（Future Brand's Country Brand Index）。Anholt-GMI 国家品牌指数将国家品牌分为旅游、出口、政府治理、投资和移民、文化与遗产、国民六个维度，因此也称为国家品牌六维模型（National Brand Hexagon）。而未来品牌咨询公司推出的国家品牌指数利用层级决策模型（Hierarchical Decision Model）分析国际受众（投资者、居民、游客、外国政府）如何从原产地、旅游、文化遗产、生活品质、价值观、商业环境

① 秦亚青. 建构主义：思想渊源、理论流派与学术理念［J］. 国际政治研究，2006（3）：1-23.
② 季玲. 重新思考体系建构主义身份理论的概念与逻辑［J］. 世界经济与政治，2012（6）：75-92，158.
③ 文春英，吴莹莹. 国家形象的维度及其互向异构性［J］. 现代传播（中国传媒大学学报），2021，43（1）：74-80，86.

和发展潜力七个维度上认知一个国家。① 市场—营销视角是工具主义框架下的产物，其假设来自博弈理论，认为世界格局是竞争的结果，而国际社会对本国的认同是一种国家资产。这一视角过度强调竞争而轻视合作，认为经济实力是建构国家形象的关键甚至唯一要素，却忽略了政治、外交、历史、文化的作用。

第二，政治—国际关系视角。该视角认为建构国家形象的目的是国家利益（不只是经济利益）的最大化，将讨论对象放置在国际政治与国际关系领域进行分析。该观点的代表学者肯尼思·艾瓦特·博尔丁（Kenneth Ewart Boulding）② 认为，在国际关系体系中，决策者依据的并非客观事实，而是国家形象，而国家形象可以从地理空间、相对关系和强弱判断等维度进行解构。另一名代表学者理查德·赫尔曼（Richard K. Herrmann）③ 则认为国家形象是一种图式系统（schemata），形象一旦形成，认知主体会按照原有图式（schema）解读新输入的信息，解释行为的动机。比如，一国将另一国视为敌人，那么另一国的所有行为就会被认为是敌对行为，而不论事实如何。赫尔曼将一国认知另一国形象的维度分为国力、威胁与机遇、文化比较，他倡导以科学的而非意识形态的、以实证的而非描述的方法来研究国家形象问题。④

第三，媒体—话语视角。该视角下的国家形象建构研究关注国家在国际新闻报道尤其是他国新闻报道中的形象，该研究也是中国学界近年来的主要研究内容。在全球媒介化生存的大环境下，基于媒介话语分析国家形象的确十分重要。然而，媒介形象与国家形象并不完全对等，因为新闻生产与形象呈现之间存在诸多复杂因素，不同文化背景、国家利益取向和社会环境都会影响媒体的信息生产，单纯从媒介话语和文本分析国家形象，很容易将国家形象简单化、脸谱化。

除了以上理论视角，我们还可以从时间与空间两个维度分析国家形象。⑤一方面，国家形象受国家历史的影响，建构国家形象无法摆脱历史的底色；另一方面，

---

① 文春英，吴莹莹. 国家形象的维度及其互向异构性［J］. 现代传播（中国传媒大学学报），2021，43（1）：74－80，86.

② 肯尼思·艾瓦特·博尔丁，美国著名经济学家，著有《和平经济学》《经济学的重建》《组织革命》等。

③ 理查德·赫尔曼，主要研究国际关系、国际安全和政治心理学。他写过关于感知和形象在外交政策中的作用，以及民族主义和身份政治在世界事务中的重要性的文章。他的研究领域包括美国的外交政策以及中东和俄罗斯的政治。他曾在华盛顿特区的国务卿政策规划办公室担任外交关系委员会研究员，并著有《苏联外交政策的感知与行为》一书。

④ 文春英，吴莹莹. 国家形象的维度及其互向异构性［J］. 现代传播（中国传媒大学学报），2021，43（1）：74－80，86.

⑤ 匡文波，任天浩. 国家形象分析的理论模型研究：基于文化、利益、媒体三重透镜偏曲下的影像投射［J］. 国际新闻界，2013，35（2）：92－101.

在特定的历史阶段，认知对象国、认知环境、目标国家受众等空间因素也影响着国家形象的建构。

从时间角度来看，国家形象的塑造是一个发展的、动态的过程。一方面，塑造国家形象需要激活历史记忆，任何国家的新形象都以其旧形象为基础，建构国家新形象不能忽略历史。但国家形象会随时间的变化而变化，因此也不能无视新形象，把历史当现在。比如，当今中国的国家形象树立在数千年历史的积淀之上，但是，对西方人来说，他们对当代中国形象仍停留于东方主义的想象，而这一刻板印象是历史上长期以来西方人对中国形象假想的产物，使得当代中国的事实，往往会经过一层滤镜，才能进入西方人既有的理解系统。① 另一方面，国家形象随着时间的更迭具有"跳跃性"。虽然国家形象的建构以历史为基础，有褪不掉的历史底色，但它并非环环相扣、循序渐进，而是很可能在很接近的时间里呈现出截然不同的国家形象。

从空间角度来看，在特定历史阶段，认知对象国、认知环境、目标国家受众都是影响国家形象建构的重要因素。认知对象国是指国家形象的本体，是建构国家形象的基础，由国家性质、国家行为、国家地位与国家公关组成。认知环境是指在建构国家形象的信息传播过程中，造成信息选择、过滤、扭曲的主客观条件，文化价值、国家利益、大众媒介实践是构成认知环境的重要因素。建构国家形象的相关信息在到达目标国公众之前，其实已经被公众意识中的文化价值观过滤和偏曲；同样，大众媒体的报道也受文化价值观和国家利益观的双重限制。② 目标国家受众通常根据本国的文化传统原型来解读他国传递的相关信息、想象他国形象。

近年来，中国的对外传播话语数量显著上升，渗透力不断增强。有研究发现，国际媒体报道中国的数量仅次于美国，远超法国、英国、德国等，这意味着中国的国际舆论关注度已接近美国，超过法国、英国和德国。③ 这对中国在国际社会建构新的国家形象而言，既是机遇也是挑战。本节分析了中国国家形象建构的理论与现实意义，并介绍了学界有关国家形象内涵和要素的理论视角，希望能够为中国国家形象建构提供理论借鉴。

---

① 周宁. 永远的乌托邦：西方的中国形象［M］. 武汉：湖北教育出版社，2000.

② 匡文波，任天浩. 国家形象分析的理论模型研究：基于文化、利益、媒体三重透镜偏曲下的影像投射［J］. 国际新闻界，2013，35（2）：92－101.

③ 吴瑛，乔丽娟. 国际舆论新格局与中国话语新空间［J］. 对外传播，2021（1）：9－13.

第三节　中国对外传播面临的挑战与机遇

当今世界的媒体话语主要由西方国家和英文媒体主导，中国一直存在"中国声音"难以传播或传播存在偏差的问题。而西方受众看到的中国又经常是被西方媒体编撰、演绎后的中国，这使得中国的国家形象很容易在国际社会中被扭曲与误读，因此中国在国家形象建构的过程中，不得不花费大量成本回击谣言、澄清谬误。

近年来，全球社会面临新冠肺炎疫情大流行与经济停滞的双重压力，部分西方媒体使用"中国病毒""武汉病毒"等词描述新冠病毒。媒体的错误引导强化了西方大众对中国的不满情绪，并使其认为中国是全球卫生与健康危机的"罪魁祸首"，这在一定程度上加深了国际社会对中国国家形象的误读。但与此同时，中国的经济实力与国际影响力不断增强，国家形象建设意识不断提升，在新媒体的助力下，中国的对外传播也迎来了新的挑战与机遇。

一、中国对外传播面临的挑战

国家形象的建构过程是一个典型的跨文化传播过程。由于不同文化之间的差异与意识形态的分歧，一国文化的对外传播往往困难重重，而作为一种跨文化传播实践，建构国家形象也会遇到不少困难：

首先，一些国家在历史或现实中存在较为严重的争议与冲突，或是意识形态的差异与斗争，导致一国对另一国的新闻报道往往以负面内容为主，因此双方很难在对方的民众心中建立起正面形象。

其次，不同的综合国力、发展道路、社会民情等现实决定了各国不同的话语模式与价值体系，进而决定了一国的形象建构及其隐含的符号体系很难在他国语境下得到充分解码，从而产生误解。语言文化、宗教信仰、风俗习惯的差异也会不利于国家形象的正面传播。

最后，新闻霸权使得国家形象的传播难以客观、公正、完整。在当今国际社会，国际影响力较大的西方强国掌握着全球媒介话语的主导权，不利于其他国家的对外传播与国际形象建构。

随着中国综合国力和国际地位不断提升，影响力不断增强，国际社会对中国的认识在深度与广度上也不断拓展。但是，由于长期以来意识形态对立等原因，国际社会对中国一直缺乏客观和全面的认识，部分媒体、群体对中国的认识还停留在东方主义的想象；国际舆论对中国的不实猜测、奇谈怪论，甚至造谣、抹黑等一直存在。而西方媒体常报道的"中国威胁论""中国崩溃论""中国责任论"以及"战狼外交"等言论，并不符合实际情况。

他国的偏见与敌意一定程度上来自对中国国力增强的焦虑感。中国目前是世界第二大经济体，拥有与西方发达国家竞争的强大实力。但是，中国的快速崛起远超西方发达国家的想象与预期，容易招致他们的焦虑、恐惧与猜忌：经济方面，部分发达国家认为中国的经济腾飞造成本国贸易逆差、外汇流失，国内就业机会减少，给本国经济发展带来困扰；政治方面，中国国力的增强提升了国际影响力、领导力与话语权，从而使其不断接近世界核心领导地位，一定程度上威胁了部分国家的强权政治。

他国的偏见与敌意也与历史、文化、体制的差异有关。比如，在宗教方面，中国是典型的世俗国家，积极引导宗教与社会主义社会相适应。而世界上大多数国家，尤其是发达国家，大都是宗教国家。例如，法国的国家机构在圣诞节假期会停止工作，罗马天主教学校由政府支付薪水；美国建国一开始就带着基督教信仰和自由理想，清教徒的宗教信仰形成了美国"上帝选民"的自我定位。在政治体制方面，虽然西方各国的历史发展进程各有不同，但是他们的民主制度在思想和理论上是一致的，他们的资产阶级代议政府主要代表资产阶级的利益。而中国是人民民主专政的社会主义国家，坚持的是中国特色社会主义制度，与西方国家的政治体制差别很大。

新冠肺炎疫情给中国的对外传播带来了新的挑战，主要表现为疫情期间一些外国媒体对中国的污名化。在疫情暴发初期，国际社会对中国境内的疫情感到恐慌与不安，这种恐慌在一些地方演变成对华人和亚裔的种族主义情绪。当疫情开始在全球蔓延，部分西方媒体借机散布"中国病毒源头论""中国实验室病毒制造论"等，与西方民众的恐慌心理相契合，严重损害了中国的国际形象。在疫情高峰期，个别国家与媒体攻击中国"动态清零"策略、利用大数据进行流行病学调查、居家隔离等防疫政策，并怀疑中国向其他国家提供援助的举动，漠视中国为全球抗疫做出的贡献。因此，澄清谬误、重塑国家形象、赢得世界的尊重与支持，是后疫情时代中国对外传播的主要任务。

中国在对外传播理论与实践方面的不足也是一大挑战。

首先，中国的对外传播陷入内部认知结构西方化的泥淖。① 长期以来，"西强东弱"是国际舆论环境的基调，也是国际媒体权力格局的主要特征，且这种不均衡的权力格局还会长期延续下去。因此，深度参与全球化的中国也内化了西方主导的国际舆论格局的理念、标准、理论和做法，呈现自我西化的特征。具体表现为，第一，偏狭地认为"英美即西方"，忽视西方内部的复杂和多样；第二，陷入"自我他者化"的惯性思维，在对外传播与建构国家形象时，模仿和遵循西方的对外传播方式，忽略了"中心—边缘"的地缘政治关系，更疏远了曾经主导中国外交和外宣工作的革命理论。

其次，中国对外传播的主体单一、传播渠道狭窄。当下，对外传播工作仍由政府主导、自上而下展开，对外传播的形式仍以纪录片、宣传片、主旋律电影为主。但其实，近年来国内视频博主在海外社交媒体获得巨大成功，这表明通过自媒体、企业、团体等民间组织，以自下而上的方式进行对外传播，有助于取得更好的效果。

最后，中国对外传播的内容过于模式化，多集中于经济发展、政策方针等"硬实力"议题，而缺少流行文化、艺术设计、生态环保等国家"软实力"宣传。而目前，中国的政治、经济宣传很难在海外社会获得积极反响、产生共鸣。

总之，中国的国家形象建构与对外传播面临诸多困境：第一，国家形象建构与对外传播滞后于经济发展现状与当前的国际地位，不利于中国进一步提升国际影响力；第二，中国国家形象建构与对外传播还处于起步阶段，尚未形成成熟、多维、系统的话语体系与传播模式；第三，中国国家形象建构与对外传播受制于西方大国主导的国际体系与媒介话语，传播渠道不通畅；第四，中国国家形象建构与对外传播的主体相对单一，话语内容范围较窄，缺乏对经济、政治之外议题的传播，如环保、社会民生、流行文化等议题，忽视了中国公众进行跨文化传播的主体性；第五，在建构国际形象与对外传播的过程中，意识形态对抗、历史问题导致的敌对情绪、某些国家遏制中国发展的企图等，也是造成阻碍的不利因素。

二、中国对外传播的机遇

当前，虽然中国的形象建构与对外传播面临诸多困境与挑战，但是后疫情时代也为中国的对外传播带来新的机遇。

---

① 姬德强．"双重西方化"：中国外宣的困境与出路［J］. 青年记者，2021（6）：18－20.

　　一方面，中国在促进世界经济复苏、应对全球气候变暖、全球抗疫等方面做出了突出贡献，向世界分享了中国的智慧和经验，展现了大国应有的责任与担当，为书写中国故事提供了丰富、生动的素材，也为对外传播实践创造了新的空间。具体来看，新冠肺炎疫情期间，中国采取了一系列务实的行动为全球抗疫做出了贡献：作为人口大国，中国在短时间内采取强有力措施，迅速控制了疫情的蔓延；作为全球重要生产大国，中国在控制疫情后迅速复工复产，为国际社会提供了抗疫物资和新冠疫苗；中国还通过多种形式、多种渠道向各国分享疫情信息和抗疫经验，为各国提供重要参考；在世卫组织遭遇美国"退约"和"断供"威胁的困难时期，中国坚定支持世卫组织。[①]

　　另一方面，社交媒体与直播、短视频等新媒体形式也为中国的对外传播与国家形象塑造创造了新的机遇。第一，中国主流媒体入驻微信、微博、抖音、Facebook、YouTube 等国内外重要的社交平台，并以此为发布官方信息的新渠道。微信、微博、抖音等社交媒体也日益成为外媒涉华报道的重要消息来源，中国社交媒体正在快速崛起，并且越来越具有国际影响力。第二，中国官方媒体重视互联网平台与新媒介技术的运用，越来越多地创作对外传播的新媒体产品，并针对用户的喜好与需求进行内容设计。第三，中国的社交媒体同时汇聚了政府话语、主流媒体话语、企业和社会组织话语等多种声音，向世界传播了丰富立体的中国形象和多元的中国声音，这样更容易给国际受众留下积极印象，更好地促进中国文化的对外传播。

　　面对当前中华民族伟大复兴的战略全局以及世界百年未有之大变局的新形势，以习近平同志为核心的党中央高度重视文化建设和国际传播工作。在中国特色马克思主义新闻观指导下，官方媒体需要充分发挥主流媒体的喉舌与阵地作用，更好地构建阐释中国实践的中国话语和叙事体系，着力加强国际传播人才队伍建设、打造具有一流水准的国际传播精彩作品，为中国的对外传播开辟新的空间，这有利于中国在国际社会凝聚共识、引发共鸣。

---

① 李嘉宝．中国为全球抗疫作出重大贡献［N］．人民日报（海外版），2021 - 06 - 17（7）．

第四节 "讲好中国故事"的路径探索

尽管国际形势不容乐观，但中国已经成为维护世界稳定和引导世界发展的重要力量。因此，"讲好中国故事""传递好中国声音"是中国对外传播需要重视和实践的关键任务，也是当前中国在发展中需要解决的重要现实问题。本节将从丰富对外传播主体、优化和拓宽中国故事内容、创新对外表达方式等角度，探索"讲好中国故事"的创新路径。

一、建构整体战略、形成大宣传格局和拓宽内容维度

1. 建构整体战略

"讲好中国故事""传递好中国声音"首先要确定"故事"的主题、"声音"的基调，要对国家形象的建构确立宏观的、合理的目标与定位，进而才能细化政治、外交、经济等不同维度的具体形象。但要注意的是，在建构整体战略的过程中，要避免目标和定位超脱实际、过于美化自身形象，甚至沉溺在自欺欺人的虚幻中，这就要求我们既要自信、自强，书写和传播中国的发展成就与对人类的贡献，也要正确意识到我们与发达国家的差距和自身的不足，做到不骄不躁、不卑不亢。

2. 形成大宣传格局

第一，在对外传播工作中，坚持主流媒体的阵地作用和喉舌作用。在习近平新时代中国特色社会主义新闻观的指导下，对外传播工作应该始终把政治方向摆在第一位、牢牢坚持党性原则，同时做大主流新闻的舆论阵地和正面宣传，把握正确的舆论导向。在坚持围绕中心、服务大局和大力营造团结奋进的主流舆论态势的稳定基础上，更有效地开展对外传播工作。

第二，目前中国对外传播工作的主体是政府机构与主流媒体，民间的声音较少。新形势下，要想讲好中国故事、传递好中国声音，应当扩大对外传播的主体，使其更加多元和大众化。这就需要充分发挥民间的力量，重视公众在对外传播中的作用。比如，许多中国民众借助社交媒体，将日常生活真实地呈现给国际观众，越来越多的普通人成为"中国故事"的讲述者。网络博主李子柒关于中国乡村景观与生活的

视频在海外社交媒体走红，她充满传统东方古典之美的外表与衣着，富有田园生活气息的农家小院，以及温馨幸福的家庭氛围、和谐友爱的邻里关系，都赢得海外网友的称赞与追捧。李子柒通过视频展现出勤劳勇敢的性格品质，以及因时而动、因势而动、与自然和谐相处的生活理念，通过衣着、妆容、家居陈设、饮食呈现出的"中国审美"已成为中国形象的名片。她从民俗文化、乡村发展、百姓的日常生活等角度，为讲好中国故事拓展了新的维度，让中国国家形象变得多维而具体、可爱又可亲。

第三，将"他塑"与"自塑"相结合，充分利用海外媒体、机构、权威人士，以海外文化的视角和话语框架向世界讲述中国故事。例如，2019 年，人民日报出版社出版了《风从东方来：国际人士亲历中国改革开放》一书，书中百余位外交官、企业家、学者、政要等国际人士，从不同角度讲述了他们眼中的中国，向海外读者介绍了改革开放四十年来中国的发展历程。2020 年，当代中国出版社出版了《中国战"疫"的国际贡献和世界意义——国外人士看中国抗疫》一书，该书集结了来自近 20 个国家的 20 多位前政要、共产党领导人、学者的人物专访，从不同视角向世界介绍了中国的抗疫故事。此外，从韩国放送公社（KBS）的《超级中国》到日本广播协会（NHK）的《中国力量》，越来越多的外国媒体摒弃偏见，开始客观、包容地审视中国，从不同的视角传播中国对世界文明做出的贡献。由此看来，"讲好中国故事"完全可以将"自塑"和"他塑"结合起来，形成"共塑"的大格局。

3. 拓宽内容维度

中国的对外宣传一向聚焦政治和经济领域，对文化艺术、自然环境、民生保障等方面的宣传还比较单薄。以中国的生态环境保护为例，近年来，中国在应对全球气候变暖、如期完成碳达峰以及植树造林、退耕还林等方面做出了突出贡献。2020 年 9 月，习近平主席在联合国大会上提出了中国气候变化目标，即 2030 年前实现碳达峰、2060 年前实现碳中和。这一战略表态获得了国际社会的广泛关注与称赞。对中国的对外传播工作而言，这其实也是助力碳中和、传播和讲好中国生态观的重要时机。碳中和目标与中国传统文化中的自然理念具有一致的精神内核，能够对外展现中国的生态观、文明观，还可动员全社会的传播力量，扩大国际"朋友圈"，续写中国的"蓝天故事"，传播保护生态环境的"中国方案"。[①]

---

① 李颖，张剑锋，崔冰洁. 抓住碳中和传播机遇 助力讲好中国生态观 [J]. 对外传播，2021（8）：18 – 20.

二、增强阵地意识、创新对外话语体系与正面回应国际关切

"讲什么样的中国故事"以及"以怎样的话语讲"是中国对外传播工作的重点。总体而言，讲好中国故事应当以中华人民共和国成立以来的发展成就为素材，同时以中国特色社会主义核心价值观为纲，创造讲述中国故事的话语模式与叙事体系，突出中国故事背后的思想和精神力量。讲好中国故事应从中国发展的现实出发，避免国家形象建构的形式化，将对外传播的内容落到实处。

1. 中华人民共和国成立以来取得的各种成就是讲好中国故事的生动素材

2014 年 10 月 23 日，习近平总书记在党的十八届四中全会第二次全体会议上的讲话指出："我们国家发展成就那么大、发展势头那么好，我们国家在世界上做了那么多好事，这是做好国际舆论引导工作的最大本钱。我们有本事做好中国的事情，还没有本事讲好中国的故事？"从抗击新冠肺炎疫情取得的成就，到为人类减贫事业与遏制全球气候变暖做出的突出贡献，近些年来中国的发展成就和全球贡献，都是讲好中国故事的生动素材。

在新冠肺炎疫情冲击全球、经济全球化受到严重挑战的情况下，中国仍然坚持推进脱贫攻坚事业，并在 2020 年如期完成脱贫攻坚的目标，8 年时间帮助近 1 亿人口脱贫，为全球减贫事业做出了巨大贡献。党的十八大以来，中国创造了人类减贫史上令人瞩目的成绩，这不仅对中国全面建成小康社会，推进经济、社会健康发展意义重大，也在"联合国千年发展目标"的框架内，为解决全球贫困问题与促进可持续发展贡献了经验与智慧。这些成就和贡献是讲好中国故事的重要素材，我们可以以脱贫攻坚的实践与成就为基础，建构与以往不同的叙事框架，超越意识形态的对立和不同文化的认知偏见，关注减贫事业的中观与微观层面，做好故事的轻量化处理，生动形象地讲述中国减贫工作的同时，也传达了中国坚持和平发展和可持续发展的价值观。①

2. 挣脱固化的认知框架、创建特色话语体系

2021 年 5 月 31 日，习近平总书记在中共中央政治局就加强我国国际传播能力建设第三十次集体学习时强调："要加快构建中国话语和中国叙事体系，用中国理

---

① 姬德强，朱泓宇，吴琼静. 平台思维、故事架构与话语创新：新媒体语境下中国减贫事业的国际传播路径［J］. 国际传播，2020（6）：24－30.

论阐释中国实践，用中国实践升华中国理论，打造融通中外的新概念、新范畴、新表述，更加充分、更加鲜明地展现中国故事及其背后的思想力量和精神力量。"要加强对中国共产党的宣传和阐释，帮助国外民众认识到中国共产党是真正为中国人民谋幸福而奋斗的。

讲好中国故事，要挣脱固有话语框架的束缚，不能简单地将"龙的传人""孔子""唐装"等传统文化符号与中国的国家形象挂钩，而是要将重点放在中华人民共和国成立后，尤其是改革开放以来中国取得的卓越成就、中国为世界发展贡献的经验与智慧，以及中国提出"人类命运共同体"与"一带一路"倡议后在全球社会扮演的新角色、发挥的新作用上。

讲好中国故事，就要建构有中国特色的话语体系，将抽象的价值观、制度体系落实到具体的实践与实体上。我们应当将中国共产党的思想、社会主义制度的优越性与先进的价值观、发展理念融入每一个中国故事，关注中国发展成就与经验的中观和微观层面。以脱贫攻坚成就的对外传播为例，可以以具体的脱贫案例为基点，融入个人真实经历、国家政策、政府帮扶、媒体参与等微观、中观、宏观事实，将宏大的政治、经济、文化叙事，具象化为真实生动的百姓故事、村落故事，转化为人与土地、人与自然、人与技术、人与历史、人与人等人类社会共通的关系叙事。由此，传播话语中暗含的价值观与轻量化的话语模式，才能被跨文化语境下的他国公众理解并接受，从而在国际社会得到更广泛的传播。

3. 有针对性地回应国际社会的关切

针对国际社会关注的民主、人权等敏感问题，尤其是不实猜测、恶意揣测，我们要讲好中国故事，有针对性地回应国际舆论。这就要求我们既要主动设置国际舆论议程，也要回应既有议程、积极发声，尽可能消除不实言论及其带来的消极影响。

三、建构传播平台，创新对外话语的表达方式

习近平总书记在中共中央政治局第三十次集体学习时强调，我国要加强和改进国际传播工作，讲好中国故事、传播好中国声音，展示真实、立体、全面的中国，这是加强我国国际传播能力建设的重要任务。要针对中国国家形象的特点，通过能够吸引世界人民的故事和可接受的叙事模式，设置中、外双方都能参与的议程，建构和传播中国形象；要根据不同文化和语言的特点，设置特定的传播内容、话语框

架、话语表达；还要加强对世界重要媒体的话语模式和话语核心词的研究。① 具体
来说，通过建构传播平台创造对外话语表达的新方式，要做到以下三点：

首先，利用社交媒体讲好中国故事。国家形象建构与对外传播的阵地已逐渐由
报纸、电视等传统媒体转向社交媒体，尤其是短视频社交媒体。具体而言，通过社
交媒体将我国优秀文化传播至海外的路径主要有：第一，借助海外社交平台对外传
播。我国的主流媒体如人民网、新华社等，都早已在海外社交平台开设官方账号。
第二，借助短视频与直播等方式，丰富中国故事对外传播的形式。例如：

> 2015 年 5 月，中国网推出一档英文评论微视频栏目《中国 3 分钟》
> (*China Mosaic*)，将马赛克作为符号，每一片马赛克代表一个中国故事和观
> 点。节目通过介绍每一片马赛克背后的故事，积少成多，帮助读者拼接出
> 完整的中国形象。《中国 3 分钟》围绕宪法修订、监察体制改革、国务院
> 机构改革、中美贸易战、改革开放 40 周年、中国国际进口博览会等热点话
> 题，推出 50 余期节目，在海外社交媒体平台的累计阅读量近 5 亿，视频累
> 计播放量超 2 000 万次，增进了海外受众对中国当下社会发展事实的
> 了解。②

其次，改变报道方式，提供易于理解的语境。虽然在"讲好中国故事，传递中
国声音"的宗旨下，我国外宣工作有所改进，但国际报道仍然偏向活动、会议、重
大国际事件等"硬新闻"，缺少海外受众能够理解的平常语境。根据爱德华·霍尔
的高语境—低语境理论，中国属于典型的高语境文化区，中国人表达内敛含蓄，语
句中包含的隐喻较多。因此，海外受众往往需要先了解中国历史、文化、社会背景，
才能够理解中国媒体的报道。因此，在讲述中国故事时，中国媒体需要根据不同国
家的社会发展实际与历史文化风俗改变报道的话语模式。例如，中国国际电视台
（CGTN）的成立，就是适应海外受众的语言习惯、话语模式与媒介使用方式，从而
更好地讲述中国故事、传递中国声音的重要举措，同时也展示了中国的对外传播在
受到西方新闻霸权钳制后，仍然努力打通对外传播渠道、发出中国声音的决心。

---

① 梁晓波. 中国国家形象的跨文化建构与传播［J］. 武汉大学学报（哲学社会科学版），2014（1）：
107 - 111.

② 王晓辉. 创新对外传播形式　用好新媒体新业态［J］. 新闻战线，2019（3）：63 - 65.

最后，突破"双重西方化"的困境。① 面对全球社会传播环境"西方化"的局面，我们要突破英美中心主义，在认知层面承认西方世界内部和非西方世界的多元文化的主体性。与此同时，针对第三世界的后殖民国家，应在发展主义的国家传播框架内，找寻清理殖民主义、追求发展主体性和多样性的共鸣，避免被新殖民主义的话语绑架。更重要的是，我们在适应外部环境时，要坚持内外有别、外外有别、一国一策和全媒体格局等原则，尤其要重视马克思主义理论中的媒介与社会的互构分析，以及从中国的内外宣传实践中产生的喉舌论、正确舆论导向、正面报道为主等概念。②

党的十八大以来，中国国际话语权和影响力显著提升，但同时面临新的形势与任务，亟须加快构建中国话语体系和中国叙事体系，提出融通中外的新概念、新范畴、新表述，更加充分、鲜明地展现中国故事及其背后的思想和精神力量；同时，要广泛宣传和介绍中国的主张、智慧、方案，高举人类命运共同体旗帜，倡导多边主义，引导国际社会共同塑造更加公正合理的新秩序，建设新型国际关系；还要深入开展各种形式的人文交流活动，通过多种途径推动中国同世界各国的人文交流，构建具有鲜明中国特色的战略传播体系。我们既要更好地了解跨文化传播的理论研究，也要掌握跨文化传播实践中的问题及应对方式，积极拓展中国文化在海外本土化传播的方法路径，更好地提升中国思想对外传播的亲和力和实效性，在坚定"文化自信"的同时，遵循国际传播科学规律，贴近不同区域、国家和受众群体开展精准传播。

复习思考题

1. 名词解释："逆全球化"；国际舆论；本质主义；建构主义。

2. 请简述你对当下世界新格局的理解。

3. 国家形象建构及要素研究包含哪些主要的理论视角？

4. 如何理解国家形象与国家形象建构？

5. 中国对外传播面临哪些机遇与挑战？

6. 请简述"讲好中国故事，传递中国声音"的必要性与重要性。

7. 请结合具体案例，谈谈你认为应该如何"讲好中国故事"？

---

① 姬德强．"双重西方化"：中国外宣的困境与出路［J］．青年记者，2021（6）：18-20.
② 洪宇．后美国时代的互联网与国家［J］．国际新闻界，2020，42（2）：6-27.

第九章

新媒体与跨文化传播

2021 年 2 月 2 日，吉尼斯世界纪录官方微博发文宣布，视频博主李子柒以其在 YouTube 平台 1 410 万的订阅量刷新了她自己在 2020 年 7 月创下的"最多订阅量的 YouTube 中文频道"的吉尼斯世界纪录，成为此项吉尼斯世界纪录的保持者。李子柒作为自媒体博主在海内外社交媒体走红，展现了中国文化对外传播的新模式，也揭示了全球跨文化传播的新形态：以短视频与直播等视听媒体为主的新兴媒介形式、以社交媒体为支柱的新兴传播渠道、以 UGC（User Generated Content，即用户生成内容）为主的新兴内容生产与传播模式。

移动互联网的发展为跨文化传播带来了新的机遇与挑战。移动互联网技术的不断更新以及网络传播模式的更迭，不仅刷新了全球用户的媒介使用实践，而且深刻影响了全球社会生活的各个方面，尤其是建制化的社会实践，如政治、文化、宗教和教育。本章将阐释互联网平台、直播与短视频、社交媒体在跨文化传播中的功用，全面解构互联网时代全球跨文化传播的新情境、新渠道、新模式、新思维。

第一节　互联网平台：开启跨文化传播的新时代

互联网平台凭借庞大的用户群和巨大的社会影响，已经超出了技术应用的范畴，成为人类生活的一部分甚至大部分，从"单一平台"到"平台社会"的进化也不断改变公众线上和线下的生活实践，公众的日常生活已然成为一种"数字生活"。这种生活方式的变迁对社会结构、权力关系、社会边界等方面造成了"弥散"式的影响，在世界范围内形塑出"平台生态"的社会发展新模式。因此，我们关于媒介技术对社会生活影响的讨论不应囿于技术层面，还应充分考虑"平台化"发展这一话语背景。

近年来，中国的互联网平台发展势头强劲，在本土获得成功后，又将目标瞄准海外用户。而这一"出海"旅程，本身就是一个多维的、复杂的跨文化传播过程。一般而言，异域文化的本土化传播通常都充满障碍与曲折，中国的互联网平台"出海"亦是如此，在经历不断调整、适应与妥协后，有些公司或个人平台适应了当地环境并蓬勃发展，有些则始终难以融入、铩羽而归。本节分两个部分介绍互联网平台这一跨文化传播的新载体，并以中国互联网平台"出海"为例，深入分析其成功与失败的原因。

一、理解平台：媒介、技术与资本的视角

平台研究是一个跨学科的研究领域，其中一个重要视角就是探讨数字平台如何参与社会运作并逐渐成为支配社会运转的重要力量。近十年间，一些理论成果已经直接应用到数字媒体研究领域，侧重研究数量增长惊人的数字平台（如 GAFAM，即谷歌、苹果、Facebook、亚马逊和微软）对平台劳动者的规训和控制问题，尤其关注这种"规训"背后的权力关系。平台在与劳动者的博弈中处于垄断地位，对劳动者有很强的控制力，可以决定劳动者的创作内容能否呈现出来，以及依据何种规则呈现。人工智能与大数据技术的发展帮助数字平台对劳动质量、劳动绩效及劳动价值进行实时、量化的监控与评估。因此，数字技术越发达、平台化程度越高，平台劳动者的异化程度也越高。

随着社会的发展和演变，平台的内涵与特征不断丰富。"平台"最初是指为其他目的服务的基础设施，强调平台作为基础设施的功能性。这一解释在"二战"后的工业化革命中随着制造技术的发展而得到细化。当工业生产迈进数字化时代，"平台"的话语意涵逐渐指向新的生产方式。诞生于日本的 i-mode 是世界上首个移动互联网平台，它开创了内容消费这一新的商业模式。i-mode 以独立的第三方自居，协调消费者与品牌方的金融业务并建立二者之间的信任关系，体现了平台的"桥接性"特征。

根据平台发展的历史脉络，其特征可以归纳为数字化、中介性与可供性。其中，数字化是对平台所处的数字化环境的映照，同时也指明了平台发展的方向，即随着互联技术与移动终端的不断发展，平台经济朝着信息化、智能化的方向不断演变；平台的中介性是"桥接性"的延续，突显其"万物互联"的连接作用，继而对社会资源与生产关系进行重组；平台的可供性指作为技术平台，如何发挥自身功能，为用户提供诸多可能性，并以此建构特定的社会结构。① 随着数字技术对社会生活的不断渗透，平台与基础设施之间的界限变得越来越模糊，平台逐渐成为现代社会的基础设施，改变了日常生活各领域的面貌。

何塞·凡·迪克、托马斯·波尔和马丁·代·瓦尔（José van Dijck, Thomas Poell & Martijn de Waal）将平台定义为："一种可编程的数字化建构，用来实现使用

---

① HOGAN B J. Networking in everyday life［D］. Toronto：University of Toronto，2009.

者、公司实体和社会公众的互动。"① 尼克·斯尼克（Nick Srnicek）将平台定义为："使两个或以上群体相互交流的基础设施。"平台建构了新的线上虚拟关系，联动了线下的实体关系，并围绕平台的运行模式形成了一整套新的社会交往方式。同时，平台经济的扩张也对社会的劳动力分配造成结构性影响。因此，我们对平台的讨论不能局限于数字化、中介性、可供性三个维度，而是要将平台视为复杂的社会机构，考察其如何控制我们的社会、政治、经济和文化生活，辩证地思考我们如何操控平台。

从传播学的角度，我们可以将平台视为一种传播媒介、一种技术机构和一种商业资本。②

第一，平台是一种传播媒介。一方面，平台可以被视为具象的内容生产机构。Facebook、Twitter、微博等都鼓励用户生产内容，UGC 的组织化生产是社交媒体平台存在的重要基础，因此从这个角度来看，平台是内容生产机构。另一方面，平台是中介化的媒介，更多扮演着独立于内容生产者与受众的第三方角色，但又深度参与传播的过程，如今日头条等平台。作为中介化媒介的平台瓜分了内容产业的话语权，因此，持续的内容生产不再是关键，而内容的可及性、社群的形成与个体的参与感成为首要问题。平台逐渐成为传播场域中的"中介机构"与"代理商"，在社会中起到连接、调节与中介的作用。

第二，平台是一种技术形态。数字化技术的进步是平台发展的重要支撑，平台对技术的依赖，决定了它具有可供性与物质性的特点。因此，我们可以通过算法技术和数字劳动来解释平台的内涵。"算法"（algorithm）是指一套由系统运行的明确的指令和步骤，用户可以据此得出目标结果，从而解决特定的问题。移动视频平台将算法应用到视频内容的整合、过滤和筛选等过程。在算法的影响下，创建和实施算法的实践主体确立的标准决定了视频内容的把关、审核和分发。

学界对算法的讨论早已超出技术的范畴，社会科学学者早已开始批判地看待算法的本质，将研究的注意力放在算法的控制力上。其实，平台算法的运行逻辑是很难理解的，因为算法技术涉及大体量的数据爬取、文本识别和复杂的模型，常被称作"黑箱算法"（black box algorithms）。算法的"高深莫测"增添了人与算法之间

---

① VAN DIJCK J, POELL T, DE WAAL M. The platform society: public values in a connective world [M]. Oxford: Oxford University Press, 2018.

② 孙萍，邱林川，于海青. 平台作为方法：劳动、技术与传播 [J]. 新闻与传播研究，2021，28（S1）：8-24，126.

不平等关系的想象，学界、业界关于"算法透明"（algorithmic transparency）的讨论就折射出人们对算法高智能、人为操控和强大影响力的担忧。平台的算法推荐必然会干预用户的内容生产，使得个人自主权在一套不可理解的算法中消失了。算法作为一种强大的技术已经发展成为某种"现代神话"：它难以理解，却能够通过统治、分类、治理、塑造或其他方式控制人们的生活。

第三，平台是一种新型劳动模式。与算法类似，数字劳动（digital labour）也是互联网平台经济下的产物。在中国城镇化进程中，互联网平台的快速发展正在改变社会的劳动结构、职业选择与劳动力分配：大量农村人口、农民工群体从制造业转向互联网平台灵活就业，而平台经济带来的数字劳动问题已成为关乎各方发展的社会问题。① 学界关于平台化数字劳动的研究主要有三个路径：平台用工模式、劳动过程和数字化监督。② 其中，平台用工模式关注平台化组织如何影响劳动关系和就业方式。③ 劳动过程研究关注平台化体制、机制如何控制、监管劳动者，以及劳动者如何反抗。数字化监督则关注算法如何替代人力对劳动力进行"全景监狱"式的监管，如何对传统福特式的劳动管理模式进行技术化、数字化改造。

二、中国互联网平台开拓海外市场

中国的互联网平台发展走在世界前列，不仅通过快捷支付、短视频应用、电子商务等形式深刻改变了中国人的日常生活习惯、社会交往模式，甚至参与到社会治理过程中，在乡村振兴、地区产业升级、城市形象建构、疫情防控、中国文化"走出去"等方面发挥了举足轻重的作用。当淘宝、抖音、美团等平台应用成为国人日常生活的一部分时，中国的互联网平台也开启了"出海"的航程，为海外用户形塑新的媒介使用习惯，培育新的消费增长点。不过，从共享单车的铩羽而归，到美国政府对微信、TikTok颁布禁令，中国互联网平台的"出海"旅程是艰难坎坷的。在开拓海外市场的过程中，互联网平台除了作为媒介、技术、资本等要素的综合体，更是一种话语体系，这一话语体系包括了全球化进程中的地缘政治、民族国家关系、

---

① 上海艾瑞市场咨询有限公司. 2021年中国灵活用工市场发展研究报告［R］//上海艾瑞市场咨询有限公司. 艾瑞咨询系列研究报告，2021（4）：61.

② 孙萍，邱林川，于海青. 平台作为方法：劳动、技术与传播［J］. 新闻与传播研究，2021，28（S1）：8－24，126.

③ KENNEY M，ZYSMAN J. The rise of the platform economy［J］. Issues in science and technology，2016，32（3）：61.

文化历史与意识形态等要素，更囊括了为一国商品经济、劳动市场带来变革性影响的结构性因素。因此，中国互联网平台的"出海"，不仅是技术类手机应用的海外市场开拓，也是一个复杂的、多样的、不确定的跨文化传播过程。

第二节　直播与短视频：跨文化传播的新形式

第 48 次《中国互联网络发展状况统计报告》显示，截至 2021 年 6 月，中国网民规模达 10.11 亿，互联网普及率达 71.6%，其中网络视频（含短视频）用户规模达 9.44 亿，占网民整体规模的 93.4%。始于 2017 年的网络直播与短视频现已成为互联网时代最具代表性的视觉表达形式，且成为中国大众获取信息的主要渠道之一。

直播是一种关于生活记录的表演实践。表演不是单一的行为，而是一种重复的仪式，它通过身体的语境达到表演的效果，某种程度上可以理解为一种文化上的持续实践。有学者提出，网络直播的发展呈现出地方化差异，这种地方化是指不同内容与领域的直播，其实践过程和特点各有不同。因此，研究网络直播不能一概而论，要根据不同内容的直播实践做出具体的分析与解读。国外学界的相关研究涉及诸多研究领域，并呈现出跨学科、多维度的研究态势，对直播实践的关注多围绕数字劳工、算法经济、性别关系、情感劳动等关键概念，探讨直播主体和视频平台之间的剥削关系、职业范式、工作机制、性别展演等议题。中国自 2016 年迈入"网络直播元年"以来，直播电商的高速发展和高回报现象成为学界、业界热议的话题。国内研究主要探讨数字资本主义中复杂的劳动关系、直播电商带来的传播模式创新、新型广告人才的培养需求、注意力营销、中国直播文化"出海"趋势及其带来的全球中国形象传播图景等。

短视频是指以移动智能终端为传播载体，依托移动社交平台和社交链条，播放时长在数秒到数分钟之间的视频内容产品。短视频之所以流行，是因为它最大限度地满足了大众自我表达与场景化表演的消费需求；同时，短视频具有素材丰富、表达方式多样、操作性强等特征，使其用户规模在短时间内激增。短视频的出现使得视频这种媒介形式的社会影响越来越大，有学者预测，短视频作为一种语言将渗透到社会生活的各个方面，进而成为社会通用的表达方式。

目前，直播与短视频已经成为跨文化传播的新形式，其以视听为主的传播方式，形成了"解码共通性"与"传播共情性"等媒介特性。文化的传播通过直播与短视频而更具感染力，从而起到打动人心、达成共识的作用。本节将从直播与短视频的视听优势、在跨国家庭文化交流中起到的作用，以及其作为媒介技术的"异化"倾向着手，分析其通过何种路径为跨文化传播带来新的活力。

一、以视听为主导的跨文化传播新媒介

直播与短视频是综合了视觉与听觉传播的新型媒介形式。一方面，与单纯的文字、图片或声音等传播方式相比，视听语言能够更逼真地再现场景，其表现出的生动、真实与冲击力是语言文字无法比拟的。认知一国文化最直接的方式是亲历体验，但并非所有人都有机会直接接触，因此便凸显了直播与短视频的叙事优势。另一方面，视听文本是一种"低卷入度"的话语体系。由于各国历史文化迥异，不同文化背景的受众有其自身独属的文化理解系统，但通过自身的解码系统诠释他国文化，往往会造成误解。而直播与短视频等视听文本，使受众无须调动自身的文化解码系统深入解读信息，既可以直观、轻松地获取信息，又大大减少了传播过程中误读、曲解的可能。并且，视听文本还能跨越语言文字的障碍，更容易达成传播的共情与共识。

此外，和传统的宣传片、纪录片、电视新闻等视听文本不同，直播与短视频借助移动视频社交平台，为用户搭建了更自由的创作与传播空间，也为文化传播赋予了更多的趣味性、互动性、沉浸感。

直播与短视频给受众带来更大的自主性。移动视频社交平台为用户生产的内容提供了储存空间与传播渠道，其内置的视频制作工具，可以让用户很容易地掌握原本通过系统学习才能掌握的视频拍摄、剪辑和传播技能，大大降低了用户生产内容的门槛，为个体创作赋能。基于此，每一个通过短视频分享生活片段的用户都成了跨文化传播的有效单位。这种自下而上的内容生产方式，是对自上而下的 PGC（Professional Generated Content，即专业生产内容）方式进行文化传播实践的有益补充，甚至一些本不是对外传播的视频内容，却起到了宣传本国文化的效用，此类"无心插柳"的案例也越来越多。

直播与短视频给受众带来更强的互动性与沉浸感。移动短视频平台越来越多地与 VR、AR、H5 等沉浸式、互动性的媒介技术勾连，给用户的使用体验带来更多的在场感与趣味性。由中国网络电视台（CNTV）与四川成都大熊猫繁育基地合作，

在海外社交媒体开设的"熊猫频道"（iPanda）账号，通过慢直播的方式 24 小时向全球用户直播熊猫的生活日常，使海外用户能够随时随地观看大熊猫打闹、玩乐，甚至产子等场景，让海外人士近距离了解中国的国宝。2021 年，云南野象集体向北迁徙并返回的过程也被各大媒体与沿路群众实时直播，向世界展示了中国保护野生动物的措施与成效。

二、跨国家庭沟通中的直播与短视频

目前，学界越来越关注信息通信技术（ICT）对跨国家庭关系的影响。搭载于移动社交媒体平台的直播与短视频形式，能够帮助身处不同国家的家庭成员超越空间障碍，在同一场景中交流日常生活，并进行文化沟通。

一些学者在研究跨国家庭以直播的方式进行共时烹饪时发现，Skype 等视频社交软件通过弥合空间距离，连接跨国家庭的日常现实，建构了跨链接习惯（transconnective habitus）。[①] 具体而言，直播与短视频等社交媒体重新安排了家庭活动与每日生活仪式，为跨国家庭创造了连接的空间。在社交媒体建构出的共时性家庭空间中，身处异地的家庭成员倾诉自己在异国他乡的新生活与新挑战，描述自己在新文化环境中遇到的新文化符号、文化习惯、民俗传统，并比较其与本国的差异。同时，新文化环境激发了个体对本民族文化的归属感与认同感，强烈的思乡情感促使个体不断加强对本民族文化的记忆，学习和巩固本民族的文化传统、生活习俗，而视频社交媒体平台为个体传承文化习俗、巩固文化认同提供了工具与渠道。在上述实证研究中，受访者每天都会通过 Skype 等软件与家人交流，学习家乡菜的烹饪方法，并倾诉自己的异国生活。其实，跨国家庭是跨文化传播的经典场景，相较于其他形式的跨文化传播，跨国家庭的文化碰撞与交融通常以情感连接，心理上更接近、更可信。而直播与短视频为跨国家庭的文化交流提供了更灵活的方式，通过建构共时的生活仪式来促进文化沟通，同时也促进了社会资本在家庭内部的交流。

放眼全球社会，直播与短视频等新媒介形式不仅改写了跨国家庭的文化交流形式，而且将远距离的文化传播放置在共时的同一空间中，建构出一种媒介环境中的共同在场，即环境共场（ambient co-presence）。这种无处不在的媒介环境，依靠视

---

① MARINO S. Cook it, eat it, skype it: mobile media use in re-staging intimate culinary practices among trans-national families [J]. International journal of cultural studies, 2019, 22 (6): 788－803.

频社交媒体的动态消息等在线应用功能，使得不在同一物理空间的个体也能随时随地了解"他处"的动态。[①] 以 TikTok 为例，TikTok 平台以短视频或直播的形式，不断发起各类挑战活动，不仅通过同一虚拟时空中的同一新媒体实践将世界各地的网民联系在一起，拉近彼此的心理距离，而且通过同样的视觉符号消费削减文化的隔阂，增进不同文化之间的交流与相容。

但值得注意的是，直播与短视频作为新兴媒介技术的代表，也有其局限性，存在"异化"的倾向。当我们利用直播与短视频进行对外传播与国家形象建构时，需要警惕这种媒介形式带来的局限与困境。以 UGC 为主要内容生产模式的移动视频平台，虽然能最大限度地为对外传播集思广益、博采众长，但依靠 UGC 进行跨文化传播或国家形象建构，会造成碎片化的局面，一国的文化形态或国家形象难以集中、立体地展现给外国受众。此外，短视频平台的用户由于生长环境、生活水平和受教育程度的差异，他们对国家或本民族文化的认识与评价各有不同，并且往往对其他民族或地区的发展状况认识不足，因此很可能会发布有失偏颇的内容，发出错误的信号，进而不利于国家的文化传播和形象建构。还有部分用户为博取流量、换取关注，只展示社会发展的弊端，甚至捕风捉影、夸大事实和造谣，这也成为对外传播过程中的不利因素。

第三节　社交媒体：跨文化传播的重要场域

社交媒体是平台媒体的重要分支，具有参与性、复向传播性、对话性与圈子性等特点，这些特性有助于提高国际传播的认同感、覆盖率、亲和性与黏合度。[②] 社交媒体为不同文化的碰撞与交流提供了广阔的媒介环境，一国的文化往往能在社交平台中得到广泛的传播，收获更多来自不同背景的用户的认同与追捧。在社交媒体中，意见的统一与社群的集结通常由情感来维系，共通的人类情感往往是塑造文化认同的最佳路径。粉丝文化就是以情感为连接，传播一国流行文化的典型表现，比

---

① MADIANOU M. Ambient co-presence：transnational family practices in polymedia environments［J］. Global networks，2016，16（2）：183 – 201.

② 栾轶玫. 社交媒体：国际传播新战场［J］. 中国传媒科技，2012（11）：19 – 21.

如，作为全球流行文化符号的世纪偶像迈克尔·杰克逊（Michael Jackson）、当下风靡全球的韩国女子组合 BLACKPINK，都是通过共通的审美体系与情感连接，使众人形成对同一文化符号的认同，继而对文化符号背后的文化体系，甚至是国家与民族的意识形态形成认同的过程。

但社交媒体既是跨文化传播的有力工具，也是产生假消息与刻板偏见的机器。虽然社交媒体为用户提供了更多的社会交往选择，但是人们依旧会根据自己的国家、族群、文化背景选择相对接近的群体进行交往，这很容易导致文化壁垒加高与刻板偏见固化。在掌握社会优势资源的经济团体、政治团体的操纵与裹挟下，虚假信息与仇恨言论在社交媒体中蔓延扩散，这对文化的交流与传播造成了阻碍，甚至由此滋生对特定国家或族裔的厌恶与仇恨。本节将从粉丝文化的形塑、假消息与刻板偏见的形成切入，分析社交媒体的两面性，进而帮助读者理解社交媒体在跨文化传播过程中发挥的作用。

一、激发情感共振的社交媒体

社交媒体改变了当代信息传播方式，而情感在其中起到了重要的作用。在社交媒体中发酵的现象级事件大多与公众的情感相契合，社交媒体中的受众更容易被情绪左右。在社交媒体这一高度关联、复杂的场域中，情感也联系了不同的群体。

情感表达并非单纯的"情感流露"，而是依据特定社会规则建构出的特定情感表达模式，因此，人们的情感表达话语也遵循着特定的社会意义脉络。同时，情感表达也具有表演性，个体之间通过交流情感，不仅可以产生情感共鸣，而且可以建构某种权力关系。由此可见，人们的情感表达是社会的产物，由特定的社会环境、历史文化背景塑造而成；情感表达也可以视为布尔迪厄研究中的"实践活动"，它拥有自己的场域、资本与惯习。[①]

过去二十年间，人文社会学科的研究出现了"情感转向"，情感与理性、情感与人类行动、情感与社会秩序都成为"情感转向"的重要议题。基于此，公共领域、公共舆论、网络传播等领域的研究也越来越关注情感的意义，并与传统的理性主义范式展开对话。[②] 情感传播是目前传播学关于情感的研究面向之一，主要从情

---

① 袁光锋. 迈向"实践"的理论路径：理解公共舆论中的情感表达［J］. 国际新闻界，2021，43（6）：55 – 72.

② 袁光锋. "情"为何物？反思公共领域研究的理性主义范式［J］. 国际新闻界，2016，38（9）：104 – 118.

感或情绪的角度探讨它们对传播的影响，认为情感是推动舆论形成和信息传播的主要力量，[①] 且这种情感并非天然存在，而是社会与文化建构的产物。[②] 不过需要注意的是，情感并非都与"非理性"挂钩，我们应该超越"理性—情感"的二元对立框架。此外，虽然极端的情绪会导致舆论场中出现网络暴民、网络暴力，但是情感体验也能起到连接和沟通的作用，从而发挥凝聚共识和力量的积极影响。

在情感传播的研究语境中，情感的意义在于它是可言说的。情感表达是一种在公共空间实践的社会行为，情感表达所使用的词语与语法、话语规则、表达方式都受到社会环境的规训，具有丰富的社会与文化意义。具体而言，第一，情感表达是在布尔迪厄所说的"惯习"的逻辑下进行的，是文化语境塑造的产物；第二，情感表达是特定社会情境动态发展的产物，是人在社会互动中习得的表达体验，是对特定语言或非语言符号的实践，因此，社会与文化建构出的情感表达习惯并非一成不变，而是根据人的社会交往不断变化；第三，人们之间的情感表达互动形塑了社会秩序，促成了社会与道德的形成；第四，情感表达有助于唤醒个体其他种类的情感体验，比如，社交媒体中的情感表达就具有互相激发、不断唤醒的情感体验功能。[③]

在社交媒体构建的虚拟场景中，用户通过高强度的互动与深度的情感连接塑造相互关联的身份，在共通的情感表达中确立认同感、形成共同体。粉丝文化就是基于某一流行文化符号而产生的共同情感，粉丝通过相似的情感表达聚集在一起，形成信念与行动相对统一的群体。社交媒体为粉丝群体的生长与巩固，以及粉丝文化的兴盛提供了广阔的空间。其实在社交媒体时代，粉丝文化不仅是兴趣相投的粉丝的文化，也是流行文化的衍生物，是文化工业的产品，更是一国向外输出文化符号与意识形态从而建构文化认同的过程。

粉丝群体肇始于 20 世纪 60 年代的美国，包含影迷、戏迷、体育迷和各种类型的爱好者。与普通消费者相比，粉丝是过度消费者，如影迷在各类文化产品中投入了更多的时间、精力与情感，从中产生更高强度的意义，与他们关注的对象建立起了更加亲密的关系。在数十年的发展中，粉丝作为一种有利可图的消费模式，受到了娱乐工业的鼓励与扶持。其中，"情感经济"尤其受到媒介娱乐产业的重视，它强调消费者在观看选择和购买决策过程中的情感因素。情感经济的出现与后福特生

---

① 刘丛，谢耘耕，万旋傲. 微博情绪与微博传播力的关系研究：基于 24 起公共事件相关微博的实证分析 [J]. 新闻与传播研究，2015，22（9）：92 - 106，128.

② 成伯清. 从嫉妒到怨恨：论中国社会情绪氛围的一个侧面 [J]. 探索与争鸣，2009（10）：49 - 52.

③ 袁光锋. "情"为何物? 反思公共领域研究的理性主义范式 [J]. 国际新闻界，2016，38（9）：104 - 118.

产体制密切相关，在这种新的生产体制中，产品不再局限于物质产品，而是包含了更多非物质的、符号的、情感体验的意义，消费者越来越偏重商品的文化内容与情感联系。在这种语境下，消费其实是创造认同与组建社群的过程，也是共享意义体系等非物质性介质的实践，因此具有极高的经济、社会和文化价值。①

在跨文化传播过程中，粉丝群体的意义已经超越了单纯的经济活动，成为不同文化沟通、碰撞、交融的桥梁，不同文化背景下的粉丝为他国文化在本国传播提供了更多的便利与可能。② 以情感连接为主要互动方式的粉丝文化，对跨文化传播而言是十分有利的，这主要出于以下几点原因：

第一，粉丝出于对偶像的崇拜，往往很容易跨越文化障碍。跨文化传播的传统策略有时难以奏效，其原因往往是不同文化之间的隔阂、地缘政治或意识形态的对立，具体体现为排斥、曲解与漠视。而粉丝出于对偶像的热爱与追捧、对文化符号的狂热，早已摆脱了对他者文化的消极心理。并且，随着对偶像及其代表的文化的深入了解，粉丝往往还会进一步了解整个文化生态，这对跨文化传播而言是十分有利的。

第二，粉丝拥有强烈的求知心理。粉丝对偶像的喜爱与追捧，促使其对偶像的成长环境、文化背景、所属国家，或作品诞生的社会、文化、历史语境进行深入且详细的探究，粉丝"求证"的过程本身就是跨文化传播的过程。依靠对偶像的偏爱，粉丝在理解一国文化系统时，往往采取积极、理性、客观的态度。

第三，粉丝拥有强烈的推介心理。粉丝对涉及偶像的文化内容保持高度的兴趣与浓厚的情感，对偶像所在国的文化也有相对深入的了解，掌握了普通受众不熟悉的信息。因此，他们往往热衷于向他人推荐自己的偶像，宣传其作品或所在国家的文化，为自己赋予文化代言人的身份。

第四，粉丝还拥有较强的文化生产能力。这种文化生产能力一般体现为两个方面：一方面，粉丝利用短视频、表情包，或普通的文字与照片，对偶像及其所在国的文化进行二次加工与改编，再次创作的短文、剪辑的短视频以及表情包等，都是宣传他国文化和流行元素的有效工具；另一方面，无论粉丝对他国文化产生何种强烈的亲近感，他们都无法忽视自身的文化背景。因此，粉丝在进行二次创作时，会根据自身所处的文化语境解读他国文化符号，并且小心规避不同国家、文化之间的历史矛盾与冲突。这样的改造不仅无形之中为本国受众接受他国文化符号制造便利，

---

① 杨玲. 粉丝、情感经济与新媒介 [J]. 社会科学战线，2009（7）：173-177.
② 高云. 跨文化传播视阈下的粉丝文化研究 [J]. 青年记者，2019（30）：30-31.

缩小心理距离，而且还能最大限度地避免矛盾与误解。

"二战"后，美国好莱坞作为全球流行文化的制造工厂，创造出众多被全世界粉丝追捧的偶像与文化符号，将美国的历史文化、意识形态、话语模式、价值理念等，通过电影、明星、歌手、动漫等丰富多样的形式传播到全球各地。以风靡全球的漫威系列电影为例，它极大地突显个人英雄主义价值观，电影叙事往往暗含了美国是世界中心的预设，将美国与救世主的形象画等号，将美国的意识形态与价值取向自动归为正义、公正和积极的类型。比如，电影总是将地球之战设置在美国本土，认为美国的安全就是全世界的安全，美国的敌人就是全世界的敌人，拯救美国的英雄就是拯救世界的英雄。这样自我中心化与个人英雄主义的电影叙事，不仅在漫威系列电影中反复出现，也在《终结者》《变形金刚》《白宫陷落》等著名好莱坞电影中反复运用，不断向全世界的观众建构、重申美国的中心地位。漫威系列电影通过完整且复杂的故事脉络、精良的电影制作、偶像演员班底与放眼世界的营销策略，在全球收获了大批粉丝。狂热的粉丝在社交媒体不断讨论各种电影情节，有关漫威系列电影的话题屡屡冲上热搜，让钢铁侠、绿巨人、黑寡妇等英雄形象深入人心，将美国文化传播至世界各地，观众在娱乐产品"润物细无声"的浸润下接受了其中的各类文化符号。

此外，好莱坞电影还通过"文化符号生产—粉丝文化传播"的方式向全世界输出文化，内容主要集中于以下几个方面：第一，大力宣传美国民主。主要是传播美国民主制度与理念，希望促进发展中国家按照美国式的政治理念和制度发展，巩固美国在世界的霸权地位。第二，广泛推行个人主义。个人主义是美国文化的核心，是美国文化中最受重视的价值观，也是美国最深刻的民族特性。个人主义具体体现为注重自我、张扬个性，不过，如果个人主义极端膨胀，也会导致自利主义、贪婪异化。第三，倡导普世价值。公平正义、客观公正、人道主义关怀等价值取向是好莱坞电影的永恒主题。好莱坞电影制作的底层逻辑是：美国的主流价值观也应是全人类共同关注的话题。好莱坞电影往往将美国塑造为"救世主"的形象，比如，在《逃离德黑兰》中，电影不断重复"相信 CIA，相信美国政府""美国是一个稳定、有序、民主的国家"。当然，其中还有对"美国梦"（American Dream）、宗教信仰等典型美国价值观的宣传。

好莱坞电影将美国的国家形象传播至世界各地，美国的软实力也因此得到了巨大的提升。不过，无论好莱坞的文化输出有多么的西方中心主义，其输出方式都值得我们学习和借鉴。

二、作为刻板偏见与假消息生产机器的社交媒体

社交媒体时代，人们似乎更容易被情感左右。情感共鸣虽然连接了不同的群体，促使不同民族的流行文化符号冲破语言、文字乃至意识形态和地缘政治等阻碍向外传播，建构共识与认同，但是，社交媒体同时也是产生假消息与刻板偏见的温床，极易造成群体极化，并由此加剧歧视与偏见、造成不同群体之间的割裂。

"后真相"（post-truth）一词就是对这一现象的凝练概括：社交媒体时代，人们不再主动追求事实与真相，而是轻易地被各种情绪、情感煽动，并根据自己的情感与信念而非客观事实做出选择与判断。当真相与网民基于情绪的判断相左时，网民也会倾向于自己的判断，并质疑事实以及发布信息的主体。后真相的蔓延与社交媒体的传播机制相关：社交媒体以个体为传播节点，以社交网络为传播渠道，用户在传播网络中有很高的自主性，主流媒体在其中失去了一定的传播优势。在社交媒体的内容生产模式下，诉诸情感的内容往往比客观理性的内容更容易迎合公众的心理和想象，从而更容易传播。而且部分用户在内容创作和信息转发的过程中，添加情绪化的评论，不断激化公众情绪，使得公众的认知与事实真相差别巨大。

跨文化传播过程中，社交媒体为不同文化的碰撞与交流提供了更为宽松、灵活的环境，但以社交媒体为单一信息源的受众也往往难以获得全面、准确、客观的信息，使得刻板印象、歧视与偏见也在群体极化的语境下不断深化。具体表现如下：

首先，社交媒体常常通过算法推演为用户推送符合他们想法和兴趣的内容，这使得用户很容易在同质化的信息场原地打转，陷入所谓"回音壁"的怪圈，导致原本的想法与偏见在重复的信息中不断加深。

其次，社交媒体依据算法推荐，将政见与立场相似的人聚集在一隅，形成讨论组和社群，这完美地契合了人们喜欢寻找和自己观点、态度相似的人的心理。同质化的社群交往使得成员难以跳出固有的思维模式，从而不愿听取不同的主张，而且由于缺少"异见"的稀释，群体成员的偏见与主张被牢牢地固化，极易形成极端的政治立场。

最后，社交媒体更易滋生谣言，让别有用心的团体、个人有机会传递煽动性的假消息，调动网民的负面情绪，挑拨不同族群之间的关系，并由此激化政治与社会矛盾。

虽然普通公众可以在社交媒体上平等地接收信息、发表言论，但掌握社会优势

资源的经济与政治团体正在逐渐深入社交媒体的"后台",通过攫取平台用户信息、操控算法、掌握核心自媒体账户等手段,潜移默化地影响用户的观点甚至思维方式。用户在大部分情况下都察觉不到这种"操纵",以为自己依据社交媒体上的信息而做出的选择是"自发"的行为。这就是西方国家盛行的"算法政治",这种数据政治不仅围绕数据的收集和使用展开政治斗争,而且塑造出新的权力关系:算法政治贯穿了虚拟与现实两个世界,成为信息沟通、宣传引导、组织动员及政治斗争的根据。所以能否把握和利用好算法政治,直接关系到政治竞争力和未来权力走向。①

算法政治为何有如此强大的力量?首先,算法政治具有隐蔽性。藏匿于后台的算法直接决定了用户看得到什么、看不到什么,但用户却觉察不到明显的政治洗脑与熏陶。其次,算法政治具有融合性。移动互联网运营商、社交媒体平台等互联网公司、通信公司与西方国家的政党在算法传播方面的合作和交易逐渐增多,一些典型的数字政党更是直接扎根于互联网与社交媒体。最后,算法政治具有对抗性。资本主义国家的政党与社交媒体平台并非总是保持亲密关系,时常也会发生对抗与冲突,如美国前总统特朗普公开指责 Facebook 删除其言论的做法等。

美国前总统奥巴马利用社交媒体竞选而大获成功之后,社交媒体逐渐成为欧美许多国家的党派竞争、政治选举的角逐场,也成为近年民粹主义滋生的温床。英国首相鲍里斯·约翰逊及其所在保守党,在选举期间将旗下官方社交媒体账号"保守党官方新闻办公室"改为"英国事实核查",将账号包装成真正提供事实核查服务的账户。当约翰逊同工党领袖科尔宾进行电视辩论直播时,该账号发布了许多反驳科尔宾和工党政见的言论,指责科尔宾"说谎",反衬约翰逊的言论"真实可信"。辩论结束后,该账号又将名称、头像等恢复至"保守党官方新闻办公室",② 而电视辩论直播期间受该账号影响的受众,已经在不同程度上巩固或改变了自己的看法。当然,社交媒体时代信息爆炸,消息都是"稍纵即逝"的,也鲜有用户会核查自己曾"瞄过一眼"的信息。而这样的方法也曾在英国脱欧投票时的社交媒体大战中被运用。

社交媒体也越来越成为政治观点的"角斗场",极化的民众情绪助推了民粹主义思潮与政党的发展。在全球经济衰退和新冠肺炎疫情的双重夹击下,不少国家的社会政治生态异化,社交媒体上的民粹主义言论甚嚣尘上,激进、仇恨的信息肆意

① 石晓虎. 资本主义国家政党政治中的算法政治:特点、影响及前景 [J]. 当代世界与社会主义,2021(1):118-125.

② 卫蔚,李阳. 约翰逊靠"阴招"打赢社交媒体选战 [N]. 新民晚报,2019-12-15(6).

传播。部分国家的民众以社交媒体为舆论场，发布大量排斥外来移民、反对特定宗教、推崇贸易保护主义的言论，将不满的情绪诉诸反体制、反现状的民粹主义。部分国家的政党或领导人还会煽动公众的不满情绪，以"人民的声音"为幌子，将社交媒体上的民粹主义言论朝极端的、仇恨的方向引导，并鼓动民众将行动从网络抗议升级为游行示威，或针对少数族群采取打砸抢的行动，甚至通过绑架和威胁执政党，谋求自身的政治利益。德国的"另类选择党"、荷兰的民主论坛、法国的民族阵线等都是民粹主义政党的典型代表。

民粹主义在社交媒体大行其道，不仅让文化交流与传播等活动难以为继，甚至成为滋生谣言的土壤。在虚假信息与极端民族主义、种族主义言论的包裹下，这些谣言往往会转变为对某一国家及其民众的仇视行为。

以社交媒体为代表的数字技术与社交平台促进了不同国家、种族、民族，以及不同文化背景的群体之间的互动与交流。然而，在社交媒体的大环境中，个体还是会根据自己的国家、族裔等选择与自己背景相近的人群进行交往，更加信任与自己文化背景相同的意见领袖，并且会根据自己对特定群体的刻板印象选择不同的社交媒体平台进行信息收发、文化交流、社群集结等。因此，社交媒体在一定程度上使得个体或群体强化了文化隔阂和刻板印象。有学者研究澳大利亚华人移民在交友时使用社交媒体的情况，发现既有的刻板印象决定了华人用户对交友平台与交友对象的选择。[①] 比如，Tinder 与探探是澳大利亚用户保有量较高的两款交友社交软件，Tinder 以白人用户为主，探探则以亚裔用户为主。华人用户希望结交白人朋友时，通常会选择 Tinder，希望结交亚裔朋友时，则会选择探探。华人用户选择结交白人，多是出于学习英语、了解民俗文化、更好地融入当地社会，以及结交更多本地人等目的，因为白人朋友是帮助他们实现目标的最好伙伴。而这样的选择正是刻板印象的结果：澳大利亚是一个移民国家，不同的族群及其文化在熔炉式的社会环境中碰撞、交融，这一社会事实体现在社交媒体的使用中，应当是开放而广泛的社会交往。但华人用户将白人作为交友的"优先选项"，潜台词是视白人及其文化为澳大利亚的主流文化，将白人交友圈视作"主流圈子"，将自己能够融入白人文化社交圈视为成功。其实，土生土长的其他族裔也能帮助新移民学习英语、结交朋友、融入当地文化，并非只有结交白人才能达到融入当地社会的目的。

---

① CHEN X，LIU T. On "never right-swipe whites" and "only date whites"：gendered and racialised digital dating experiences of the Australian Chinese diaspora［J］. Information，communication and society，2019，24（7）：1 −18.

社交媒体虽然为文化交流提供了广阔的媒介空间，为不同文化的交融提供了无限的可能，但同时社交媒体也是谣言与偏见滋生的温床。首先，社交媒体上的信息交流以情感为导向，而情绪比真相更易传播，很容易导致情绪的极端化以及谣言的产生，从而不利于跨文化传播的顺利进行。其次，社交媒体具有汇集民意的强大力量，吸引了越来越多掌握社会优势资源的政治团体与经济团体，他们通过控制算法左右信息沟通、宣传引导、组织动员及政治斗争实践。因此，通过社交媒体进行跨文化传播越来越受到意识形态、地缘政治、经济利益的影响。最后，社交媒体虽然为个体的文化交流提供了越来越多的选择，但个体仍然偏向接受与自己文化背景相同的文化符号、与同一文化背景下的人交往，或按照文化惯性做出选择；而对陌生的文化往往带有刻板偏见，因此常常保持谨慎的态度。

复习思考题

1. 名词解释：平台；直播；短视频；算法；粉丝群体。

2. 请结合你对短视频与直播的理解，谈一谈与传统媒介传播形式相比，它们有何传播优势？

3. 如何理解传播学研究中的情感转向？

4. 如何看待粉丝群体在跨文化传播中所扮演的角色？

5. 请结合相关理论与具体案例，简述好莱坞进行文化输出的过程。

6. 请结合具体案例，谈一谈社交媒体为跨文化传播带来何种机遇与挑战。

第十章

跨文化传播研究焦点案例分析

案例一：以"情感抚慰"为核心——中国网络玄幻小说走红海外

一、案例梗概

2014 年，《南方周末》的一篇报道介绍了中国网络小说在海外走红的背景。中国网络小说的发展与市场环境的变化是分不开的，在互联网文学出现之前，中国的文学作品偏向精英化，商业类型小说的发展受到限制，因为没有形成一支创作力旺盛的作家队伍，更没有产生充分细化、精准定位的市场渠道。1990 年开始"市场化"转型后，商业类型小说也基本都是从海外输送进来的。直到 20 世纪 90 年代末，互联网在中国逐渐普及，网络文学从此顺流而上，占据了商业类型小说这块巨大的"蛋糕"，经过十几年的野蛮生长，网络文学逐渐发展成熟并积极出海。

在中国网络小说进入海外读者视野之前，东方文化输出的成功代表是日韩轻小说和网络漫画。日韩轻小说以轻松愉快的校园故事和岁月静好的日常生活为主要内容，这种带有东方文化元素的小说类型吸引了大量海外读者。而当日韩轻小说与网络漫画的海外读者逐渐对日韩作品的套路感到厌倦时，在论坛上零星出现的中国网络小说便顺理成章地成为他们新的关注点。随着读者范围不断扩大，海外市场对中国网络小说的需求也不断增加，不少华裔作家或业余翻译者建立起海外小说阅读网站，连载原创或翻译小说。2014 年，随着武侠小说翻译网站 WuxiaWorld（武侠世界）的创立，中国武侠小说开始在美国流行，一些武侠小说粉丝自发翻译金庸和古龙的作品并上传至社交网络。

《盘龙》是起点中文网的白金作家"我吃西红柿"于 2009 年创作的玄幻小说。小说以西方世界为背景，讲述了主人公林雷·巴鲁克——一名小镇的普通青年，在机缘巧合下获得了神器"盘龙戒指"，凭借神器和自身的努力一步步成长为宇宙最高主宰的故事。2014 年底，该小说由美籍华人赖静平（笔名为"RWX"，是金庸小说《笑傲江湖》中的角色"任我行"的拼音缩写）在其创立的网站 WuxiaWorld 上翻译发行。作品一经发布，便在海外网络文学圈引起了巨大的轰动，热度居高不下，被称为现象级的"爆文"。此外，WuxiaWorld 还连载了许多带有中国传统文化色彩的玄幻或仙侠小说，如《斗破苍穹》《我欲封天》等。不到两年时间，该网站就成为 Alexa 全球网站排名前 1 500 的大型网站，日均访客数量超过 30 万。

谈及玄幻、仙侠题材的小说成功"出海"的原因，赖静平曾表示："中国的传统武侠小说，像金庸小说里的轻功，中国读者一看就能明白，但美国读者就难以理解，因为现实的文化隔阂太深了。而网络玄幻小说的故事发生在异界，美国读者接受起来反而比较容易。另外，小说里的魔法、精灵等事物本身就带有西方文化元素，通过作家的笔遮盖了一层中国文化的面纱，让读者既熟悉，又有新鲜感。"在他看来，网络文学刚好找到了中西方文化"融合"的点，使国外读者读起来既陌生又熟悉。比如，《盘龙》是不少外国读者接触中国网络小说的入门之作，书中人物姓名就是西化的英文名，男主人公叫林雷·巴鲁克，女主人公叫迪莉娅，外国读者接受起来自然没有障碍。[①]

除了文本的吸引力，玄幻小说的故事内核也对海外读者具有深层的"情感按摩"效果。玄幻、仙侠小说给读者带来的阅读快感可以用"爽"来形容，升级打怪、降妖除魔、数不尽的奇珍异宝、拯救苍生的使命……读者在"升级流"的小说文本中，感受到睥睨天地的快感。从海外粉丝的评论来看，外国读者的"爽点"与中国读者的"爽点"大体相近，中国网络文学的海外传播，最生猛的力量在于其"一视同仁"地打通了海内外读者的"快感通道"。[②]

二、案例分析

具体而言，中国玄幻网络文学对海外读者具有极大吸引力的原因，可归结为四点，分别是独特的中华文化，针对海外市场的在地化翻译和写作特色，戳中"情感抚慰"这一共同需求，以及输出异于现实社会的文化价值观。

首先，对海外读者来说，神秘的中国古典文化是全新的知识领域，能够激发其好奇心和新奇感。大多数玄幻小说加入了穿越、重生等剧情设定，融入了阴阳、八卦等传统文化元素，这些与西方古典文化中的魔法、巫术等完全不同的玄幻意象，对海外读者来说具有一定的吸引力。中国传统文化中有不少富于想象和奇幻色彩的

---

① 张熠. 从翻译开始，为网文"出海"辟出一条通道 [DB/OL]. (2017-04-15) [2021-11-20]. https://www.oktranslation.com/news/twininfo47659.html.

② 刘长欣，姚雪卉. 中国网络文学出海成功之道：不但神秘而且够"爽" [DB/OL]. (2018-10-16) [2021-11-20]. https://www.sohu.com/a/259794864_99971698.

故事，如先秦的《山海经》、魏晋的志怪小说、明代的《西游记》等都是现代玄幻小说的文化源泉。从发展脉络来看，中国现代玄幻小说是从现代武侠小说派生而来的，现代武侠小说的代表作家有金庸、梁羽生、古龙等，这些作家主要活跃于20世纪七八十年代。而现代玄幻小说最早的领军人物是香港武侠小说家黄易，其作品《破碎虚空》《寻秦记》《星际浪子》和《大唐双龙传》等普遍包括历史、科幻、战争、谋略等要素。

与《魔戒》《哈利·波特》等纯粹建立在虚幻异世界的西方玄幻作品相比，中国现代玄幻小说带有更加鲜明的现实主义色彩，对中国历史、哲学、思想的反映与糅合能够带给海外读者新奇的阅读体验。此类小说多以中国特定的历史时期为背景，延承了传统武侠小说的风格，最大限度地体现了中国玄幻小说的本土特色。黄易的第一本玄幻小说《破碎虚空》（1988）即以元朝初年为时代背景，以玄学为基础，融合道、儒两家学说，建立了一种新的武功模式和武学境界，并大胆地把哲思引入武侠情节中，奠定了黄易此后所有武侠作品的世界观、时空观和方法论。真实的历史背景提高了玄幻小说的现实主义色彩，也增强了小说的可读性。

其次，相较于传统的武侠作品，玄幻小说的翻译借鉴了西方作品的大量元素，尽可能实现题材、人物形象、文本、形式的本土化，以便于海外读者接受。过去十几年，金庸、古龙等作家的经典新武侠作品虽然在中外都受欢迎，但因为其语言是典型的中国古典文学语言，传播到海外市场时出现了很大的文化折扣。因此，在中国网络文学"出海"的过程中，本土化解读是海外译者翻译中国现代玄幻小说的主要方式。

具体来说，这些华裔译者对现代玄幻小说的翻译不完全是被动的，而是从西方经验出发，主动参与、对话与阐释，从而使翻译后的小说具有符合西方读者口味的文化要素、审美特性等。例如，译者在翻译中国网络作家"天蚕土豆"的作品《斗破苍穹》时，为了让海外读者理解"斗气"的概念，将"气"转译、嫁接为西方的"力量"，把"斗气者"译为"炼金术士"，把修炼等级中的"斗士"译为"战斗导师"，把"斗灵"译为"战斗精灵"，等等。虽然这样的翻译方式属于"以西释中"，并没有抓住作品背后的中国文化精髓，但是从海外读者的角度来看，这种"本土化"的翻译便于理解作品，其实反映了海外读者接受与理解中国文化的意向，也是中国网络文学对外传播的一种深化。

同时，作者和译者在写作、翻译的过程中也吸收了西方文化的一些理念，不少网络作品带有西方色彩，如希腊神话、宗教主义等都成为作家创作的素材和源泉。

对海外读者而言，偏向西方的世界观、场景设置和人物描画都在一定程度上增进了他们对中国网文作品的熟悉和认同。比如，仙侠文中的"万宝殿"，如果直接翻译成"Palace of Ten Thousand Treasures"，虽然将字面意思表达出来，但国外读者并不能理解背后的意象与意涵，而翻译为"Palace Opulentia"（豪华宫殿，源于拉丁文）则更能传达原意。

最后，以玄幻、武侠为题材的网络小说，大都具有普世的情感结构，其故事脉络与西方主流价值观、意识形态、宗教传统等也相契合，易引起海外读者的共鸣。中国现代玄幻小说的情节基本围绕"复仇""拯救苍生""小人物变大英雄"等主题展开，这从情感上呼应了西方社会崇尚的英雄主义文化。故事情节的设定一般经历由弱到强的转变：主角一开始是一个平平无奇的普通人，家世背景都不出众，基本处于社会的底层。但主人公通常具有真善美的品质，在拯救世界、锄强扶弱的道路上不懈努力，最终成长为作者创作空间里最显赫的存在。比如，在小说《盘龙》中，主人公林雷·巴鲁克出身于一个没落的贵族家庭，在成长过程中，巴鲁克遭遇了种种磨难，面对强大的教廷势力压迫、目睹自己最亲近的人死去，他一度自暴自弃，但最终战胜了自己，同时也完成了复仇。在故事中，巴鲁克不畏强权，勇于反抗，最终实现了自己的梦想，这其实契合了西方人崇尚的个人英雄主义价值观。

三、案例总结

中国的玄幻小说带给海外读者关于英雄的新奇想象，唤起海外读者内心深处的情感共鸣。具体分析其原因，主要有以下两方面：

一方面，相较于早先风靡西方的日韩轻小说和动漫，中国现代玄幻小说的主人公在人物设定上较契合海外文化。国内的网络小说经过数十年的发展，已经形成了一套独特的塑造主角性格和故事母题的框架。在 WuxiaWorld 网站中，不少海外网友评论："我现在超恶心废柴主角，尤其是日式作品里的那种，就完全不想再碰这种东西了。虽然有时候仙侠作品的主角有点太无情了，但还是比我之前看的好多了。"中国现代玄幻小说中的主人公通常杀伐果断、狂霸酷拽，让海外读者觉得十分新鲜。

另一方面，在现代性焦虑不断泛滥的当下，"爽"作为玄幻小说的核心吸引力能够给读者带来沉浸式的情感体验，切中了全球大众即时满足情感需求的渴望。"爽"是中国网络文学的自创概念，指的是读者在阅读专门针对其喜好和欲望而写作的类型文时获得的充分的满足感。其实，"爽"本身包含"虐"的成分，如男频文（男生频道，指大多数男生爱看的小说）中常有的"虐主"（让主角遭受痛苦境遇）情节，目的是起到"先抑后扬"的"爽"感效果。有关中国网络文学的研究普遍认为，这种"爽"追求的是即时、单纯的快感。网络玄幻小说将"爽"作为核心诉求，一方面是单纯的欲望发泄，另一方面又是积极、主动地自我辩护。在现代性不断发展的当下，社会节奏加快、阶层固化严重，严肃和精英主义文学面临着越来越窄的受众市场，而玄幻小说以自我欲望为主导，遵从了"以情感满足为本"的原则，迎合了西方乃至全球的大众市场。

这种以即时满足为本的快感来源，可以笼统地概括为以"爽"为主导的情感按摩。目前，中国输出的网文多为玄幻、奇幻类的"小白文"，其快感在于读者读起来不费脑力，而情节的演进又让人觉得畅快、喜闻乐见。这类"小白文"经过网络文学多年发展、淘洗积累而来，故事母题和情节设定一般都比较套路化，文笔和逻辑也较为欠缺，如"草根逆袭""霸道总裁爱上我"等。虽然情节性弱，故事缺乏价值导向、人文关怀和人生经验，但是能够带来沉浸式的快感，因为读者可以借此想象自身也是平平无奇的主人公，最终克服重重艰险，战胜敌人和自我，赢得胜利。其实，这种快感更源于社会对欲望的压抑和掩盖，而"小白文"恰恰成为快感的补偿和表征机制。

此外，价值观的碰撞和冲突是中国玄幻小说吸引海外读者的又一个重要因素。相比于西方魔幻小说强调宗教和血统的重要性，中国玄幻小说的主角往往不问出身，这种"王侯将相，宁有种乎"的故事特点，击中了海外读者对阶层固化现状不满的心态。这种普通人在历经磨难之后也能成为救世主的故事框架，向西方阶层固化多年的社会传递了另一种可能：当今社会已经从贵族社会和宗教领袖的精神统治中脱离出来，每个个体都有改变命运的机会。同时，这一故事特点也迎合了"美国梦"的诉求，鼓励人们向上流动、追寻美好生活。而且，中国玄幻小说通过平平无奇的主角一路开挂逆袭的情节，给不少"热血青年"提供了某种"精神净土"，在社会矛盾越来越严重的情况下，这种套路化的"爽文"成为一种临时的"乌托邦"，随时接纳想要逃离社会压力的年轻人。不少海外网友表示，他们本国的小说执着于恪守"遵循宗教传统""皇室规则"等被吹捧了一次又一次的社会理想，但中国现代玄幻小说更加现实主义，"人不为己，天诛地灭""总有一天我会逆袭，让你跪下唱征服""他竟然在我面前装，看我怎么打他的脸"等主题为他们提供了新的幻想的可能。

中国现代玄幻小说也蕴含不少与西方文化冲突的情节，反而促使海外读者主动了解中华文化，在阅读过程中增加对中华文化的兴趣。例如，中国社会重视的"人情""面子"，是不少低语境文化的西方国家难以理解的文化特征，而通过中国现代玄幻小说这一中介，海外读者能够在故事情境中体会东方语境下的"面子"，以及自尊如何与个人身份、群体认同紧密勾连。此外，大量的玄幻小说通过将中国传统的儒、释、道思想杂糅于文本以及人物关系中，使得海外读者有机会与中国传统哲学思想对话，以自身的阅读体验理解中华文化。例如，"道"是中国传统思想中的一个重要概念，其含义并不唯一，很多玄幻小说都在情节中涉及这一概念。如小说《莽荒纪》中，纪宁学习剑之"道"，就是学习剑的规则，有海外读者读后就能理解，"道"就像一种规则。当然，海外受众理解中国的习语、俗语时也需要了解一定的历史与文化背景，他们虽然在阅读时可能会产生文化冲突，但受情节的吸引，往往会对中国传统文化产生浓厚兴趣并进一步探索。

案例二：慢直播塑造国家新形象——以"熊猫频道"为例

一、案例梗概

慢直播是一种全程直播某种普通事件的网络直播形态，其特点是节奏缓慢、场景固定、不加干预、无剪辑、超时长等，往往因其真实、不加修饰地展现事件与特定对象的原本面貌而受到欢迎。这种形式最早源自挪威的"慢电视"直播节目《卑尔根铁路的分分秒秒》，直播用 7 个小时完整呈现了卑尔根铁路上的一趟火车旅行，没有任何后期制作，播出后却意外大获成功。

中国的慢直播可以追溯到 2013 年上线的"iPanda 熊猫频道"（以下简称"熊猫频道"）。"熊猫频道"由中国网络电视台（CNTV）与四川成都大熊猫繁育基地联合推出。节目以国宝大熊猫为主要呈现对象，通过多路高清摄像机 24 小时全天候向全球直播成都两处大熊猫繁育中心的熊猫生活实况，实时展现熊猫作为中国"国宝"的真实生活状态。大熊猫是一个不受政治意识形态裹挟的独立存在，这让熊猫在中国的对外宣传中变得"可塑"，如熊猫除"可爱""萌"等标签外，还象征着"和谐、和平、团结"等正面、积极的意义，其"和平无争"的形象在一定程度上也改变了海外诸如"中国威胁论"等对中国的负面看法。

"熊猫频道"上线仅一年就获得 4 000 多万次网络访问量，在新浪微博平台粉丝超过 1 190 万，在 YouTube 上多条视频播放量超过千万，在 Facebook 平台也收获了较高的浏览量与评论量。此外，"熊猫频道"的内容也被国内外媒体竞相报道，在国际上获得了很大的关注。"熊猫频道"官方网站以及 YouTube 平台 24/7HD Panda Live@ iPanda 等栏目，通过成都大熊猫基地的 21 路直播信号，将该基地圈养的大熊猫分为幼年熊猫、成年熊猫、母子熊猫等类别，同时设立分批线路，以不同的基地房间为主要场地，向全世界整体直播大熊猫的真实生活。只要访问网站或社交媒体平台链接，就能立即收看熊猫的实时动态。节目以这样的慢直播形式，不加修饰地向海内外观众直接呈现大熊猫的生活日常，达到了很好的传播效果。熊猫这一外形圆滚滚、憨态可掬的"萌物"获得了海内外观众的喜爱，而慢直播这种随时随地都可进入观看、具有真切"在场感"的呈现形式也广受好评。

二、案例分析

1. 客观、真实：去饰求真，还原"第一现场"

慢直播以超时长、无剪辑的实况镜头跟进被摄对象，不依靠剪辑手法与其他素材、不掺杂个人主观情感，只是将真实的一面和盘托出，极大地提升了内容的真实性。大量关于中国实况的慢直播，在一定程度上使得那些刻意歪曲、污名化中国现状的谣言不攻自破，让海内外民众通过慢直播看到越来越多中国的"真相"。

仍以"熊猫频道"为例。根据全球首个《外国人对中国文化认知调查报告》，"长城""竹子"与"和谐"是外国人认知中国的最直接的三个文化符号，其中"竹子"常常与"熊猫"关联。熊猫作为中国国宝在全球都是十分独特的，其憨态可掬、治愈人心的形象极大地满足了观看者的心理需求。长期以来，大熊猫还是中国环境保护、生态保护等话题的主要媒介形象，借助慢直播这一形式，海外观众也能了解中国在构建全球良性生态秩序方面做出的努力。

另一个例子是 2021 年的云南象群迁徙事件。截至 2021 年 6 月 12 日，亚洲象群从云南西双版纳一路北行，走了 451 天、近 600 公里，却仍没有走出云南省境。通过此次象群迁徙的慢直播，海外观众看到了中国除北上广以外的其他城市，并纷纷感叹中国幅员之辽阔。而且，这次象群迁徙直播也是对此前一些国家报道中国云贵地区所谓"落后现状"的有力回应。此外，云南省是中国 17 个生物多样性关键地区之一，"行走的象群"也让世界目光聚焦于中国在保护生物多样性方面做出的努力。

此次慢直播中，"主角"象群与当地人的互动也让世界观众感受到中国人与自然相处的和谐氛围。直播中时常会出现一些"突发情况"，如大象跑进农户家中喝烤酒，但农户并不驱赶它们，而是"自得其乐"地观察它们的一举一动；在象群穿越城镇、公路时，过往民众也不会扰乱它们的行进状态，而是让它们安然地走过。向北迁徙的这趟"旅程"中，没有出现任何人类伤害象群的举动。慢直播镜头展现的是充满爱心、淳朴善良、与自然和谐相处的中国人形象，象群迁徙的故事也让全世界人民看到了一个美丽和谐的中国。

2. 全面、细节：超越客体，全景呈现美丽中国

"熊猫频道"不仅让观众实时关注憨态可掬的国宝大熊猫，同时也以宏观、全面的视角展示了中国作为生态大国的良好形象。

一方面，"熊猫频道"最初只聚焦于大熊猫这一珍稀物种，此后又陆续开设了其他珍稀动物的慢直播，如神农架金丝猴、洋县朱鹮等，展现了中国在保护物种多样性、维持生态平衡方面取得的显著成效；另一方面，在慢直播镜头中，中国的自然风光与人文景观也尽收眼底。"直播中国"栏目自上线"熊猫频道"以来，选取了极具代表性的自然风光进行直播，从牡丹江雪乡到北京八达岭长城，从浙江舟山群岛到福建厦门鼓浪屿，再到海南闻名世界的"天涯海角"，为海内外观众展示了不同类型的自然风光。与公益广告、宣传片等媒介形式相比，慢直播在全面呈现自然风光与人文景观方面优势尽显。从这个意义上来说，"熊猫频道"的慢直播已经超出"熊猫"本身，延伸到了自然和人文景观，并通过细节呈现"美丽中国"。

在象群迁徙事件中，慢直播也在全面呈现事件和周围环境方面发挥了优势。此次慢直播也对中国的对外传播产生了较大影响，让世界观众透过象群迁徙看到一个美丽富饶、文明和谐的中国。

3. 在场、陪伴：慢节奏生活，满足公众情感需求

当下，人们的生活节奏越来越快，生活方式也越来越碎片化，需要一些以"慢"为基调的因素，来调适繁忙的生活。其实，中国自古以来就有对"慢生活"的追求与向往，陶渊明的"采菊东篱下，悠然见南山"是如此，李白的"且就洞庭赊月色，将船买酒白云边"亦是如此。在其他国家的文化中，同样存在对慢节奏生活的认同与向往：以"悠闲、优雅"著称的欧洲人被公认为世界上"最懂得享受生活"的人，即使是工作日，也随处可见在广场椅上晒着太阳、在酒吧里品尝着饮料、啤酒的欧洲人。尤其是丹麦、瑞士等国民幸福感指数较高的国家，生活节奏尤为缓慢。即便是最为"勤勉"的德国人，在自己的生活中也一定会预留出休闲、娱乐的时间。由此，以"慢节奏"为首要特点的慢直播能在一定程度上满足当代中国人的心理需求，也能引起其他文化群体的共鸣。

此外，慢直播还能给观众带来在场感和陪伴感。2020年，新冠肺炎疫情大范围暴发之际，央视频道先后推出不同主题的慢直播，实时展示火神山、雷神山医院修建的过程。而全球的网友化身为"云监工"，即使相隔万里，也能了解到医院修建的最新进展。从一块荒地到一座能够容纳上千张病床的传染病救治医院，央视以固定机位进行长时间的实时直播，让海内外观众时刻都能看到工地现场的变化。同时，慢直播也是一个完全公开、透明的过程，可以在重大突发公共卫生事件中及时向公众传递疫情的关键信息，最大限度地满足了用户凝视与监督的心理需求。

慢直播带来的陪伴感和社交感疏解了公众的紧张情绪，使其获得了被关注、被重视的满足感。慢直播的评论区也为公众搭建了一个自由交流与讨论的空间，网民在收看直播的同时，也可以根据直播内容评论、互动，从而排解孤独与焦虑。① 通过慢直播，海内外观众见证了中国在应对重大突发公共卫生事件时的责任与担当。

三、案例总结

慢直播还可以与其他媒介形式有效结合，在矩阵化传播中打好"组合拳"。仍以"熊猫频道"为例，慢直播中的熊猫生活状态的完整素材被编辑成大量原创短视频，如《顽皮大熊猫玩摔跤》《肥胖是会卡住的痛》等，这些短视频被美国在线、雅虎新闻等多家境外主流媒体与视频网站推荐播放。其实，仔细观察就会发现，这些短视频依然遵循慢直播内容的基本原则：简单、直白，没有添加过多旁白和解释文字，也没有烦琐、花哨的镜头切换，一切传播行为的核心都是把大熊猫最真实的状态呈现给观众。比如2分钟的短视频《最美好的时光：陪伴》，内容展现了华妮和贡贡两只大熊猫一起生活、玩耍的琐碎日常，虽然简单，却广受好评。因此，慢直播与其他媒介形式相互配合、取长补短，共同增进了对外传播的效力。

综合来看，"熊猫频道"借助慢直播实时传播熊猫的生活状态，获得了很高的评价与声誉。慢直播通过"润物细无声"的方式在跨文化传播中释放着独特魅力，

---

① 张存艳. 从慢直播到"慢直播+"：慢直播发展路径探究［J］. 西部广播电视，2021，42（16）：39-41.

在未来，应继续挖掘慢直播在对外传播中的优势，让其成为还原真实的"中国动态"的重要渠道。未来还需要持续探索慢直播的应用。慢直播已经衍生出"慢直播＋"的新模式，即让慢直播继续赋能包括对外传播在内的更多领域。此外，应用这一新形式还需要严把技术关与内容关，避免出现一拥而上、"形式大于内容"的情况，让慢直播回归本真、真正凸显其价值。

案例三：外国短视频博主的本土化适应与在地化传播
——以"歪果仁研究协会"为例

一、案例梗概

随着越来越多外国人来到中国旅游、留学，甚至就业、定居，很多在中国居住的外国人在中国的短视频平台上分享自己的生活体验，发表自己对中国的看法，讨论中外之间的差异等。他们制作的短视频往往因其内容轻松幽默，以及极具特色的"外国人面孔"，获得了大量中国网民的关注。

本节选取抖音短视频平台账号"歪果仁研究协会"为例，该账号短视频系列的主要创作者是来自北京大学的外国留学生，他们通过短视频展示外国人在中国的生活和文化体验。从 2018 年 3 月开始，"歪果仁研究协会"在抖音上推出"像我这样的歪果仁"系列短视频，截至 2021 年 8 月 28 日已制作节目 407 期，累计获赞超 1亿。他们适应了中国本土的商业化传播模式、迎合了中国观众的民族情感，因此受到中国网民的关注和欢迎。具体而言，本案例分析了"歪果仁研究协会"在 2021 年前 6 个月（6 月 30 日前）发布的 74 条视频，探究外国博主在短视频平台的本土化适应与在地化传播。

二、案例分析

1. 运用本土策略，反映多元的社会动态

"歪果仁研究协会"的短视频内容大多选择中国本土的社会议题，使用中国流

行的叙事框架来反映多元的、真实的社会动态，记录中国社会的变迁。

（1）聚焦中国本土议题。

"歪果仁研究协会"通过聚焦中国本土议题，不仅反映了多元的、真实的中国社会动态，而且让中国观众了解到外国人如何看待和理解中国社会。

在"歪果仁研究协会"2021年前6个月发布的视频中，既有与中国社会、经济、文化密切相关的主题（50条），也有介绍其他国家文化的主题（24条）。按照视频形式分类，大致可分为三类（表10-1）：第一是"街头采访外国人"的形式，内容既包括"喜欢哪个中国美女""学中文最难的地方""最喜欢哪一座中国城市"等与中国社会、经济、文化密切相关的视频，也包括"最讨厌世界上哪个国家""埃及人是不是骑骆驼上下班""埃及人和以色列人互相讨厌吗"等介绍其他国家文化的视频；第二是"有综艺感的互动"的形式，均为外国人以平等中立的态度讨论中国社会文化相关的议题，描述自己在中国生活的体验，与观众进行独特的跨文化交流；第三是"结合热点事件及热梗的二次创作"的形式。

表10-1　2021年上半年"歪果仁研究协会"视频主题及形式分类统计

视频形式	视频主题		总计
	与中国社会文化密切相关的主题	介绍其他国家文化的主题	
"街头采访外国人"	31条	19条	50条
"有综艺感的互动"	12条	0条	12条
"结合热点事件及热梗的二次创作"	7条	5条	12条
总计	50条	24条	74条

中国本土的议题始终是"歪果仁研究协会"首选的主题。"歪果仁研究协会"主创者高佑思表示，他是因为来华后对中国有了不一样的理解，才决定创设"歪果仁研究协会"，并希望其成为一个跨文化交流和沟通的平台，希望通过努力让观众能以多元化、全球化的视角看待中国，能变得更加包容、更能从他人的角度去看待问题。"歪果仁研究协会"的视频中有很多涉及中国的本土议题，并以此反映中国的社会动态，其中获赞量高的往往是反映中国社会文化的内容。例如，与中国相关的、获赞数高达56.8万的视频《在中国听过什么客套话》中，来自俄罗斯的受访对象吐槽中国人在酒桌上的客套话："明明跟我说了'我干了，你随意'，却在我喝

了一小口后说我看不起他……"

（2）使用中国本土元素。

文化认同是在一定时间、空间里持续延续的特征，是不断发展、变化、融合和升华的。不同地区和国家的文化发生传播与互动的同时，也伴随着文化认同的重新界定、适应和认知过程。文化认同可以通过诸多途径得以实现，在与他人交流时，同一行业或区域有着相似经验的人，彼此间的共同语言较多，因此也就更容易产生认同感。"歪果仁研究协会"作为一个以国内知名大学的留学生为主体的自媒体，不仅使用汉语进行有效的传播，还立足当下中国的社会图景，展现中国社会的发展变迁。"歪果仁研究协会"在视听传播的过程中运用了大量的中国本土元素，吸引了中国的观众并受到他们的喜爱，也调动了观众参与评论的热情，以此获得更好的反馈。

一方面，"歪果仁研究协会"大多使用中文采访，其主创团队及受访对象大多是在中国留学或工作、对中国文化有一定了解的外国人。在这种跨文化背景下，他们使用流利的中文进行文化交流与传播，更容易引起观众的共鸣，观众也更愿意相信他们讲述的内容是对中外文化差异客观、准确的解读。"歪果仁研究协会"2021年前6个月发布的视频中，大部分视频采访者和受访者都使用中文（62条）进行对话，仅有少部分使用了英文（12条）。"歪果仁研究协会"更多是站在中国人的角度，以中国人的方式、思维来传播中国的形象。

另一方面，"歪果仁研究协会"的视频拍摄地点既有车水马龙的路边、人山人海的商圈，也有清幽舒适的校园。虽然视频并没有特意交代拍摄地点，但作为重要的背景环境，拍摄地点直观地将中国的繁荣展示在受众面前，从景观维度搭建中国形象。透过这些场景，受众对中国的社会现状有了更直观与立体的了解。

2. 采用他者视角，展示中国社会的真实景象

"歪果仁研究协会"以"他者"的视角，以博主本人出镜和街头采访的方式，寻求跨文化传播中的共同意义，观察中国社会并进一步建构中国形象，为国内外的观众提供一个客观、真实和深入了解中国的新窗口。

（1）外籍博主真人出镜讲述中国现状。

由于"东方主义"在西方社会长期存在，西方世界对东方的建构和论述往往是西方在想象中带有偏见的东方，而不是真实的东方。因此，中国当前优化对外传播战略布局、扩大对外传播工作的关键之一，在于多元主体的参与，即借助不同的声音传播真实的中国形象。因为仅以中国视角叙述的内容往往难以摆脱"王婆卖瓜，自卖自夸"的窘境，对国外受众而言，这些内容带有拔高和渲染的意识形态色彩，缺乏真实感，很容易适得其反、引起反感。而外籍博主具有双重的文化身份：一方面他们在中国生活，是中国文化的接受者；另一方面他们又拥有外国籍贯和面孔，是中外文化直接或间接的传播者。本土的内容、他者的面孔，即便在面向国内观众时，他们也展示出令人耳目一新的中国文化。

"歪果仁研究协会"2021 年前 6 个月发布的 74 条视频全部都有外国面孔出镜，镜头里的外国人阐述自己对中国与世界议题的看法。对海外的受众来说，这些面孔是中外文化交流的纽带，这些对中华文化而言的"他者"具有与他们相似的民族身份、文化背景、话语框架，所以这些视频也更容易吸引他们的注意力，传播效果与可信度也能得到有效提升。

以视频《和新疆老乡一起种棉花，我遭遇了什么?》为例，"歪果仁研究协会"创始人高佑思亲自前往新疆，以 Vlog 的形式记录自己在新疆与棉农一起种棉花的经历。视频以外国人的视角增强了真实感和可信度，有效消除了传播者与受众之间的隔阂。在他的 Vlog 中，新疆不仅没有对劳动力的压迫，还有着欣欣向荣的生产景象。相较于传统的 Vlog，这个短视频更像是一部向世界展示新疆发展的小型纪录片。在外籍博主真人出镜的加持下，他们纪录的影像普遍具有很强的亲近感和感染力，因此传播效果很好，成为深入理解中国的跨文化传播作品及资料，影响了许多国外受众对中国的看法，从而达到了"讲好中国故事"的目的，同时也有力反击了西方媒体对新疆棉花的歪曲报道和恶意解读。

（2）街头采访展示真实的社会图景。

"歪果仁研究协会"的视频主题丰富多样，但大体上可以分为三种类型："街头采访外国人""有综艺感的互动""结合热点事件及热梗的二次创作"。其中，"有综艺感的互动"和"结合热点事件及热梗的二次创作"两类视频的数量只有 24 条，仅占上半年发布总数的 32.43%。而"街头采访外国人"占绝对的数量优势，达 50 条，占上半年发布总数的 67.57%。

"歪果仁研究协会"从 2017 年创办伊始，就钟爱采用街头采访的方式，邀请外国人表达自己对相关议题的意见和态度，并汇集这些受访者的观点，整理剪辑为视频内容。这种"你问我答"式的街头采访简单直接，但更有说服力和真实感。

一般而言，视频若采取简单的个人流水账式的叙事，难免会带有主观的评判以及明显的个人倾向。而"歪果仁研究协会"在街头邀请外国陌生人接受采访的视频，一方面让受访者自己述说，采访者始终坚持客观中立的立场态度，尊重受访者的表达，不加任何评论和引导；另一方面，这种街头采访具有随机采访的属性，没有预先安排和布置，且周围的环境背景也是真实的生活图景，因此呈现出来的意见和态度显得更加真实、客观而有说服力。而且，这种街头采访的形式既不会让传播陷入自说自话的窘境，也不会被人诟病为受人之托而说话。

3. 满足观众的心理需求，谋求受众市场的认同

"歪果仁研究协会"不仅以娱乐化的"短平快"内容适应了市场的需求，而且表达了自己对中国文化及中国社会发展的认同。在争取流量和维护中华文化的自尊心的同时，以"歪果仁研究协会"为代表的外国短视频博主完成了他们的本土化适应与在地化传播。

（1）娱乐化的内容满足受众的心理需求。

很多媒体在跨文化传播时习惯从宏大视角出发，往往表现出过于空洞的缺点，难以获得受众的理解和认同。而"歪果仁研究协会"别出心裁地选择娱乐化的手法制作内容，迎合社交媒体"短平快"的特性，营造出一个贴近生活实际的语境，因而让人感到亲切又熟悉，满足了受众的心理需求。

除了上文提到的街头采访，"歪果仁研究协会"还经常以一种有趣诙谐的风格，通过娱乐性的综艺叙事手法讲述博主在中国生活时的各种趣事与糗事。"有综艺感的互动"类型的视频，包括博主对国外朋友对中国的疑问的解答以及外国人吐槽中文表情包等12条，它们的平均获赞量达到17.73万次，比街头采访高了6万次。由此可见，运用综艺化的叙事风格更容易获得理想的传播效果。

此外，社会热点作为各类自媒体常用的选题导向，也是"歪果仁研究协会"热衷的一类主题。"歪果仁研究协会"结合母亲节、儿童节、春节等节假日发布了4条相关视频，并结合"蜜雪冰城""套娃"等网络热梗创作了相应的视频，这些结合热点事件及热梗进行二次创作的视频平均获赞数达到了4.57万次。值得一提的还有"歪果仁研究协会"的抖音封面，加大加粗的标题给观众带来视觉冲击的同时，也有利于引导观众更好地理解视频的内容。

通过以上这些娱乐化的形式，"歪果仁研究协会"向观众展示了他们对中国的看法，以及他们在适应和融入中国社会时的经历。无论是形式还是内容，这些视频都满足了受众的心理需求，因而具有较大的吸引力。而这种轻松幽默的娱乐氛围，一定程度上也消解了一般严肃的跨文化交流中常发生的文化折扣现象，因此其中的观点也更容易被受众理解和接受。

（2）追捧式的迎合中国人的民族情感。

传播学家伊莱休·卡茨（Elihu Katz）在《个人对大众传播的使用》中指出，在多元因素的作用下，受众内心会对传播媒介有所期待，并在这种期待的驱使下选择性地接触媒介内容，进而获得内心的满足。以"歪果仁研究协会"为代表的外籍博主在进行文化传播时，往往会充分考虑到作为受众的国家或民族在传播过程中的能动作用，不只思考自己想传播什么，也思考要传播什么内容才能让对方乐于接受。他们通过追捧中国文化和中国社会，满足了中国人的荣誉感与自尊心，进而完成了他们的本土化适应与在地化传播。如"歪果仁研究协会"在 2021 年 5 月 26 日发布的视频《有哪些让你觉得神奇的国产产品》中，高佑思在街头采访了 5 个外国人，这些外国人对中国的"外卖""中医""网购"的盛赞迎合了中国观众的民族情感，使中国观众获得了心理上的满足。

随着中国的崛起，国人期待中国的文化与发展获得其他国家的认可，而视频中外国人对中国社会和文化的肯定，满足了中国观众的民族自信心及自尊心，由此视频博主既赢得了我们的认可，又进一步强化了他们的在地化传播效果，也为世界打开了一个了解中国的有效窗口。

三、案例总结

"歪果仁研究协会"的主创团队运用本土化策略，迎合受众的心理需求，向国内外观众展示了一个客观真实的中国形象。这也引起我们对于新媒体环境下中国跨文化传播的思考：在利用新媒体进行跨文化传播实践时，应该以受众为导向思考海外受众的文化习惯及兴趣喜好，扩展多元传播主体，利用第三方声音逐步消解刻板印象。

首先，关注他国社会的时事、社情、民情，通过参与网络讨论拓宽媒介渠道，发出中国声音。利用社交媒体等新媒体进行跨文化传播的前提是对当地社会民情的深入了解。具体而言，不仅要了解 YouTube、Instagram、Twitter、Facebook 等国外社交媒体的热门话题，还要关注这些热门话题背后深层次的社会关切与社会议题，以及不同的舆论导向、话题雷区与社会痛点，这不仅为我们积极参与当地社会的时事话题提供共通的事实基础，也能有效避免参与讨论的过程中触及禁忌话题和观点。以"歪果仁研究协会"为例，该账号紧追中国社会事实热点，剔除敏感话题，保证对于社会议题讨论时新性的同时，避免招致无谓的观点对立甚至口水战。

其次，洞悉受众心理，迎合粉丝旨趣。"歪果仁研究协会"最大的特点在于以尊重、理解、包容的外国人姿态与中国受众站在同一战线，共同面对西方国家对中国无端的曲解、贬损甚至敌视，并试图帮助中国民众发声、澄清。同时，该账号外国博主表现出对中国社会与文化的了解、喜爱甚至崇拜，都最大限度地迎合了中国受众的民族自尊心与自信心，特别是他们坚持平等、谦虚的姿态与西方媒体中"自大自傲"的"外国人"形成了鲜明的对比。"歪果仁研究协会"的做法启发我们，利用社交媒体进行跨文化传播时，要避免一味地从本国文化角度讲本国故事，自说自话，而是要以谦逊的姿态贴合当地受众的心理与旨趣，求同存异，努力寻找不同文化共同的价值取向，为中国文化的对外传播搭建和谐、融洽的对话平台。

最后，适当降低跨文化传播的严肃性，提升趣味性、娱乐性。"歪果仁研究协会"作为文化、娱乐自媒体，对政治、社会、民生等严肃话题涉及较少，多是文化、娱乐类话题，且无论从视频形式、话语风格、衣着特征等都朝着趣味化、娱乐化方向发展，这在一定程度上消弭了不同文化交流时难以避免的警惕、对立等消极情绪。这样的做法启发我们，可以通过趣味化、娱乐化的形式进行短视频账号等社交媒体账号的运营，消除国外受众对中国媒体的紧张感与警惕性，逐步消解刻板印象。

案例四：《与非洲同行》——义利感知中的文化自塑

一、案例梗概

对外援助作为一项战略支出，在巩固和发展中国与其他发展中国家的友谊、促进双边经贸关系、维护国家利益和安全，以及塑造和平、合作、负责任的大国形象等方面发挥着不可替代的作用。自20世纪50年代开始援助非洲以来，中国不断拓宽对非援助领域、丰富合作内容。2006年11月中非合作论坛北京峰会召开，双方宣布建立新型战略伙伴关系，标志着中非全面友好合作关系从此进入一个崭新的历史发展阶段。

中国援助非洲重视正确的义利观，强调与非洲在第三世界身份上的认同，支持非洲独立自主与实现可持续发展。中国对非援助的实践，不仅符合中国维护国家主权、扩大国际空间、适应全球化等需求，也促进了中非文化交流，推动了中国文化的国际传播和国家形象建设。但与此同时，中非关系也存在一些挑战。"中国威胁论""中国新殖民主义论"等言论常见于西方媒体；非洲人民对中国的形象认知仍存在偏差；对非传播中，中国"硬实力"与"软实力"不匹配等情况阻碍了双方文化的友好交流，也阻碍了中非友好关系的正常发展和中国国际形象的建设。因此，中国迫切需要通过构建国际话语体系等措施对其进行修正。

为此，中共中央宣传部"记录中国"项目发起，新华社出品、中国新华新闻电视网承制了大型纪录片《与非洲同行》（*Trade Winds between China and Africa*）。该纪录片在 2018 年 9 月 1 日通过央视综合频道、纪录频道和 CGTN 英语频道、CGTN-Documentary 频道及新华社的 Facebook、Twitter 和 YouTube 官方账号在全球同步推出。作为跨文化传播的创新实践，《与非洲同行》内容涉及 10 个非洲国家，以 10 位非洲主人公的视角，通过平凡人的亲身经历，全景式地叙述了中国和非洲在基础设施、农业、贸易、卫生等方面的合作，展现了中国大义，强调将本国人民利益同世界人民利益结合起来，由此打造了中国负责任的文明大国形象。

二、案例分析

1. 以经促政，在外交关系中传递文化价值观念

2000 年起，中国成为非洲第一大贸易伙伴，中非之间迅速发展的经贸合作成为中非关系发展的主要推动力。中非双方在经贸领域的共同利益不断扩大，也为中非文化的交流合作奠定了坚实的基础。

2018 年的中非合作论坛北京峰会提出，未来 3 年和此后一段时间，中国和非洲将重点实施产业促进行动、设施联通行动、贸易便利行动、绿色发展行动、能力建设行动、健康卫生行动、人文交流行动、和平安全行动等"八大行动"，中国支持非洲国家加快实现自主可持续发展。《与非洲同行》纪录片展示的基础设施建设、专业人才培养等中非合作项目，不仅体现了中非合作的广度和深度，也展现了中国"授人以渔"的大局观和义利观，为构建人类命运共同体树立了典范。中国的援非实践对非洲国家巩固政治独立、摆脱大国控制和干涉、发展民族经济起到了积极的作用，也为中国在非洲赢得了良好的声誉，增强了双方的政治互信，拓展了中国的外交空间，中国独立自主的外交政策中蕴含的"和而不同""求同存异"等思想也得到了传播和发展。与此同时，中国的对外援助实践和跨文化交流活动，也成为中

国彰显大国文化魅力、传播文化价值的重要途径，而文化与价值观的力量也在对外援助中得以凸显。

2. 信守承诺，在"和谐文化"传播中塑造国家形象

国家形象是"公众对一个国家的综合评判和印象"，反映了一个国家的综合实力和影响力。良好的国家形象是国家软实力的重要组成部分，也是一国提升国际竞争力的重要因素。

塑造与传播国家形象有多种方式，对外援助是其中重要而有效的一种。非洲问题专家李安山指出，"情感、需要和使命决定了中非合作的意义，也诠释了其持久性"。中非合作论坛成立 20 年来，中国在非洲的国家形象持续向好，主要原因是中非友谊的深厚传统、中国经济发展的成就和中非合作的实际成效。中国的援非政策具有连续性，自建交以来，中国持续的援非行为不仅打破了西方国家对中国"为摆脱孤立而实行权宜之计"的猜想，而且彰显了中国诚信、守诺的形象，为中国国际形象尤其是在非洲的形象塑造奠定了良好的"印象基础"。

正如美国社会学家罗兰·罗伯森（Roland Robeerts）所言，一切国际政治都是文化性的，我们正处在全球范围的文化政治时期。在传播全球化的今天，文化对国际政治的影响越来越显著。2006 年，中国首份对非政策文件将真诚友好、平等相待列为中国对非政策的总体原则和目标之一。近年来中国提出的建设"和谐世界"的理念，更标志着"和谐文化"成为中国国际关系互动中的基础思想，向全球表达了中国对世界的总体看法和中国在国际社会中的自我定位。"和谐文化"的主旨是通过文化信息和价值观念的对外投射和相互流通，产生文化吸引力，建构起与非洲国家之间友好的认同关系，进而塑造良好的国家形象。而国家形象作为国家能力的一种体现，又反作用于中非关系，促进中非交往进一步深入，形成一种良性循环。

3. 民心相通，多主体开展多维度的文化传播

"国之交在于民相亲"，民心相通涵盖科技创新、媒体合作、人才交流、环境保护等多个领域，不仅意味着中非人民在各个领域的接触和合作，还意味着中非人民通过接触和了解增进彼此的友谊和信任，进而实现文化交流与融合。

21 世纪以来，中非关系进入全面快速发展的新阶段。中非合作的广度、深度和热度前所未有，双方人员交流日益频繁，规模不断扩大，中国有越来越多的各类公派人员、私营业者和务工人员前往非洲长期工作和生活。随着中非友好关系的发展，除了政府开展的文化传播活动，民间文化交流也得到进一步扩展。中国企业对非投资和中国的非洲移民等，都潜移默化地将中国的部分特色文化带到了非洲，如饮食

文化、节日习俗文化等。同时，在非华人也通过各种方式将非洲的文化传播到中国。此外，互联网的发展也使得这种民间交流变得更加直接和广泛，大大增进了中非人民及文化的交流与融合。

《与非洲同行》抛弃了传统纪录片的宏大叙事风格，通过展示中非合作项目中平凡、真实的故事，以小人物展现大情怀。同时，这种多主体、多维度的文化展示也是一种软化的交流形式，其包含的文化内容更加丰富，覆盖的群体更加广泛，影响力也更加深刻，以更亲民、更日常化的方法和形式促进了中非文化交流。

4. 创新叙事，短视频等新媒体成为文化交流的新形式

在当下的新媒体时代，网络化语境大大降低了跨文化交流的信息门槛，短视频凭借着使用门槛低、互动性强和碎片化传播等特点，成为当前网络传播的重要形式，在中非文化交流中也占据了重要的地位。据艾媒咨询（iiMedia Reasearch）数据显示，2020 年中国短视频用户已超过 7 亿人，短视频头部 App 抖音的用户达到了 4.9 亿人（截至 2020 年 11 月）。与此同时，这些短视频平台也向海外扩张，成为世界人民交流的重要渠道。用户通过影像的形式展示自己的生活见闻，全景式地呈现本国或所在地的文化。部分生活在非洲的华人通过抖音介绍非洲社会的文化、展示中非文化的差异，实现了跨时空的即时记录与影像化的信息复刻，促成了充满生活气息的新形式的文化交流。

《与非洲同行》这类由主流媒体推出的纪录片，一方面与个人化的信息传播互为补充，并引领话语方向，另一方面又不断创新叙事，利用新媒体技术增强传播效果。通过鲜活的个人故事，《与非洲同行》实现了更具活力和吸引力的跨文化传播实践，给观众带来了更加直观的观看体验，真正让中非故事从平面化的新闻中走了出来，加深了中非民众对彼此的了解，为中非文化沟通创造了更多的可能。

三、案例总结

在西方媒体垄断舆论的世界传播格局下，中国媒体在国际上的话语权还相对势微，有关中国与非洲关系的正面报道很少，但"中国威胁论""中国资源掠夺论""中国新殖民主义论"等负面言论却屡见不鲜。加强中国媒体话语权，寻求有效的话语传播渠道，传递好中国的声音，这对中非关系向好发展尤其重要。

首先，创新叙事，构建中国国际传播的话语体系。当前，国际话语权力的分配处于严重的失衡状态。西方大国长期占据国际话语权的主导地位，曲解中国的"一带一路"倡议及中国与非洲的交往行为，对中国的国家形象造成消极的影响。就中国媒体自身而言，其在传播观念、传播技巧、话语体系等方面存在一定的滞后性与劣势，这也是中国国际话语权较弱的一个原因。随着软实力在国际竞争中的地位越来越重要，中国迫切需要构建完整的国际传播话语体系，改变相关话语信息被遮蔽、被忽视、被质疑、被曲解的现状，推动国际舆论回归事实和本质，从而实现中国文化形象由他塑向自塑转变。

其次，做好价值观阐述，利用"四全媒体"构建传播新格局。2019年1月25日，习近平总书记在中共中央政治局第十二次集体学习时强调："全媒体不断发展，出现了全程媒体、全息媒体、全员媒体、全效媒体……导致舆论生态、媒体格局、传播方式发生深刻变化，新闻舆论工作面临、新的挑战。"全媒体融合为构建话语传播新格局提供了机遇，以全员媒体促进话语主体的多元化，以全程媒体精准阐释话语内容，以全息媒体增强话语表达的感染力，以全效媒体提升话语表达的效果，构建主体多元、内容精准、表达多样、成效显著的话语传播新格局，尊重新闻价值和受众需求，进而讲好中国故事。

最后，做好对外援助的国内传播。传播中国的对外援助需要做好国际表达和国内传播两个面向的工作。前者属于跨文化沟通，需要阐明对外援助的意图、理念与价值，从而获得受援国和国际社会的理解、接纳与认同；后者则指针对国内民众的对外援助教育。做好对外援助的对内表达，需要加强信息沟通，改变目前对外援助实践与传播脱节、"做得多、说得少"的局面，鼓励民众认识和了解对外援助行为，并鼓励社会各界的民间力量积极参与其中，从而配合和补充官方力量。

案例五："花木兰"角色形象在影视剧作品中的传播效果差异

迄今为止，"花木兰"作为中华传统文化中的经典形象，受到海内外影视剧市场的青睐。无论是粤剧电影《花木兰》、马楚成执导的电影《花木兰》，还是迪士尼拍摄的同名动画电影与 2020 年上映的同名真人版电影，这一角色形象自进入影视剧空间以来就存在巨大争议。不同版本的影视剧对"花木兰"的呈现采用了不同的表现手法，也各有核心思想，尤其是在不同文化语境下诞生的"花木兰"更是特点迥异。各种"花木兰"影视剧作品的传播效果也与不同文化背景的受众对"花木兰"这一角色的心理期待密切相关。

一、案例梗概

2020 年，好莱坞真人版电影《花木兰》在全球上映，引起海内外观众的强烈关注，该片一经上映就备受争议。这部在国外赢得不俗票房成绩的电影，却在国内严重"水土不服"，口碑和票房都遭遇"滑铁卢"。对于这样的社会反响，有网友将其归咎于影片制作方"缺乏对不同文化的尊重"，忽视了中国文化的精华。仔细分析真人版《花木兰》电影细节，虽然无处不在的东方文化元素吸引着中国受众，但影视文本呈现的东方形象仍然带有浓烈的东方主义色彩。通过比较国内不同版本的"花木兰"系列电影，如粤剧电影《花木兰》和马楚成执导的《花木兰》，以及好莱坞真人版电影《花木兰》和迪士尼动画电影《花木兰》，我们能够看出"花木兰"荧幕形象在中国和西方的不同呈现。

二、案例分析

要深入了解 2020 年好莱坞真人版电影《花木兰》及其背后隐喻，就需要对中国语境中传统的花木兰形象和西方语境中的花木兰形象进行对比。

花木兰源于南北朝乐府民歌《木兰诗》："昨夜见军帖，可汗大点兵，军书十二卷，卷卷有爷名。阿爷无大儿，木兰无长兄，愿为市鞍马，从此替爷征。"唐代诗人白居易也写下"怪得独饶脂粉态，木兰曾作女郎来"的诗句，赞美木兰花如木兰一样婀娜不失英气；韦元甫更是专门写了一首长诗《木兰歌》赞美木兰的忠孝两全，并称赞"父母始知生女与男同"。元、明两朝开始，一方面将木兰故事的细节丰富起来，另一方面木兰作为"孝道"的代表被人们神化，同时也被冠上了"花"姓。清朝人对花木兰的喜爱达到了一个高峰，有关花木兰的作品加入了许多木兰在军中与敌方对阵的描写，在道德偶像的基础上又为木兰增加了"报国"这一女英雄的特征。

总的来说，中国传统语境下的花木兰强调"孝道"与"忠诚"的统一，这种"忠孝两全"的花木兰与其说是人，更近乎"神"的形象，在中国古代传统思维中，花木兰的忠孝两全堪称儒家道德思想的楷模，与中国传统文化中"百善孝为先"的道德伦理相契合。

而花木兰的故事传入国外后经过改编，将重点放在了花木兰的女性身份上。中国的花木兰形象更多地歌颂她的道德与品性；而西方对木兰的塑造则完全相反，而是加入了政治诉求，包括女性独立、自由、平等、平权等理念。在西方视角下，比起中国"舍小义为大节"的道德模范，西方的"花木兰"影视作品更多地强调花木兰品质中独立、坚强的现代女性形象。从传播学角度来看，花木兰是一个典型的东方符号，迪士尼需要对其进行编码，使得作品既具备文化稀缺性，又有文化普遍性。同时，国内的影视作品要想获得全球影响力，不可只有一种编码方式，而要做好"多维编码"的准备。并且编码的逻辑既不能过度本土化，完全忽视"走出去"的宏观视角；也不能过于国际化，丢掉传统文化中最具特色的内容。只有这样，才有机会让本土作品实现真正的国际传播。

国内导演拍摄"花木兰"影视作品，除了对花木兰角色的认知更加清晰以外，他们对中国古代社会的历史文化语境也更加熟悉。如粤剧电影《花木兰》以及马楚成执导的《花木兰》，对中国社会男性气质的再现是准确的，也符合中国观众的心理预期。此外，电影对木兰代父出征等关键情节的表现也与历史、文学作品中的描述较为一致。整体来看，国内对木兰形象的呈现还是围绕中国传统社会中的"忠孝"品质展开，强调通过展现花木兰这一形象面临"小家"和"大国"所做的选择，表达更宏观的集体主义理念。

1998 年迪士尼动画电影《花木兰》中，木兰代父从军的故事主线仍然保留了下来。"从军途中"这一部分是最能彰显木兰人格魅力的片段，她凭借顽强的人格素质不断奋斗，最终得以顺利建功立业。而战胜匈奴这一结果在动画翻拍中也得到了很大尊重，这也是该版本的木兰改编作品广受好评的重要原因。同时，迪士尼也根据《木兰辞》原文，在不违背作品原意的前提下，充分发挥影视作品改编的长处，添加的诸多细节让木兰形象变得更加生动形象。这些细节塑造出动画版花木兰叛逆、独立、渴望实现个人价值的形象，彰显极具现代特点的女性主义色彩。至此，这部影片对花木兰这一角色的呈现，相较于国内导演的呈现，已经有了较大改变。

了解国内电影的花木兰形象与迪士尼动画电影《花木兰》的基本内容后，就不难理解 2020 年好莱坞改编的真人版《花木兰》为何面临更大争议了。这一版本对花木兰形象的还原度很高，但对中国传统文化的曲解也很严重，并带有强烈的东方主义色彩。比如，真人版《花木兰》电影有意淡化花木兰作为巾帼英雄的忠孝节义品质，故事主线虽然仍是木兰离家从军、保家卫国，但背后意在表达的是花木兰自我意识的觉醒与个人命运的自决，隐含了古代女性对家庭、社会等多方面束缚的反抗情绪。尤其是在和柔然大军博杀过程中，花木兰在仙娘和凤凰的指引下触发雪崩、拯救魏军，也是典型的美式个人英雄主义叙事。①

此外，由于故事叙事背后的隐喻，花木兰的形象也从传统意义上的"忠孝"变成现代的"女性独立"，花木兰因拒绝成为男性附庸、反抗传统家族规训而决定女扮男装，踏上从军之路。原本中国语境中歌颂的花木兰"巾帼不让须眉"的品格意味着无论性别，个人都应投身于家国建设之中，为集体荣誉出力；而西方的改编作品则更关注追求个人意志，尤其体现女性这一长期以来"被凝视"的角色的苏醒与抗争，极富西方文化色彩。

在改编作品里，还有一些细节上的"错位"，让中国观众产生不适感。如花木兰是北方人，却住在福建土楼；电影中的妆容是唐朝时期女性的妆容，但花木兰原本是南北朝时期的人物；花木兰父亲的剑上刻的"忠勇真"三个字是中国现代的简体字；影片中加入的女巫设定一般出现在西方文学作品里，与花木兰这一中国形象结合，易产生违和感。

三、案例总结

尽管 2020 年好莱坞改编的真人版《花木兰》是表现东方主题的电影作品，但其对人物形象的呈现逻辑与对故事的建构模式仍然是"西方叙事"视角下的"东方

---

① 刘泽溪，邹韵婕.《花木兰》的他者化想象和东方主义困境［J］. 电影文学，2021（5）：89－93.

想象"。西方世界对于东方文化的想象性描述是对标西方文化并迎合西方世界价值体系和文化趣味的结果，在这种导向下的文化创作，尤其是作品中的故事情节、人物性格和情感色彩等方面的呈现都与根植于东方土壤的原著、原始创作意图相去甚远。值得注意的是，西方文化产业一贯以来都有对于东方文化的偏颇解读与呈现，导致东方文化百年来在西方文化语境下都处于"被观看""被解读"的主体失语状态，几乎丧失了自我表达与呈现的能力。对于本民族文化阐释的"虚无感"与抗争西方文化霸权的"无力感"都启发我们，既要保持清醒、理智的头脑看待外来文化作品，也要在跨文化传播中把握机会，做中西文化交流的使者。

我们要把握机会努力呈现客观真实的中国优秀文化，更要肩负起塑造大国形象与传递正面积极价值观的重任。一方面，要充分挖掘本土文化，丰富创作的题材和内容。中国经历了五千多年的发展，有着深厚的历史文化积淀，为中国的艺术创作提供了大量的灵感和素材。但近年来国产动画电影题材大多比较单一，究其原因，可能在于创作者们很难从这些文化资源中挖掘新内容，并创作出能吸引世界关注的作品。备受观众喜爱的《哪吒之魔童降世》和《大圣归来》，也依旧是"新瓶装旧酒"，所以即便电影在国内好评如潮，在其他国家也并未获得太多的关注。因此，国产动画电影创作还需要进一步深度挖掘本国优秀文化，寻找适合进行电影创作的新内容、新题材，而对于现有题材也需要从新视角进行新解读。这就要求我们在传递故事情节和输出价值观时既要呈现出自身的特色，也要符合普世价值取向，遵循"文化通约性"以及"文化接近性"原则，缩小文化冲突，找到各个国家和民族共通的人性之美，激起广泛而深刻的情感共鸣。如"天人合一"等中国古代哲学命题、蕴藏在功夫里的侠义精神、"家和万事兴"的家庭理念等，这些超越文化差异共通的价值观念不仅根植于中国传统文化之中，也能够获得不同文化背景的观众的共鸣。

另一方面，要让中国文化成功"走出去"，除了在中华优秀传统文化的宝库中挖掘值得传播的故事、汲取中华文化的营养，还需要有合适的文化载体。以真人版电影《花木兰》为例，虽然该片在中国"水土不服"，但它仍在世界范围内获得了商业成功。究其原因，除了迪士尼的品牌吸引力之外，电影还是吸收和改编了中国的传统民间故事，在场景和配乐上也运用了大量的中国元素，增加了电影的东方色彩，激发了西方观众对于东方文化的兴趣和关注。这启发我们，中国文化要在社交媒体时代成功"走出去"，也要借力于合理的媒介手段，如短视频、直播等，以非语言符号形式对外输出中国文化符号，促进世界对于中国的了解。因此，除了要深度挖掘本土文化的创作题材之外，也需注意从外来文化中挖掘灵感，积极探索不同文化中可以相互交融的部分，为中国的文化"出海"寻找更多的可能。

值得注意的是，在深受西方文化产业对于东方文化强势解读的"失语"之痛后，我们在向外输出文化作品时也应当坚持"己所不欲，勿施于人"的原则，汲取真人版电影《花木兰》在中国败北的教训，在尊重和包容他国文化的基础上，进行跨文化传播的相交相融、相互理解、求同存异。在这个过程中，既要摆脱"自我东方化"的局限，以免加深西方世界对于中国文化的刻板认知，同时也要避免民族中心主义，以免招致他国无端的警惕、质疑甚至敌意。

复习思考题

1. 名词解释：媒介即按摩；慢直播。

2. 请你结合实例，谈一谈文学作品是如何促进文化交往交融的？有何优势？

3. 请你结合实例，谈一谈元宇宙可能会如何助力文化交往交融，从而建构文化认同？

4. 海外短视频博主深受我国用户的喜爱，我们能从中借鉴哪些跨文化交流的经验？

5. 请你结合实例，谈一谈我们应当如何利用视听媒介"讲好中国故事"？